学文丛书

清华大学文学创作与研究中心 组编

重识古典

徐葆耕 ◎ 编著

释古与清华学派

北京大学出版社
PEKING UNIVERSITY PRESS

图书在版编目（CIP）数据

重识古典：释古与清华学派／徐葆耕编著．—北京：北京大学出版社，2023.9
（学文丛书）
ISBN 978-7-301-34191-9

Ⅰ．①重… Ⅱ．①徐… Ⅲ．①学术思想－思想史－研究－中国－现代 Ⅳ．① B26

中国国家版本馆 CIP 数据核字（2023）第 125881 号

书　　　名	重识古典——释古与清华学派
	CHONGSHI GUDIAN——SHIGU YU QINGHUA XUEPAI
著作责任者	徐葆耕 编著
责 任 编 辑	延城城
标 准 书 号	ISBN 978-7-301-34191-9
出 版 发 行	北京大学出版社
地　　　址	北京市海淀区成府路 205 号　100871
网　　　址	http://www.pup.cn　　新浪微博@北京大学出版社
电 子 邮 箱	编辑部 wsz@pup.cn　　总编室 zpup@pup.cn
电　　　话	邮购部 010-62752015　　发行部 010-62750672
	编辑部 010-62767315
印 　刷 　者	北京中科印刷有限公司
经 　销 　者	新华书店
	730 毫米 ×1020 毫米　16 开本　21 印张　302 千字
	2023 年 9 月第 1 版　2023 年 9 月第 1 次印刷
定　　　价	99.00 元

"学文丛书"缘起

　　清华中文学科自 20 世纪 80 年代中期复建以来，在各界友朋的关爱和支持下，学科同人乃以继往开来为职志，同心协力、黾勉从事，经过三十多年的耕耘经营，在学科的基本建设方面取得了较大的进展，为进一步的发展壮大奠定了基础。对学界友朋的关爱和支持，同人感荷无似，常思有以报之，而报之之道，唯有潜心学术、认真学文。故此于今筹划刊行以文学研究为主的清华"学文丛书"。

　　"学文"的古典当然是"子曰"的那八个字："行有余力，则以学文。"明清易代之际的顾炎武则对"学"与"行"的关系有更为剀切的提点："博学于文，行己有耻。"对清华同人来说，"学文"还是一个更为亲切的"今典"：20 世纪 30 年代中期，叶公超曾在清华大学主编过一份名为《学文》的杂志，它为清华以及北大的中外文系师生们提供了一个发表文学创作与文学研究的阵地。据参加编务的闻一多说，刊物之所以取名《学文》，是因为这样"在态度上较谦虚"。《学文》杂志停刊后，原定编者之一的梁实秋又在《世界日报》上开办了《学文周刊》以继之，其谦虚学文的态度一以贯之："我们注重的是'学'字，表示我们是在学习着……我们希望不断的学习，不管年纪到多么大，永远的做'文学的学生'。"在市场力量日渐冲击着文学和道德的今天，先贤们关于学文以至为人的遗教无疑是值得我们特别记取的。作为后来者，我们也非常钦佩先辈们对待文学的那种谦虚朴实而又认真执着的态度。清华"学文丛书"之刊行即兼寓纪念与赓续之意。我们自知能力有限、经验不足，但在严肃地学为文与学为人方面则不敢自我宽假，而愿意学行兼修、勤恳努力，庶几不辜负先贤的遗教，不辱没先辈的垂范。

清华"学文丛书"既刊行清华同人有关古今中外文学的研究论著，也适当吸收海内外学界同行的相关成果。丛书成辑推出，每辑约五六种，希望假之以年，积少成多，次第刊行，渐成规模。本丛书由"清华大学文学创作与研究中心"的王中忱、格非教授负责审定，具体编务工作则由中心执行主任贾立元负责。

徐葆耕学术史著述二种新版题记

徐葆耕，1937年6月出生于北京的一个满族家庭。幼年和少年时代的徐葆耕，在北平沦陷区的压抑中艰难成长。随后欣逢中华人民共和国的建立，作为中学生的徐葆耕喜爱新文艺，特别崇敬苏联电影中的水利工程师，所以他1955年考入清华大学水利系，希望以所学为新中国的生产建设服务，1960年毕业时却因为出色的文科特长而被留校担任文化政治教员。这一特长让徐葆耕先生在此后的政治运动中历经曲折，一会儿被重用，一会儿受批判，在"文革"结束后的一段时间，他因此前的政治宣传写作又继续受审查、一度被投闲置散。在逆境中，徐葆耕先生没有消沉认命，他与两位好友共同创作了电影剧本《厨房交响曲》，1981年由青年电影制片厂拍摄为电影《邻居》，公映后受到观众的欢迎，次年荣获金鸡奖和文化部优秀影片奖。从此，徐葆耕先生开始了他精彩的后半段人生，满怀热忱地致力于文学创作和文学的教学研究，1981年晋升副教授，1990年晋升教授，先后出任清华大学中文系副主任、主任、人文社会科学学院副院长、学术委员会委员，教育部中文学科教学指导委员会副主任等职。徐葆耕先生讲授的西方文学课程获北京市普通高等学校优秀教学成果奖一等奖，他自己也荣获北京市优秀教师称号。在学术研究方面徐葆耕先生兴趣广泛、创获颇多，著有《西方文学：心灵的历史》《西方文学十五讲》《叩问生命的神性——俄罗斯文学启示录》《释古与清华学派》《清华学术精神》及《电影讲稿》等。在文艺创作方面徐葆耕先生也是多面手，既有电影剧本《厨房交响曲》（与人合作）、《普通人家》、《孤帆远影》（与人合作）等，又有长篇小说《半个月亮半个太阳》（署名达江复）和多部散文集问世。新时期以来，徐葆耕先生长期担任清华大学中文系主任和人文学院专责学术建设的副院长，为清华中文学科的重建和清华人文学术的重振而呕心沥血、鞠躬尽瘁、贡献良多。2010 年 3 月 14 日病逝于北京。

　　作为学者的徐葆耕先生之著述，集中在三个方面——外国文学研究、电影研究和中国现代学术史研究。前两个方面的代表性成果如《西方文学：心灵的历史》《电影讲稿》有多个版本，传播广泛、影响很大；第三个方面即关于中国现代学术史的研究，重点是对清华学派及曾经任教清华的新批评奠基人瑞恰慈在中国的传播和影响之探究。为此，徐先生在20 世纪八九十年代辛苦搜集文献、撰为专题文章陆续发表，稍后结集为《释古与清华学派》一书，作为"新清华文丛之一"，由清华大学出版社于1997 年 5 月出版；21 世纪之初，徐先生又编选《瑞恰慈：科学与诗》一书，作为"新清华文丛之九"，由清华大学出版社于 2003 年 3 月出版。这两部著作此后再未重版，这是很令人惋惜的。此次借"学文丛书"出版之机，将这两部著作合而为一，题为《重识古典——释古与清华学派》，以广流传、供学界参考。

　　中国现代学术史的研究是 20 世纪八九十年代之交兴起的学术热点，那时的研究率多蜻蜓点水的泛论、概论，徐葆耕先生则将重心放在清华学派及其相关的中外学术交流史的专题研究上，这在 20 世纪 90 年代是少见的专门研究，因此颇多独到精彩之见。说来，关于清华学派，乃是王瑶先生在其老师朱自清先生逝世四十周年、诞生九十周年座谈会上的发言中提出的——

　　　　应该看到，清华中文系不仅是大学的一个系，而且是一个有鲜明特色的学派。清华大学中文系的成就和贡献，是和朱先生的心血分不开的；朱先生当了十六年之久的系主任，对清华中文系付出了巨大的精力。朱先生在日记中提到要把清华中文系的学风培养成兼有京派海派之长，用现在流行的话说，就是微观与宏观相结合；既要视野开阔，又不要大而空，既要立论谨严，又不要钻牛角尖。他曾和冯友兰先生讨论过学风问题。冯先生认为清朝人研究古代文化是"信古"，要求遵守家法；"五四"以后的学者是"疑古"，他们要重新估定价值，喜作翻案文章；我们应该采取第三种观点，要在"释古"上用功夫，作出合理的符合当时情况的解释。研究者的见解或观点尽管可以有所不同，但都应该对某一历史现象做出它之所以如此的时代和社会的原因，解释它为什么是这样的。这个学风大体上是贯穿于清华文科各系的。①

王瑶先生对清华学派注重"释古"的学风作出了非常准确的概括，只因为是在纪念朱自清的座谈会上作此发言，所以多就清华中文系而言，但王瑶先生其实已指出"释古"乃是"贯穿于清华文科各系的"。王先生的这个概括和提示很重要。而徐葆耕先生作为其时重建的清华中文系负责人和那次朱自清纪念座谈会的组织者，得以亲闻王瑶先生之"绪论"，显然深受启发，于是率先展开了对清华学派的研究。其研究视野也扩展到清华文史哲各系科、各名家，陆续撰为专题论文发表，稍后结集为《释古与清华学派》出版，成为学术界关于清华学派的第一部专题研究著作，展现出过人的学术敏感和难得的学术首创精神。

进入 21 世纪，徐葆耕先生又将关注点集中到瑞恰慈的文学批评和意义学在中国的传播及影响，《瑞恰慈：科学与诗》就是他整理编选的一部专题学术文献史料集。英国学者 I.A. 瑞恰慈（I.A.Richards）是新批评派的奠基人，其《文学批评原理》在英美影响广泛。1929 年瑞恰慈来清华大学任教，同时也在北京大学、燕京大学讲学，由此与中国学界有了直接的交流和合作，促使其批评思想和意义学理论在 20 世纪 30 年代中国学界广泛传播，推进了中国现代文学批评的开展。《瑞恰慈：科学与诗》

---

① 王瑶：《我的欣慰和期待——在清华大学纪念朱自清先生逝世四十周年、诞生九十周年座谈会上的发言》，《润华集》，《王瑶全集》第 8 卷，河北教育出版社，1999 年，第 84—85 页。

主要取材于当时出版的两部著作：一部是曹葆华编译的《科学与诗》，乃是从瑞恰慈的著作《文学批评原理》和《意义的意义》选译而成，1934 年译编成书、1937 年 4 月由商务印书馆出版，前有清华外文系主任叶公超的序，这些内容在《瑞恰慈：科学与诗》里都得以保存；另一部是燕京大学社会学系教师李安宅据吕嘉慈（即"瑞恰慈"）的著作《意义的意义》编著的《意义学》，前有吕嘉慈弁言的英文本和中译文、清华大学教授冯友兰的序——可能因为《意义学》的内容过于专门，所以徐葆耕先生没有选录此书的正文，而选录了此书的两个附录——李安宅所译吕嘉慈的《〈意义底意义〉底意义》一文，和同时在清华任教的外籍教师翟孟生（R. D. Jameson）对吕嘉慈著作《孟子论心》的评论文章《以中国为例评〈孟子论心〉》（李安宅译）。此外，徐葆耕先生还选录了曹葆华翻译的另两篇瑞恰慈文学论文《诗中的四种意义》和《实用批评》，并从三四十年代书报上采撷了一些中国学者如朱自清、钱锺书借鉴和回应瑞恰慈文学—美学思想的文章，书末则收入了齐家莹、吴虹飞、赵毅衡以及徐葆耕先生自己关于瑞恰慈批评思想在中国的研究文章。由此可见，《瑞恰慈：科学与诗》是一部广泛搜罗文献、内容相当丰富的学术史专题文献史料集，显示出不尚空谈、踏实探究、用文献说话的学术用心，这对公务繁忙的徐葆耕先生是尤其不易的。

也因此，徐葆耕先生的这两部著作虽出版于二十年前，但其学术开创性使它们在今日仍足资参考。自然，从今日的学术条件看，徐先生探讨的问题还有深入和拓展的余地。如《科学与诗》早有"伊人"译本于 1929 年出版，它与曹葆华译本究竟是什么关系？当年发挥瑞恰慈批评思想的中国学人还有浦江清、吴世昌、水天同等。徐葆耕先生率先致力于清华学派的研究，显然旨在继承和发扬其优良的人文学术传统。开拓者已逝，后来者正当继之也！

解志熙　2022 年 7 月 16 日谨识于清华园

目 录

CONTENTS

■ 瑞恰慈：科学与诗

释古与清华学派

也谈"清华学派"

——《释古与清华学派》序

◎ 何兆武

自从 8 年前王瑶老学长提出了"清华学派"之说以来，不少人都谈论过所谓"清华学派"。在近代中国学术史、思想史上，究竟存在不存在一个学派是可以称之为"清华学派"的呢？我想，那答案或许应该是在疑似之间。从 20 世纪初（1911 年）清华学校创立到 20 世纪中叶（1952 年）院系调整的 40 年岁月之间，清华学园人才辈出；然而他们各有其自己的思想和路数，从来没有形成过一个通常意义上的所谓学派，亦即有着一致的立场、观点和方法，一致的主题、方向和兴趣的一个有组织的学术团体。把他们联系在一起的，只不过是共同生活和工作在同一个校园之内而已。在这种意义上，可以说并不存在一个所谓"清华学派"的学派。但在共同的时代与文化的背景以及共同的生活与工作的条件之下，又自然不可避免地会在他们中间产生某些共同之处。这些共同之处在有意无意之中，当然会浸润甚至影响到几代清华学人们的倾向。这些广义的乃至泛义的共同之处，就自然而然地形成了一种共同的情趣和风貌。这或许理所当然地就被人们称之为"清华学派"。

这种或这些共同的情趣和风貌又是什么呢？我以为大抵上可以归结为，他们都具有会通古今、会通中西和会通文理的倾向。17 世纪初，杰出的科学家徐光启曾有名言曰："欲求超胜，必先会通。"近代中国的学术思想欲求超胜，就必先会通古今、中西、文理；否则就只能自甘于抱残守缺、故步自封而为时代所淘汰。20世纪以来，中国学术界局限于一家一隅之思想的，固然已经逐渐少见了，但并非每个学派、每个学人都能自觉地去追求这种会通。清华学派有着得天独厚的条件，所以能卓然成为这一方面的先行者而开一代风气。他们大都有着深厚的旧学根底，这是我们这一代后人所无法望其项背的。毕竟中国文化有着五千年的积累，而近代的新文化从19世纪末年算起，至今不过一百年。这个悠久的传统是无法彻底抛弃或砸烂的。它可以说是融化在我们民族的血液里，落实在我们民族的行动中（借用"文革"的术语）。这里不是一个应该不应该的问题，而是一个可能不可能的问题。我们事实上无法告别历史，与过去一刀两断、进行最彻底的决裂。你不去正视它，不敢深入虎穴去研究它、理解它，那就只能落得像鸵鸟一样，把自己的头埋在沙漠里，受到愚昧的俘获和惩罚。同样无法避免的是，近代中国已经无可逆转地步入了世界大家庭，这一进程只能是一往无前而义无反顾的。近代以来，确实有人也曾想要闭关自守，甚至以天朝上国的姿态妄自尊大，俯视寰宇，但结果只是落得一场堂吉诃德式的闹剧的幻灭。而恰好当时的这批清华学人中的代表又正是得近代风气之先而能放眼世界的人们。

以早期有名的四大导师而论，梁启超在近代思想文化史上的功绩固然非止一端，但就20世纪初大力介绍西方来说，影响了整整一个时代的思想至深且巨，当不失为他一生最为重要的贡献。还记得自己小时候曾看过一本题名为《泰西学》的书，当是民国初年的出版物了，其序言就推崇当时西学的两位巨擘：一是梁启超，一是严复。正在梁启超介绍泰西学说思想之际，王国维则浸沉在德国哲学家康德、叔本华和尼采之中，由此转入整理中国古典历史文化，从而开创了新时代中国文化研究的新局面。随后两位先生都由西学转治史学。陈寅恪先生继之以兰克学派的家法治史，蔚为一代宗师。陈先生曾留学德国多年，惜乎其受兰克学派的熏陶和影响，至今仍未能受到当代治史学者的重视。与人们通常的观念相反，兰克学派决不仅以考籍为尽史学研究之能事。在他们考订史学的背后，有着深厚的世界观和哲学信念作为指导思想。所谓"客观如实"的那个"如实"，乃是指符合他们的世界观和哲学信念的体系。陈先生是清华学派史学研究的突出代表。他的中学为体、西学为用的思想虽然源自张之洞，但其具体内涵和张之洞一辈人的大不相同。张之洞的"体"仍然是封建纲常，陈先生的"体"则是对传统文化的一种"乡愁"或"怀乡病"（所谓 Nostalgia）。例如，我们大概不会在陈先生的思想里找到有一点儿张之洞所极为重视的"君为臣纲"的影子。又如陈先生文章中几乎极少提到他的尊人、名诗人陈三立，又如在他与夫人的唱和诗以及晚年精力荟萃的《柳如是别传》中所充分流露出来对女性的赞美和尊重，都可以看出他和构成为传统中学主体的三纲，距离得何等之遥远。赵元任先生是世界级的语言学大师，但他对自然科学有着精湛的研究。把自然科学有意识地、系统地引入人文研究，赵先生当为近代开山之第一人。随后，在考古学方面，李济、梁思永、夏鼐各位先生相继大规模使用近代科学方法。有人认为我国当代人文学科的研究，应数考古学的成绩最佳，而这一最佳成绩的取得则是和他们与近代自然科学的结合分不开的。近代各个学科之间的互相渗透和互相促进，乃是大势所趋。一门学科单独自足自立的日子，是一去不复返了。

这一学术思想的潮流，实际上乃是这个学派大多数学人的共同倾向。例如吴宓先生教授西洋文学，陈岱孙先生教授西方经济学，金岳霖先生、贺麟先生教授西方哲学，但他们的中学素养都是极为深厚的。朱自清先生、闻一多先生教授中国文学，但都深入研究过西方文学。尤其是在当时新旧文学界的畛域之分还很深剧、老死不相往来的时候，两位先生都是兼通新旧两个领域的大师。冯友兰先生教授中国哲学史，但他所承袭和运用的理论建构却是西方的新实在主义，以致被张奚若先生讥之为"'新理学'听了听，实在也没什么'新'"；这一点更可反映出清华学派当时在学术思想上所鲜明表现出来的同中有异的个性。又如，传统中国哲学偏重于心性义理，于逻辑分析则不甚措意，而近代西方哲学的特点之一则是把分析方法引入哲学思辨，使得分析哲学蔚为现代哲学的大国。在中国近代教育中引入数理逻辑的是张申府先生和金岳霖先生。当时西方流行的分析哲学随之也在中国开始萌发。新中国成立后学习苏联，这条学术道路就理所当然地被否定了，未能继续得到发展。多年之后，王浩兄曾感叹，倘如这项学术研究能继续发展，或许中国学者在这方面已经在国际学术界占有一席地位了。雷海宗先生讲中国史，但他的理论体系是脱胎于斯宾格勒而经他自己改造过的文化形态史观。皮名举先生讲西洋史（他是晚清经学大师皮锡瑞的孙子），每每喜欢引用贾谊政论中的文字。陈寅恪先生论中国文化史，征引了圣·奥古斯丁、帕斯卡尔和卢梭作为对比。凡此都是对中西文化没有深入了解的人所做不到的。应该说，相当大的一部分知名的清华学人，如杨振声、刘崇铉、萧公权、浦薛凤、张荫麟、沈有鼎、钱锺书、李赋宁等先生，乃至海外的陈省身、张琨、何炳棣、杨振宁、吴其昱、王浩诸公，也都是寓于这个会通古今中西的行列的。

以上举例限于文科。对于当时清华学派的社会科学研究情况我不甚了了。然而就我所知，这些领域"清华学派"的特色也是值得称引的。例如，传统经济学是不大运用高深的数学工具的，而数学工具的使用当时已大举渗入西方经济学，乃至有些经济研究非高等数学家就无法胜任。而当时经济系的一些先生们，尤其是中青年中间，已开始在运用数学工具进行作业了，计量经济学的研究已在展开。新中国成立后经过多年单纯地以阶级斗争作为考察和研究经济规律的唯一工具之后，近年来数学工具的应用在经济研究上才又受到重视，被提上了日程。又如在社会学领域，潘光旦先生研究优生学。这门学科不但在当时仅此一家，即使到今天也还没有正式起步。潘先生一方面大量引用了当代生物学与遗传学的成果，一方面又结合中国传统文献，写出了清代伶人血缘研究、明清两代嘉兴望族研究等著作，迄今不失为这一方面的开创性尝试。至于其成绩如何，则尚有待于来者的努力。1943 年，第二次世界大战方酣，但盟国正转入全面反攻，胜券可操，胜利在望。这一年，钱端升先生就在政治学系开设了"战后问题"这门课，为当时国内高校中的首创。这从另一个侧面表现了清华学人对时代的敏感和在学术思想上的领先。

这种会通精神同样表现在理、工科老师们的身上。王竹溪先生是物理学的大师（他是杨振宁作研究生时的导师），他编写了一部中文字典，据语言学家朱德熙兄语我，那是迄今最好的一部中文字典。曾昭抡先生是化学界的权威（他曾多年任中国化学学会会长）却同时从事民主运动和多种社会活动，还作过许多次公开讲演，有一次讲题是"战后苏联在国际上的地位"。刘仙洲先生是机械工程界的元老，他赠给同学们的书是《史记》和《汉书》，还写过《诸葛亮木牛流马考》的论文。这种会通的风格和当时某些流行的学风形成鲜明的对照。当时中央大学中文系系主任是汪辟疆先生，在新生入系时，他就开宗明义地告诫说："本系力矫时弊，以古为则。"驯致我们中央大学附中的学生都被教导要做文言文。而入西南联大之后，读一年级国文，系里（系主任是朱自清先生）却规定，作文必须用白话文，不得用文言文。读一年级英文所选的文章很有几篇都是"On Liberal Education"和"The Social Value of The College-Bred"之类，其意也在养成通识和通才教育，大概因为这是"会通"之所必需。

全盘抛弃或砸烂本民族的文化传统是不可能的事，但死抱住旧传统不放而排斥一切外来的思想文化也是行不通的。人文学科要想摈拒自然科学与技术进步的成果是办不到的；反之，它们必须最大限度地利用一切可能的自然科学的知识和技术，才可望与时代俱进。但是另一方面，一味企图把人文学科的研究对象简单地等同于或转化为自然科学意义上的那种科学规律，也是不可取的，因为那样就忽视了乃至抹杀了双方本质上的差异。人文学科研究的对象彻头彻尾贯穿着人的意志、人的愿望和努力，它本质上乃是人的作用的结果，而一切自然界的现象却并没有人的意志、愿望和努力参与其中，也不是他们作用的结果。所以人文学科发展的途径，就只能是会通古今、会通中外、会通文理。既是会通，就不是简单地非此即彼、一个吃掉一个，或者说一场"你死我活的斗争"，而是融会和贯通，即你中有我、我中有你，正反双方不断朝着更高一层的综合前进。这一方向固然在近代已成为我国思想史上的一股潮流，然而清华学派得风气之先而引导时代的潮流却是不争的事实。而其间先后几代清华学人在这方面的贡献之大也同样是不争的事实。我以为所谓清华学派从根本上说，应该是指这个趋势或祈向，而不是意味着清华学人都有某种共同一致的观点或见解。每个人的观点和见解各不相同，表现为多；他们同中有异，又复异中有同。多寓于一，一又寓于多。而此处的一或统一性，或可理解为就落实到这种三位一体的"会通"上面。以上是我个人对于所谓清华学派的一点浮浅而不成熟的理解，质之于葆耕先生和当今评论清华学派的人，未审以为然否。

葆耕先生在书中评论清华学派每每别有会心，故而全书胜义迭出，使读者恍如行山阴道上应接不暇。例如，他把会通分为三种类型，即体用型、精糟型和解释型，但其间又并不存在截然不可逾越的界限。这不愧为充满辩证光辉的一种提法。恩格斯曾反复申说，辩证法就是不承认有一条僵硬不变的界限（他用的原文是英文"hard and fast line"）。葆耕先生于此拈出了"疑古"本身就是一种"释古"，所以"疑古"与"释古"就不可以绝对划分为两橛。那么准此而言，则"信古"与"崇古"也应是一种"释古"。再准此而言，则在"精糟说"的精华与糟粕二者之间也并不存在一条"hard and fast line"。马克思、恩格斯本人强调辩证法是与形而上学对立的，但人们却往往以形而上学的态度看待辩证法，把精华和糟粕看成互不相通的两极，而尤其是把两者都看作事物自身永世不变的客观属性，从而一笔勾销了其间流变不居的互相渗透和转化的关系。确切说来，所谓精华与糟粕都不是就事物本身的属性而言，而是就人的主观而言。日月星辰、山河大地、花开花落乃至鸦片、寄生虫、传染性病毒等，就其本身作为客观存在而言，并无所谓精华与糟粕之分，所以其本身也就无所谓好坏、优劣或美丑之分。那分别全在于我们主观对它如何加以运用。运用得好，腐朽可以化为神奇；运用得不好，神奇可以化为腐朽。同一个不龟手之药，善用者可以打胜一场战争，不善用者则不免于世世洴澼絖。宋人资章甫而适越，但越人却断发文身，无所用之。糟粕与精华倒不在于事物本身，而在于人们如何运用，而运用之妙则存乎运用者之一心。鸦片可以用作疗效极好的药物，也可以用作害人的毒品。因此我们对于精华与糟粕之分似应有更深一层的理解，不宜停留在天真幼稚的法庭的终审判决上。倒不如说，精华与糟粕之分并不存在于对象本身，而存在于我们对它的运用。如果这种看法成立，那么此前流行的精糟两分就似乎有彻底改弦更张、另起炉灶的必要了。当然，以上所说，只是我个人读后妄加引申，深恐未能很好体会作者的原意。

同时，我们也切不可认为清华学派内部的意见一致。他们虽有共同的兴趣或关怀或祈向，但每个人又都有其自己独特的思想和风格。学生在课堂上公开不同意老师的意见，是家常便饭。这一点应该是清华学派的特色之一，是清华学派之所以成为清华学派者。上面提到的张奚若先生不同意乃至不同情冯友兰先生也是一例。冯先生一生以紧跟著称，却无奈"人间沧海朝朝变"，当权者的浮沉及其面孔的变换更新，使得冯先生的为学也得不断地随之而变换更新。冯先生的"释古"实即所以"释今"。然则，这又岂止是冯先生个人悲剧的见证而已。今天研究冯先生已成为当代显学，惜乎尚不大有人结合冯先生思想变化的历程（尤其是他多年历次精彩绝伦的自我检讨）来研究他的学术。几经变化的不止是冯先生一人而已。张奚若、朱自清、闻一多各位先生的人生，前后都经历过不少变化。或许研究者们下笔时用心良苦，想方设法为尊者讳、为贤者讳。越讳，就去真相越远。结果，为尊者讳、为贤者讳，倒成了给他们涂粉或抹黑。他们是活生生的人，因而是充满了矛盾的人。闻先生拍案而起、挺身走出书斋之时，温德教授就摇头叹息说，他（闻先生）是一包热情，搞政治可不能凭一包热情啊！西安事变时，几位先生的态度（当然还不止他们几位）今天大概已经很少有人能认同或理解或秉笔直书了。我们不必苛责于今人，但我们应实事求是地理解前人。不仅在现实政治的层次上，即使在学人们所赖以安身立命的对待传统文化的学术态度上，其间也大有轩轾。西洋文学教授吴宓先生是终生一贯衷心尊孔的；而中国古典文学教授闻一多却是激烈反中国文化传统的，他不仅反儒家，而且也反道家，他那态度不禁使人联想到恐怕只有稍早的鲁迅先生可以与之媲美。在整个近代中国文化思想史上，坚决维护和弘扬传统民族文化已成为一种根深蒂固的情结，而猛烈抨击和否定传统民族文化，也已成为一种根深蒂固的情结；但近代的中国文化思想就是在这一二律背反之中前进着的。当今研究闻先生的人，大抵都只注重谈他民主斗士和民主烈士那一面，而对于成其为斗士或烈士的那种激烈的反传统文化的思想理论基础，却不知何以往往不肯深入涉及。对这个学派的研究，还有待于学术界更进一步来努力。目前，葆耕先生的这部文集，可以说是对这一研究作出了一个可贵的开端。他那筚路蓝缕之功实在是足以启发今后从事这一研究的学者们的。

收集在这部书里的是葆耕先生近年有关释古和清华学派的论文。葆耕先生于付梓之前，嘱我写一个序言，或许是鉴于我的出身也和这个学派略有渊源。其实，我虽出身于西南联大，但对于这个学派却从未能窥其门径，更何况我于文学是外行，竟然提笔作序，诚难免佛头着粪之讥。但由于文集多篇是谈清华学派的，其中涉及一些当年的师长，我于有幸率先拜读之余，偶尔自然也不免触发一些感受和联想，爰拉杂书之如上，以就教于葆耕先生和本书的读者。

1997 年 1 月　北京清华园

自　序

在西方文化的冲击下，如何对待我们自己的传统，这不仅是贯穿 20 世纪的文化难题，预计在未来的世纪内，它仍然会如梦魇般地纠缠着学人的头脑。美国人亨廷顿关于未来世界文化战争的预言培育了一些中国人的盲目乐观，以为儒家传统、伊斯兰文化可以轻而易举地同西方文化鼎足而立。只要看一看眼下好莱坞如何摧枯拉朽地吞没着世界电影市场就可知道，恐怕在一段相当长的时间里，"鼎足而立"还是一个神话。在西方文化霸权的逼迫下，传统的颓势并没有根本变化，而这种颓势从本质上说是植根于它自身的负面影响。如果我们是民族文化的虚无主义者，事情是否就好办了呢？——打开大门听任西方文化泛滥，或如"五四"时代的激进者所云杀掉 40 岁以上的文化人，再来一次"焚书坑儒"——是否就可以把这个难题一劳永逸地解决呢？未必。传统并不是存在于书本或少数中年以上文化人的头脑里，而是深藏于既不读书、也不看报的普通老百姓中间，沉积为"种族无意识"，隐遁在每个人的心灵深处，包括那位主张杀掉 40 岁以上的人的激进者的心灵深处。正如吴宓所说，"传统＝现在中的过去"，即传统是现在的一部分，它同"现在"不可分割地联结在一起。只有深刻的经济领域的变革触及老百姓生活样式的改变时，传统才会改变。作为上层的文化领域，我们不能希图用某一种头脑里构想出来或现成的文化体系取代传统，18 世纪的法国启蒙学者曾企图用理性主义的图画取代传统，结果变成了一幅讽刺画。同样，如果我们企图用西方的文化取代中国传统，结果只能是一幅更糟糕的讽刺画。我们能做的只有一件事，就是在现代的思想与智慧成果的光照下，去梳理和开掘传统，找出它的富有生命力的部分。

从根本上说，传统所以活着，是因为需要。古代中国人所面对的基本问题：人与自然，人与社会，人与人，人自身的理智、情感、意志的矛盾与冲突等等，至今仍然困扰着现代人。社会生活条件有了很大的改变，但作为人存在的基本矛盾没有改变。这些基本矛盾迫使人们转向古代，从中寻找现代人失落了的智慧，用以拯救自己。

在很长的一段时间里我把这项寻找传统的现代价值的工作理解为梳理，即区分精华与糟粕，弃其糟粕取其精华。同时又把"去糟取精"的过程理解为从稻谷中分拣出秕子那样简单而平常。但事实上，它要复杂得多。这是一种"开掘"工作，即是穿透"语词"的坚硬地表，让深藏于其中的"石油"滚滚涌出；不仅是"开掘"，还有"转化"，即通过"考证"等一系列操作使其"化腐朽为神奇"。第一次使我悟到这一点的是1985年同吕维副教授一起研究闻一多的《说鱼》《高唐神女传说之分析》《诗经新义》等学术论文。这些论文的训诂过程是如此严整、"符合规则"，而它所得出的结论是如此骇世惊俗。在撰写《对母体文化的自卫与超越》这篇论文的过程中，我终于明白了所谓"释古"，实质上是遵循严整规则所进行的一种"创造"。我不愿意把它叫作"有规则的游戏"，因为我们民族的灾难太深重了，几乎所有学者都把自己的工作看作为病入膏肓的民族开一副救死的药方。正是这种崇高的精神激发着他们的智慧。他们自信这些药方是传统文化中内在的、固有的东西，其实有的时候，它只是个人前见与历史视域的融合。读陈寅恪的论著时，感受也是如此：他的考证之赅博，使我们只能俯首称是，而他得出的最后的结论又常让我们瞠目结舌。钱锺书的《管锥编》将中外古今经典分解为片段，再把这些片段重新加以联结产生怎样的奇迹已人所共知，这种"编辑"学在形式上是严整的，然而正像当今系统论思想所昭示的：组成一个系统中的诸因素不是最重要的，它们以何种形式加以联结决定着系统的质。"联结"是关键。当钱锺书把古、今、中、外的无关联的语句有机地"编辑"在一起时，便照耀出传统语句中从未被人发现的崭新的意义；传统在钱锺书的"编辑"过程中发现了自己的新生命，或者说这种生命是其本身固有的、潜在的，当其他语句的光线投射在它身上的时候，使这种生命苏醒了。

这种释古学中变幻无穷的奥妙源于古汉语这种文字本身。无论哪一种语系，语言都是"两面神"，既有晓示作用又有隐瞒作用。中国古代的文字创造者竭力想扩大晓示，缩小隐瞒，结果弄得中国的古汉语比其他文字具有更大的模糊性和随意性，一词多义而且多义相克的现象在古汉语中相当普遍。这一点，在相当长的时间里被视为汉语落后的证据，但正是这种模糊性与随意性使汉语能包容远较拼音文字更为丰富的辩证的内涵；当然，这种主观空间并不是无限度的，它依然受历史的真实的制约。这种情形正像雷诺阿的那幅油画一样，他画了一个跳舞的女孩子，这个女孩子是一个存在的"事实"，解释者的视线犹如投向画布的那束光线，它没有改变女孩子的四肢五官，但却改变了它的"意蕴"。解释学是依据了历史文本的，但不同的解释者投下了不同的光束，就产生了不同的"女孩子"。这与自然科学的情形不同，牛顿三定律于任何人都一样，人们的个性无法改变它，依据它推出的结果是"唯一的"。人文学术则没有这种"唯一性"。尽管许多学者常把自己的考证结论说成"唯一正确的"，但时代改变了人们的思想的视角时，就像雷诺阿画布上的女孩子突然被投射了一束新的光线，我们又在女孩身上发现了新的意蕴。

"释古"使无生命的历史文本获得无穷的魅力。它不仅使释古者本身获得极大的乐趣，更根本地，它用历史的材料为现代人重筑起精神的蜗居。这个蜗居并非装满了救世的真理、救人的秘方，它也许只是一点智慧、一丝情趣和一些无伤大雅的"偏见"。只要能使人们从中获得某种教益或精神的满足，它就为寻找传统的现代价值作出了自己的贡献。我从来不敢轻视研究"小学"的人，但以为校正了一个错字、发现了个读音就足可以蔑视释义和阐扬，或者以追求"符合原意"为唯一标准而全然不考虑它的现代价值，我则深不以为然。君不见，在弘扬传统文化的号召下，大批现代学者编撰的普及读本问世，但却如打在水面上的浮漂儿，并未在人们内心荡起涟漪；而另一些学者却已高举起反对保守主义的大旗，把学界搞得热热闹闹。我怀疑，这两种人其实都未真正懂得传统，亦不懂得如何展现传统的魅力。在这一点上，他们的灵性远不如康有为、陈寅恪、钱锺书。

从本书的文章中可以看出作者受到西方解释学的中坚伽达默尔的影响，但从中国的大释古学家王弼、朱熹、陆九渊以及康有为、陈寅恪、钱锺书那里获得的教益更多。书中所有文章几乎都可看作向先贤叩门求教的肤浅收益。但我相信，照此深入下去，不仅可以写出一部现代学术史，而且可以建立起中国自己的现代释古哲学，只是这项工程已非我的能力所及了。

　　　　　　　　　　　　　　　　　　1997 年 1 月　北京清华园

传统转化与传统解释学

　　"传统转化"是一个富有中庸色彩的口号，它把我们从"传统—理性"的二元对抗模式中解放出来。这个提法既标识出传统之必须改变，又没有说"彻底决裂"，更没有说必须用西方的理性或非理性文化范型来取代传统。它否定了两极：对传统的全面肯定与全面否定，除此之外，它既没有告诉你必须做什么，也没有告诉你不能做什么。这恰好符合中庸哲学。吴宓说："中庸是变化不定的，中庸≠某一固定数。"事实上，即使最激进或最保守的学者也都不承认自己是站在口号所否定的两个极点上，因此，几乎所有的学术观点都可在这同一框架下操作。中国的传统文化也许就在各派的合力之间左摇右摆地向着现代的方向蜕变。它不可能固定在某一点上，但又总会有它的一个位置。

一、两种操作经验：摧毁与解释

　　纵观世界文化发展的历史，传统转化的操作路线大体有两类：一曰"摧毁"，二曰"解释"。"摧毁"的方法着重于从外部打击传统，促其转化，"解释"则着重于内部的消解与创造。

　　在西方，早在古希腊时期就对语言或文本持怀疑态度。苏格拉底发现，作为神的传信人赫尔墨斯，他的头具有温柔的神性而身子却是山羊。

也就是说，语言的发明者具有神魔双重性格，语词既有晓示又有隐瞒的力量。揭破隐瞒、寻求真理的办法就是发展普遍的二元对抗。欧洲中世纪文化的主要特征就是希伯来与古希腊文化、拉丁与条顿文化的对抗（参见罗素：《西方哲学史》）。到了文艺复兴时代，对上帝的人间信使——教会与神职人员的怀疑终于发展到抨击。又过了几百年，启蒙学者正式向基督教神学宣战，开始了理性王国时代。但没过多久，浪漫主义者以"回到中世纪"相号召开始了对新古典主义的战斗，他们并不是向基督教的教义回归，而是希望开辟一个个体解放的新纪元。此后，现代主义又向一切理性主义思潮宣战。统观起来，西方文化发展的历史是二元对立的历史，每一种文化思潮都是以批判或否定另一种思潮为自身存在的前提，而当自己发展到一定程度又被另外一种思潮所摧毁，相激相荡而又相汇相融。这股文化浪潮从对"意义"的批判（如文艺复兴时对基督文化的否定、巴洛克对文艺复兴的否定、现代主义对古典主义的否定）到对"形式"的批判（如19 世纪浪漫派对"三一律"等古典形式的否定、现代派对现实主义创作形式的否定）到对"结构"的批判乃至对语音、语素的批判。这是一个从宏观向微观逐渐深入的过程，恰同物理学从分子到原子到夸克的发展过程相对应，是"物质无限可分性"的逻辑发展的必然结果。它的基本精神是分析、是摧毁。正如当代法国诗人伊夫·博纳富瓦所云：

必须摧毁、摧毁、摧毁，
只有拯救才值得付出这般代价。

而中国文化发展的历程却呈现出与西方不完全相同的形态。在春秋战国时期，曾有过诸子学说纷然并存的局面，各种思想、学说、学派相互对立、相互批评，但同时又相互吸收、相互融汇，如荀子是尊孔宗儒的，但其又吸收了法家思想，某些观点则近于墨家。战国时的《吕氏春秋》则试图综合诸子，具有融汇各派的特色。到了西汉，"罢黜百家，独尊儒术"，又有所谓"今文经学"与"古文经学"的争论，两派对孔子及五经的看法有很多不同，在学风上也各有侧重，但它们之间的分歧和对立显然是由于政治因素的支配而被扩大到了你死我活的地步。到了东汉末年，郑玄以古文为主、兼采今学，实现了一次综合。魏晋以后，由于外来佛教的冲击，儒学面临新的挑战，儒、佛对立曾发展到相当激烈的程度，但从总的方面看，学术界对两派取沟通态度，产生了"格义"之学，佛学被融进了儒学，而"援佛入儒"的结果使儒学发生了巨大变化。到了宋代，形成了颇有特色的儒学形而上建构，把儒家学说推进到宋明理学的新阶段。明末清初，一批学者不满意于宋儒"束书不观，游谈无根"的恶习，乃反求之于古经（参见梁启超：《清代学术概论》），又有宗汉贬宋、倡经世致用之学派。晚清之际，张之洞等融会宋、汉，倡言"汉学，学也，宋学，亦学也"（张之洞：《四川省城尊经书院记》）。显然，两千多年来，纵然时有学说、学派之对立、冲突，但大都不带根本性的对立，这种冲突又以"会通"而缓解或消失。中国文化发展的历程，自先秦到清末，主要特点不表现为二元对立，而表现为对立中的融汇，不表现为"分析"，而是"综合"。

出现上述情况，一个重要的原因是中国传统文化的柔性，占据主流地位的儒家一贯主张中庸哲学，对异质文化也以中和态度相待。从外部来说，大一统的政治独裁也导致学术上的异端难以存活。自西汉独尊儒学以后，也有人曾力谋独树异帜、建立"非孔"的对立学派，如明代李贽，也一度形成气候，"万历中年，王李之学盛行，黄茅白苇，弥望皆是"（钱谦益：《列朝诗集小传·丁集》），但这类非孔学派的主要人物大都没有好下场。相反，以昌明儒学为主要营生的学者则可升官晋级，名利双收。这就迫使学者们即使有了新的思想，也不敢另立山头，而只是以"解释儒学"的面目，将其融入儒学。所谓学术争论也常常表述为"谁代表真正的儒学"的分歧。辨明古书的真伪、校勘内容的讹误并将已为时人读不懂的字、词、句予以考证并作出注解——这本来就是继承前人成果的需要，再加上前述的政治背景，使得中国的传统解释学远比西方发达。中国文化发展的历程不是如西方那样彼此在"摧毁"中再生，而仿佛只是在对前人著作的"解释"中累进。政治上的独裁统治越严酷，传统解释学越发达。清代是一个有名的文字狱时代，恰在这个皇朝统治时期，中国特色的解释学——训诂学达到了登峰造极的地步。

当然，西方与中国在传统转化方面的操作区别只是相对的。西方的"摧毁"过程中有肯定、综合、融汇；中国的"解释"过程中也有否定、消解、摧毁。世界上每一种传统的转化都是在两种操作的交互作用中实现，只是各自的侧重面不同，从宏观上便显示出如上的区别与特色。

二、文本的弹性与解释的可能

《说文解字·言部》："训，说教也。"段玉裁注："说教者，释而教之。"吕忱《字林》："诂，故言也。"张揖《杂字》："诂者，古今之异语也。"故"训诂"即对古代语言文字的解释与依此而进行的教化。王力认为："我们所谓语义学（Semantics）的范围，大致也和旧说的训诂学相当。"①张世禄则认为："依照中国过去训诂学的性质看来，与其说它是字义学，不如说它是解释学。"②而训诂学标举的唯一目的是让古圣贤之学说教诲能为当时人所了解和接受，用陈澧的话说："有训诂则能使古今如旦暮，所谓通之也。"（《东塾读书记》）由此，严谨和准确地解释经典就成了训诂所必须遵循的标准，所有的训诂学家都标举自己的注疏是最符合经典之原意的。但正如前所述，由于中国没有批判主流文化的客观环境，学人的批判欲、破坏欲和创造欲都受到压抑，因而，这些欲望往往以"解释"的形态曲折地表现出来。对经典名为解释，实际上隐含着批判、修正。萧公权在为康有为辩护时说："他（指康有为——本文作者注）的确是个修正者，而非拟古者。其实名儒名贤如孟子、荀子、董仲舒、朱熹、陆九渊、王守仁等都是修正派。"③史书记载，孔学一出，宗孔者即分为八个不同流派。如把《诗经》《易经》等经典文本的历代解释作一纵向考察就可明显看出，两千多年间大都有若干次大的修正。至于晚清、民初由于引进西方的思想和逻辑方

---

① 王力：《龙虫并雕斋集》第一册，中华书局 1980 年版，第 315 页。
② 张世禄：《张世禄语言学论文集》，学林出版社 1984 年版，第 221 页。
③ 萧公权：《康有为思想研究》，汪荣祖译，台北联经出版公司 1988 年版，第 41 页。

法，则不仅是"修正"，而且开始了"重构"。另外，如果我们对解释文本作横切面考察亦可发现同代人之间对文本的解释亦会有重大不同。尽管解释者都声言忠实原文，但每个人的"前理解"都导致解释的偏离。解释不只是原文的传递，也是原文的变形、消解和再创造。解释的过程实质上是传递／修正、保存／消解的对立统一。

西方解释学源于对《圣经》的阐释。出于对基督的信仰，西方传统解释学者有一种强烈的追求"逻各斯"即"圣言"的意欲，到文艺复兴乃至18世纪启蒙时代，对基督的信仰衰落了，但对"唯一真理"的追求依然是一种神圣的信仰，反映在文本解释上，尽管有分歧、冲突甚至为此而发生战争，但对"逻各斯"的忠诚始终贯穿在对文本的解释里。中国的情况多少有些不同。中国学者自古宗教观念淡薄，孔子尽管是"至圣先师"，但终究是个凡人，后人对孔子的尊敬与推崇缺少西方对基督的那种神圣性质，反映在本文解释上尽管强调"无一字无出处"，即每走一步都要以历史文本为依据，但从内心深处而言，中国传统解释学家没有亵渎圣言即是犯罪的罪感，他们对前人的解释更多考虑的是自己所处政治、人文环境的需要。当康有为引证孟子的话说"大人者言不必信，惟义所在斯言也"并声称孔子所谓三代先王纯系虚构时，可以说他道出了许多解释学者内心之不敢言，反映了中国传统解释学的实用理性本质。

从形式上看，中国的解释学是以历史话语（引经据典）为主体，解释人所处的当代话语几乎没有地位，因而使文本具有一种由历史文本缝缀而成的"克里斯玛"式的权威气质，当我们阅读这种文本时，仿佛在耸立着各种历史经典的密林中穿行，而走到一个出人意料的"目的地"时，再回过头看看全部繁密的引证，一种敬畏之情不禁油然而生，即使读今人的考证文章，如陈寅恪、王国维的皇皇巨著时，也仍然会有这种敬畏之感。陈寅恪先生的学生何兆武教授谈道："先生（指陈寅恪——本文作者注）的学问，我只有望洋兴叹，佩服得五体投地；但我却时常不免感到，越是读它，就越觉得从其中所引征的材料往往得不出他那些重要的理论观点来，这引导我认为，历史学家的理论并不是从史料或史实中推导出来的，反倒是历史学家事先所强加于史实之上的前提；也可以说，历史学家乃是人文（历史）世界真正的立法者。"① 可见，历史话语的新体系并非历史本身，而包含着解释人制造的历史幻觉，它不过是操纵者的一个投影，而操纵者的背后又是他所处的政治、人文背景。所以，解释文本实际上含有历史话语—解释人的话语—解释人所处的政治、人文背景的三重结构。

容许中国传统解释学家如此纵横驰骋的根本原因在于中国经典文本的"弹性"，即多文本与古汉字的多义性。西方传统解释学的主要对象比较单一，即《圣经》，虽也有《旧约》与《新约》及版本之间的歧义，但终比中国的情况要简单。中国在春秋战国时诸子纷出，而一家又分多派。据史书载，孔门曾一分为八。西汉独尊儒术后，哪些书算作儒家经典，众说不一。古今文之争其实就是文本之争。汉武帝立《诗》《书》《礼》《易》《春秋》为经典，但后人（如钱穆）就认为易经与儒家思想多有不合。宋人于"五经"之后添上"四书"，想补"五经"之不足，而事实上，官方是把"四书"置于"五经"之上的。到晚清，康有为把大部分经书考证为"伪书"而独尊公羊，清楚地显示出，中国经典之多文本给了解释学者的选择的自由，而文本的选择本身即透露出解释者本身的思想与情趣。今人钱锺书的《管锥编》对所诠释的文本的选择也可以使我们窥出作者的思想、兴味。

解释学赖以存在的最根本的理由是人们对语言的表意能力的怀疑。解释学家把戳破欺骗、把握真实当作自己的任务。但这一任务在西方与在中国由于文字类型的不同而取不同的途径：拉丁语系国家采用拼音文字，较早地摆脱了表象模仿的阶段而使声音与意义直接对应，但在这一过程中间，意义的信息量大批失落。语音的单一性与意义的丰富性不谐调，当语言自认为已经充分表达意义的时候，意义却跳出来申言远非如此，语言背叛或"强奸"意义成为普遍问题。而中国文字属表意系统，保留了比较多的表形因素，它不仅有声与义的对应，而且有形与义的对应，从而形成"形、音、意"的三角形结构，这就使得中国文字保留了较多的意义信息量。同时，在古汉字中间，每一个字（词）都可引申。这种引申至少

① 何兆武：《历史理性批判散论》，湖南教育出版社1994年版，第8页。

包括以下十种类型：因果、时空、实虚、动静、施受、反正、同形、同状态、同感觉、同作用。按照造字史上的说法，同声字（或近声字）则义通，一个字（词）都有一个同（近）声链，链中的每个字（词）又有了它的引申义。这样，我们面对一个字，就是面对一串字及每个字的本义及引申义组成的"意义之网"。中国人试图用这种办法摆脱文字表意上的窘境，应该说是一种聪明的办法。这种办法给后来的解释学者带来了困难，也带来了自由。因为你的解释每前进一步都面对多条可走的路，如果你的智力不够，难免陷入歧路亡羊的困境，但对于一个富于创造而又博学于文的学者，无疑有了多种选择的自由。他们能够在意义之网中走出自己的轨迹，编织出自己的解释图案。中国文字迥异于拉丁语系的独特性，给中国传统解释学提供了更为广阔的用武之地，也决定了中国的解释学应该有区别于西方解释学的理论体系与操作方法。

三、传统解释学的新生机

19 世纪末 20 世纪初，中国的传统和传统解释学遇到了严重的挑战。

这种挑战主要来自西方。康有为曾想用传统解释学故技来实现"援西入中"，在孔子的旗帜下大量引进西方的政治、思想和文化。但当人们读他的学术著作时，常感到传统的这件旧衬衫怎么也遮盖不住来自西方的肥硕的躯体。传统解释学在康有为那里显出了自己的窘迫。即使如此，20世纪初的激进青年仍不满意于康、梁、严等人的恋旧，断然认为，传统文化已将近死亡，唯有西方文化才能拯救中国。于是，"解释"变成了保守的代名词，"摧毁"成为必不可少的操作。从新文化运动起，批判传统（有时也谈继承）便成了中国文化运动的主潮。20 世纪初，在哈佛学习时，陈寅恪还认为采用程朱"援佛入儒"的办法可以解救 20 世纪中国文化危机[①]，但到了 20 世纪 20 年代后期，王国维自沉之后，他认为中国文化已成"不可救疗之局"。他的论据是，由于外族侵略导致中国经济之剧变，

---

① 吴学昭：《吴宓与陈寅恪》，清华大学出版社 1992 年版，第 11 页。

而文化是依托于经济的。"纲纪之说，无所凭依，不待外来学说之掊击，而已销沉沦丧于不知觉之间。"（《王观堂先生挽词并序》）

但是，曾在西方创造了灿烂文化的"摧毁"型操作，在中国却有些不灵。这是因为，西方自启蒙运动以降，对立面历次转型之动因皆产生于西方本身，即使有外界文化参与也处于从属地位。而中国用以摧毁自身传统的武器却来自西方，这就不能不遇到民族自尊意识的抵抗。中国有着远比西方源远流长的文化历史，由此构成了极其深重的民族文化情结，即使是"五四"时代的激进者如鲁迅、胡适等也常在传统文化的某些深层意识面前趑趄不前。应该说，摧毁型操作给中国带来了巨大的社会进步，其功不可没。但对传统的每一次轰毁，几乎都有"复古"浪潮回应。对传统的轰击到20世纪80年代的《河殇》达到了它的高峰，但作为回应的电视连续剧《渴望》轰动了大半个中国，剧中以坚忍为主要性格特征的传统中国妇女形象倾倒了万千观众，被倾倒者大半属于市民阶层。这一现象使我们意识到，当先驱者们呼啸着大步踏倒传统时，普通的市民们却以非常冷静的态度决定着对传统文化的弃取。联系到鲁迅、胡适、闻一多等学者对传统的双重态度，不禁使我们想到著名的解释学家伽达默尔说的："我们其实是经常地处于传统之中，而且这种处于决不是什么对象化（Vorgegenstand lichend）行为，以致传统所告诉的东西被认为是某种另外的异己的东西——它一直是我们自己的东西，一种范例和借鉴……"①

特别应该说明的是，"五四"时代的激进派尽管对传统文化曾说过一些决绝的话，但事实上并没有全盘否定，胡适当时就试图兵分两路：一方面提倡白话文，一方面要"整理国故"。整理的方法叫"大胆假设，小心求证"。所谓"小心求证"，胡适明确指出即使用"训诂方法"，其目的在于扫荡覆盖在经典文本上的历史迷雾，还其本来面目。这恰好符合解释学的宗旨。激进派沿此取得重要实绩的是顾颉刚编撰的《古史辨》和闻一多的《古典新义》。冯友兰称他们为疑古派。疑古其实也是一种释古，只是带

---

① ［德］伽达默尔：《真理与方法》，洪汉鼎译，上海译文出版社1993年版，第379页。

有更多"六经注我"的色彩，他们在阐释传统方面的贡献是不在"我注六经"者之下的。

如果说，20世纪20年代由于经济制度剧变而使陈寅恪对传统感到悲观的话，那么，80年代末，同样是经济因素使人们看到了传统的新的生机。这就是日本和亚洲"四小龙"的崛起。它使人们看到区别于西方的另一种现代化社会，在这个社会中，汉文化传统仍占有它的一定地位，甚至是相当重要的地位。西方分析哲学的走投无路，使人们寄希望于东方的综合哲学，学者们关于21世纪东方文化将要复兴的论断也并不像20世纪初梁启超的预言（参见《欧游心影录》）那么显得缺少根据。

当然，即使对传统估计最高的人也不能不承认，传统不可能原封不动地存在。它必须改变、转型。因此传统解释学就重新引起了人们的注意。梁启超、王国维、陈寅恪、吴宓、冯友兰乃至闻一多、朱自清以及海外新儒家所做的工作重新引起了人们的注意和兴趣。特别是钱锺书先生的《管锥编》，从哲学、心理学和情感世界的深层沟通了中西文化，在中国经典与外国多种文本的相互参照中开出了一个新的精神世界。正像物质生产的目的是最大限度满足人的物质需求一样，精神生产的目的也只有一个即满足人们精神生活的最大需要，别无其他。传统文本还能不能为人们提供精神营养？传统解释学还有无存在的价值？答案均在于此。我们无法概括出现代人的精神需要，但20世纪大师级学者们所做的工作却使我们产生信心，并对上述两个问题作出肯定的答案。同时还要补充的是，在对传统的重新解释的过程中一定会诞生中国自己的现代解释学。

1993 年 11 月初稿于香港中文大学
1994 年 10 月改毕于北京清华大学

中西会通及其三种操作

自 19 世纪末以来，在处理中国传统与西方文化的关系上，就理路而言，可以概分为两路：一路曰两极对抗式，不论"全盘摒西"还是"全盘西化"，均属此路；另一路曰会合变通式，不论对中、西文化评价如何，只要主张择善并用者均属此类。两种理路同两种哲学相关，即以黑格尔为代表的西方辩证法和以"中庸"为代表的中国传统哲学。

"会通派"的哲学基础与中庸

"会通"一词，最早见之于《周易·系辞上》："圣人有以见天下之动，而观其会通，以行其典礼，系辞焉以断其吉凶，是故谓之爻。"韩康伯注疏曰，"会通"即"会合变通"。至今《辞海》中"会通"条仍取韩解。朱子对"会通"的解释稍详："会，谓理之所聚而不可遗处；通，谓理之可行而无所碍处，如庖丁解牛，会则其族，而通则其虚也。"朱熹又曰："会而不通，则窒碍而不可行，通而不会，亦不知许多曲直错杂处。"[1] 从方法论的角度，"会通"就是需要兼顾事物的各个方面并且找出各个侧面之间的内部联系。

"会通"的方法与西方流行的黑格尔辩证法的明显区别是：黑格尔强

---

[1] 转引自［元］董真卿撰：《周易会通》，上海古籍出版社 1990 年版，第 462 页。

调对立面之间的否定，并通过对立面的斗争实现事物的转化，而"会通"则强调对立面之间的"同"和"通"。黑格尔辩证法强调对抗，而"会通"强调"中和"。《中庸》曰："和也者，天下之达道也。致中和，天地位焉，万物育焉。"张其昀在《中国与中道》中说："中国人可谓极富弹性，其处世接物守中而不趋极，有节而不过度。不得谓之尚武，亦不得谓之文弱。不得谓之易治，亦不得谓之顽固。而诸多似不相容之理论及制度，皆能巧于运用、调和焉以冶于一炉。"①

对立面之间的斗争是客观存在。就文化而言，如果不否认它同意识形态的联系就不能否认对抗和斗争的存在。即使非意识形态的部分也会有对抗存在，如陈寅恪就讲过基督教不敬祖先乃为中国传统所无法接受（参见《吴宓与陈寅恪》）。但是，文化问题确实又是错综复杂的。就中西文化关系而言，既有对抗性的存在又有大量的非对抗性存在，原因在于"东海西海，心理攸同"；同时，非对抗性矛盾可以转化为对抗（如民族习俗的差异在一定条件下诱发民族战争）；而对抗性因素又可以转化非对抗的；形式上的对抗中可能包含着非对抗的内涵，形式上的非对抗中又可能包含对抗的内涵。如果采取简单化的方法处理，往往会犯错误。中国传统的中庸理论由于未论及对抗的存在，常流于圆滑，如乡愿者流。但不可否认，以中庸为基础的中国传统学术在如何处理非对抗学术之间的融合以及在对抗性矛盾中寻求非对抗因素、通过解释学的技巧"化腐朽为神奇"等方面积累了丰富的经验。特别是 20 世纪的"中西会通派"在处理中西文化的冲突方面显示出博大的胸怀和高度的智慧。时下的西方盛行的多元对话理论，从哲学上讲与"会通"派如出一辙。认真研究"会通派"的学术成果对于创造未来世纪的新文化是大有裨益的。

体用说作为范型的价值

中国传统文化历来重视实用，"体而悉寓于用"②。但到了 19 世纪末，

---

① 《学衡》杂志第 41 期，中华书局，1925 年。
② 钱锺书：《管锥编》第四册，中华书局 1979 年版，第 1312 页。

西潮如洪水猛兽大有吞没中学之势;康有为《新学伪经考》刮起的疑古旋风也向旧道统提出尖锐的挑战。一些对危机有深切了解的卫道者意识到当时国家面临的两难处境:"……救时者言新学,虑害道者守旧学,莫衷于一。旧者因噎而食废,新者歧多而羊亡;旧者不知通,新者不知本;不知通则无应敌制变之术,不知本则有非薄名教之心。夫如是,则旧者愈病新,新者愈厌旧,交相为痛,而恢诡倾危、乱名改作之流,遂杂其说,以荡众心。学者摇摇,中无所主,邪说暴行,横流天下。敌既至无与战,敌未至无与安。吾恐中国之祸,不在四海之外,而在九州之内矣。"①

张之洞对清朝之衰微是有深刻洞察的。在概括其《劝学篇》之宗旨时提出"五知":"一知耻,耻不如日本,耻不如土耳其,耻不如暹罗,耻不如古巴。二知惧,惧为印度,惧为越南、缅甸、朝鲜,惧为埃及,惧为波兰。三知变,不变其习,不能变法,不变其法,不能变器。四知要,中学考古非要,致用为要;西学亦有别,西艺非要,西政为要。五知本,在海外不忘国,见异俗不忘亲,多智巧不忘圣。"②张深知中国面临亡国灭种危险,"不变"则必亡,而且这种"变"的关键不在"器"而在"习"和"法",但张又深忧"中无所主,邪说暴行,横流天下",因此,"变"必须"知本""不忘圣",并且认为中国之祸"不在四海之外,而在九州之内"。应该说,张之洞对时政危机的看法比洋务派深刻,知道中国这病并非"奇技淫巧"所能拯救。张对"中无所主"的恐惧使他站到康、梁的对立面上,但这种恐惧又并非如梁所诉之"粪土"之言。就精神层面而言,张的忧虑并非没有道理。

鉴于张对"旧学"与"新学"的估量,他认为应将"新学"与"旧学"会通,但两者不是半斤八两,而是"旧学为体""新学为用"。究竟何者为"体"、何者为"用",在张之洞那里界限大体是清晰的。《劝学篇》共24篇,"内篇"九是为"体",即同心、教忠、明纲、知类、宗经、正权、循序、守约、去毒,九篇之核心是坚持"三纲四维"。"外篇"十五曰益智、

---

① 张之洞:《劝学篇·序》,《张文襄公全集》第四卷,中国书店1990年版,第544页。
② 同上。

游学、设学、学制、广译、阅报、变法、变科举、农工商学、兵学、矿学、铁路、会通、非弭兵、非攻教，广泛罗列出政、经、法、军各方面需向西方学习、以补我之陋处。总之，"中学为内学，西学为外学。中学治身心，西学应世事。……以孝悌忠信为德，以尊主庇民为政，虽朝运汽机，夕驰铁路，无害为圣人之徒也。""道本者，三纲四维是也。"反之，如弃三纲四维之本，则"法未行而大乱作矣"。显然，张之洞所坚守之"体"丝毫未触动封建王朝的根本，远落后于同时代之康、梁，他的许多议论明显针对康、梁的变法，因而受到变法者的抨击也是势所必然的。

但"体用说"作为一种文化范式依然有着重要意义。在19世纪末以前，中国学者历来认为中华文化是一个独立自足的体系，尽管也在悄悄地吸收外来文化，却从不肯承认自己的文化有缺罅之处。"体用说"第一次正面承认中国自身文化不足，必须以西方文化来补充，并且承认，没有这种补充，中国文化将无法立足。这是中国思想史上的一大进步。严复曾讥"中体西用"于逻辑不通，他引裴可桴之言曰："体用者即一物而言之也，有牛之体，则有负重之用；有马之体，则有致远之用，未闻以牛为体，以马为用者也。"此言不能说没有道理，但未免过迂。"中体西用"犹如埃及之"狮身人面兽——以人的意识为"体"，而以狮兽之力为"用"。黑格尔曾高度评价狮身人面兽，认为它表明人类意识到自己之不足而望博取外长以补充自己，是人类认识史上一个伟大的"综合"之起点。而强调中、西文化有"体""用"之别，表明了倡导者强调民族主体意识的意图，尽管它未必科学，但当一个民族的文化相对处于劣势而又必须吸收外来文化时，这种强调是必要的。只要承认中华传统文化尚有屹立于世界之林的必要，就不能不体察该倡导者用心之良苦，"体用说"尽管不很科学、操作起来歧异也甚大，但作为一种范式会在相当长的时期内存在。犹如当今中国式的社会主义思想体系处于世界资本主义思想的包围之中，既要保持社会主义的主体，又要吸收资本主义的一切可用之处，其就范式而言，也可以说依然在"体用说"的框架之内。当然，它的内涵与张之洞时代的"体""用"完全不同了。

"精糟说"：判别的价值

马克思主义者以马克思主义为"体"，对中、西文化均取二分法，分解为"精华""糟粕"。总的原则是，"取其精华，弃其糟粕"。明确使用"精华""糟粕"二词见之于毛泽东的《新民主主义论》："一切外国的东西，如同我们对于食物一样，必须……把它分解为精华和糟粕两部分，然后排泄其糟粕，吸收其精华，才能对我们的身体有益，决不能生吞活剥地毫无批判地吸收。"[①]这种二分法在马克思、恩格斯的文献中已经提出，列宁又在一系列著作中予以发挥。列宁的二分法是非常彻底的，不仅历史文化应一分为二，世界文化应一分为二，一个民族的文化也可分为两种民族文化，一个作家（如列夫·托尔斯泰）的遗产也可分为进步与反动的两部分。而区分精、糟的标准可概括为两个，一是历史标准，即该文化在历史上起的作用是进步还是反动的；二是"对待人民的态度"。毛泽东强调指出，历史的、外国的东西即使是精华，也还要看是否于今天的中国有用，是否合于民族性，"向古人学习是为了现在的活人，向外国学习是为了今天的中国人"，即"古为今用、洋为中用"。

按照列宁的说法，马克思主义是人类一切文明之精华的总汇。马克思主义的中国化——毛泽东思想与邓小平理论当然更是中国传统与西方文明之精华熔于一炉，但在操作过程中，区分精华与糟粕的标准不易掌握，常受错误的政治路线或社会倾向的干扰，以致出现视精华为糟粕或视糟粕为精华的倒置现象。

"精糟说"的另一个不容忽视的问题是，文化本身常常是精华与糟粕如连体婴儿很难分离。正像一张纸的正反面那样，明显地可以判断为"糟粕"的东西中有时可以挖掘出精华的因素。譬如"克己复礼"在很长一段时间里被人们视为"糟粕"，但吴宓将"礼"上升到形而上层面解释为"适宜之谓"，于是"克己复礼"又有了合理的因素。"君为臣纲"是过时的封建专制时代的礼法，但其中包含着一切社会都需要的对领袖的作

---

① 毛泽东：《毛泽东选集》第二卷，人民出版社 1991 年版，第 707 页。

用的肯定。从这个意义上看，简单地视为糟粕也是不妥的。"精糟"二分法在具体操作中容易产生的这种简单化倾向，只有用"解释法"来加以补足。

解释说：传统再生的魔镜

中国的广义训诂学，就是解释学。从这个意义上说，中国的传统解释学非常发达，远非西方文艺复兴以前可比。近百年来，中国解释学有了新发展，显示出许多新特点，其中最主要之点就是通过解释"融西入中"，实现中西会通。具体操作法有三：一是用西方先进的科学的方法重新解释中国经典，如胡适在20世纪20年代所提倡的；二是用西方的新视角发现中国传统中潜在的与西方共有的特质；三是通过解释揭示西方文化与中国文化的互补互济。这种以"中外会通"为目标的释古学可以称为现代释古学。

20世纪释古学大体都能综合汉宋，既重严格考证，又能微言大义，但指导思想和学风之侧重不同又可概分为古典派、浪漫派和马克思主义学派。古典派严守儒学要义，在选择西方思想时也重理性、重古典，在学风上谨严而不免拘囿，如钱穆及当代新儒家；浪漫派多少带有非儒或贬儒倾向，在选择西方思想时有一定的非理性主义倾向，阐释本文时主观色彩较浓，本人常带诗人的艺术气质，学风开阔而有时流于空疏，如康有为、胡适、顾颉刚、闻一多等；冯友兰、朱自清将古典派与浪漫派分别以"京派""海派"指称，并力求兼取两派之长。在兼取二者之长方面最为出色的是陈寅恪和钱锺书。

马克思主义的释古学在继承传统训诂的同时，强调辩证的、历史的方法。注重将其置于当时当地的社会经济、政治条件下予以重新考察，从20世纪40年代后期起到新中国成立后，取得了引人注目的成就。钱锺书于1978年在意大利的一次演说中指出，由于马克思主义的应用，使学术研究"发生了深刻的变革"，改变了那种拘囿于烦琐考据的"可怜的、缺乏思想的状态"①。

在现代释古学家中，毛泽东是一个值得认真研究的对象。他思想开阔、具有较强的浪漫气质，常能化腐朽为神奇。例如："实事求是"一语，原见于《汉书》中"河间献王刘德传"，"修学好古，实事求是"。颜师古注："务得事实，每求真是也。"毛泽东将其解释为："'实事'就是客观存在着的一切事物，'是'就是客观事物的内部联系，'求'就是我们去研究。"②这一解释既没有违背原有之意又作了革命性的发挥，融入了辩证唯物主义的精髓，从而使这句一千多年的老话获得新生，成为党的思想路线的最好概括。

20世纪50年代初，毛泽东亲自发动的对《红楼梦研究》及胡适思想的批判，不啻对传统考据学的重大打击，随后开出的释古与社会政治、经济相结合的路子拓宽了解释学，赋予了经典文本以新意。50年代对众多古本校点也是荫及子孙、功不可没的。但媳妇很快变成婆婆，从政治、经济观点上解释文本成了不可违犯的天条。经典终于失贞，堕落为政治的婢女。实用主义又从防空洞里跑出来并同"四人帮"的反动政治结合演出了"评法批儒"的丑剧，对《水浒》的评点竟成为一次新的大规模政治迫害的武器，这是现代解释学的一次可耻的堕落。

"文化大革命"将学术通入政治圈子，接受笔与枪的拷问。但即使在钢刀悬顶的危境下，也还有一批知识分子坚持操守，辛勤治学。其中的佼佼者就是钱锺书。在"四人帮"垮台之后，西方思潮以决堤溃坝之势涌入中国时，《管锥编》以其惊人的博学和智慧震动了整个思想文化界。特别是那些奉西方现代哲学为圭臬的年轻学者，他们发现手中的稀世珍宝原本是早已被钱先生审视过的旧货。每一个专门家都只能读懂这部皇皇巨著中的一部分，而很少有人可以读懂全部。这部书使一些把中国传统文化弃如敝屣的人开始重新审视历史。从这个意义上说，《管锥编》为传统在新条

---

① 钱锺书研究编委会编：《钱锺书研究》第一辑，文化艺术出版社1989年版，第4—8页。

② 毛泽东：《改造我们的学习》，《毛泽东选集》第三卷，人民出版社1991年版，第801页。

件下的生存投下了决定性的一块奠基石。然而这还只是肤浅的一面，从更深刻的意义上说，钱的释古学工作，尽管也有值得商榷之处，但无论从思想的开掘和方法论的层面上都把现代释古学推进到了一个新的阶段，使中国的传统文化显示出新的风采与活力。

纵观近两千年的中国解释学历史，从思想层面上讲，有四个时期至为重要：第一是汉代，重在开掘经典的历史内涵，方法上重考据；第二是宋代，重在发挥经典的伦理内涵，方法上重释义；第三是清代，以顾亭林为代表的学派重"经世致用"，方法上宗汉，发展成一套严整的朴学；第四则是从晚清到现代，在阐释上仍以"经世致用"为本，重视文本在社会、伦理层面上的价值，而在方法上力图综合汉宋并取西法之长。而钱锺书在此基础上又把对经典文本的开掘推进到一个新的层面，即人的精神世界。在历代释古学家中，特别是近代的康（有为）、梁（启超）、王（国维）、陈（寅恪）、吴（宓）的工作中，都有对人的精神世界的关注，但没有一个人如钱锺书这样以人为中心全面地展开了人与自然、人与社会、人与人以及人自身的理性、情感、意志、意识与潜意识等多重的矛盾。传统文化第一次如此集中地表现出它对人的内心世界的深刻理解，而且这些理解同西方的传统的与现代的文史哲、心理学、语言学的许多见解全然相通。虽然钱的中西类比中也有误读，并时常表现出强烈的主观色彩，但从总体上说，无论引证的博赅、解释的智慧还是思想的深邃，不仅前无古人，同时代也是无人可以与之比肩的。他的成果雄辩地证明，现代释古学完全可以使传统再生，帮助现代人类营建精神的家园。

诚如上所述，"体用说""精糟说""释古说"是互相渗透、并行不悖的。"体用说"在战略上帮我们把握自己的主体性。"精糟说"给我们判断价值的标准，而释古学则是有更大的操作价值。在 20 世纪初梁启超曾预言中西文化的"结婚"将诞生当代的宁馨儿。只要我们将上述三种范式综合加以运用，梁的预言是可望实现的。

1996 年 4 月于北京清华园

魔　镜

——浪漫释古学初探

　　在西方，对文学史上的纷繁流派有一种相当普遍的二分法，即"古典的"与"浪漫的"。所谓"古典派"与"浪漫派"的概念既是历时的，也是共时的。中国的释古学似也可作这样的二分，即古典释古学与浪漫释古学。两派的首要区别是："我注六经"还是"六经注我"。前者对经典进行解释的信条是"就是如此"，而后者则是"应该如此"。但是这种解释者对客观性与主观性的态度并没有揭示出两种解释学的本质区别，正像西方古典派与浪漫派的区别并不在于持论者对主客观的态度一样。更带有根本性的区别是，古典释古派奉儒家经典为圭臬，而浪漫释古派则多少带有贬儒、非儒的色彩；古典派是儒学一元化的，浪漫派是广泛吸纳儒、释、道、法及域外思想，是多元的；古典释古学派崇尚社会与人生的秩序和礼法，释古多侧重总结政治兴衰的历史教训和带有克己复礼、道德劝善的训诫意味，而浪漫释古学更富于形而上色彩，重视智慧和情感，带有较强的论辩意味。到了近代，在对待西方思想的吸纳上，理所当然地，古典释古学更重视理性意义与科学主义，而浪漫释古学更重视非理性主义。前者更关心社会的严整和稳定，强调法则和秩序，后者更重视个性的精神世界，特别是情感世界，是"不及物"的。在方法上，古典释古学派更重考据，强调"无一字无出处"，逐步发展了一整套严整的治学规则和方法；浪漫释古学也做考证，但更追求开阔与创新。纵观整个学术史，两个流派并非决然对立，而是互补互渗。正像我们无法为每一个作家确立他（或她）是属于哪个流派一样，我们也很难为每一个解释学者确立他的释古属性。许多学者是追求兼而有之的。

从广义的释古学角度看，如果不限于对文本的阐释，则浪漫释古学的发端远早于古典释古学。在原始初民阶段，蒙昧的祖先没有推理能力，只有强旺的想象力，他们对图腾的崇拜以及神话中对自然万物、人类起源的解释都是以主观想象投射于历史的，属于广义的浪漫释古学的范畴。有了语言、文字以后，以文本为主要对象的解释学产生。浪漫释古学理论的滥觞则见之于老子。"道可道，非常道"，即认为"道"是不可言说的，它的反命题便是，凡是言说出来，都不是"道"。老子的说法既揭示了文本的不可靠性，又为人们解释文本留下偌大的主观空间。与《老子》产生的时间相距不远，古希腊哲人苏格拉底指出，上帝的"信使"赫尔墨斯是一个"两面神"，揭示了语言具有晓示与隐瞒的双重作用，两者异曲同工，分别作为东西方释古学理论的滥觞。我国的西汉是释古学（训诂）正式确立并获得很大发展的时期。汉武帝"罢黜百家、独尊儒术"，使对儒学的解释成为"官学"。"官学"一般说来，属古典释古学范畴。董仲舒以虚构的"天"解释儒道的合理性，就方法而言是"浪漫的"，但其主旨却是确立儒术的一统地位，因而又是"古典的"。经古今文学之争反映当时定何种文本为经典已成为至关紧要的事，在当时无论宗今文还是宗古文者，在思想上和方法上均属古典释古学。到了汉末，马融"达生任性，不拘儒者之节"，郑玄注书"如有不同，即下己意"（《六艺论》）开浪漫释古学实践之先河。魏晋是浪漫释古学的第一个高潮，号称"新学"，代表人物当推何晏、王弼。他们在注释经典时不仅推翻两汉的经学思想，以玄学别树义理，而且在方法上也别于汉学之"由辞以通道"之训诂，重在义理的思辨。何晏明确主张，"言知者，言未必尽也，今我诚尽也"（《论语义疏》），即"名言"并不能反映事物的本质真实，需靠超乎名言诠释的"诚"才能尽。王弼指斥汉代经学拘泥文字，"存象忘意"，主张"得意在忘象，得象在忘言"，释经者必须以自身之伟大精神，突破语言的障碍，把握其神髓。他注周易，融合老庄学说，充满机智与飘逸。唐孔颖达赞其远胜汉学，"独冠古今"。从晚唐到宋，是古典释古学的第二高潮。以程朱为代表的理学维护儒学传统，并将其推进到了一个更加完整的新阶段，但在文风上并不拘泥于儒家原典，在援佛入儒方面表现得相当富于创造性和主观性，在方法上承袭魏晋重视义理之风而不拘囿于只言片语的考证。与程朱分庭抗礼的陆王则主观性更强。陆九渊明言，"吾心即宇宙"，只要"学苟知本"，则"六经皆我注脚"①。学生问先生何不著书？陆对曰："六经注我，我注六经。"即认为，"文本"与"我"是互为本源的；同上面的"学苟知本……"联系起来，当"我"为本时，六经不过是"我"的外在表现；而"六经"为本时，"我"又成为"六经"的外在表现。按照陆的说法，解释并非仅是"我"对文本原意的追寻，而是"六经"需在"我"中寻求它自己的原意，是一个互相寻找的过程。"文本"与释古者是互为表里的；诠释行为不过是两者之间的对话与交流。陆、王均对浪漫释古学有重要贡献，但就思想而言并未走出儒学范畴。明代李贽与此相反，公张反道学旗帜，他的非孔、非六经的独断性文字，从广义讲，亦可属于释古学范围。他那辛辣、机智的文风也为浪漫释古学增添了异彩。明末清初之王夫之、黄宗羲、顾亭林深感明末颓萎的学风是造成明亡的原因，对学术又有一次大的拨乱反正，王夫之以"六经责我开生面"自命，在批判地承袭朱熹和王阳明方面表现了很高的创造精神，并把老庄、法相之书与"六经"同时注释，但王、黄、顾的治学宗旨还是捍卫和发展儒学传统以为"经世致用"。自康熙以降，古典释古学大兴，发展成为严整的朴学方法论体系，章太炎归纳其优点为"审名实、重佐证、戒妄牵、守凡例、断情感、汰华辞"等六条，并说"六者不具而能成经师者，天下无有"（《太炎文录初编》卷一，说林下）。但朴学方法的致命的弱点是"拘"和"琐"，与复杂变动的社会现实及生动活泼的人性脱节。因此，浪漫释古学的再次崛起依然是不可避免的。

古典释古学往往是在社会稳定的条件下发展的，而浪漫释古学则是社会危机和社会转型时期的产物。晚清末年，社会危机的严重性和深刻性是

---

① 陆九渊：《陆九渊集》卷三四，语录上，中华书局 1980 年版，第 395 页。

中国历史上任何一次危机都无法比拟的，传统文化的生死存亡问题以从未有过的尖锐性摆在中国士人面前。除了主张全盘斥西与全盘西化的两极外，多数人都认为需要在不同程度上融西入中并对中国传统文化予以重新解释以适应近代化之需要。一部分看到"以夷复夏"之严重危险的学者，提出融西入中的界限，即"中学为体，西学为用"，倡导最力者是张之洞，他们不仅吸收西方的技术，而且参照西方思想重新解释中国学术。但在政治思想、伦理道德等方面固守儒家文化之本位，在操作方法兼融汉宋并适当吸收西方的实证与逻辑方法。进入 20 世纪以后，"中体西用派"更多地吸收西方理性主义文化和逻辑方法，在形而上的层面上阐释儒家文化，出现了一代又一代的"新儒学"，从张之洞到当代新儒家，勾勒出了古典释古学派在 20 世纪的新发展。但也还有另一部分学者，面对日益深重的社会危机和精神危机，内在的改革激情使他们有一种摒弃一切束缚的愿望，但在心灵深处又觉得传统难以割舍，希望仍然在旧的基地上从事新的战斗。就像欧洲浪漫派曾提出"返回中世纪"的口号一样，他们仅是把旧传统当作服装和武器，而身体、头脑都是自己的，如果说他们也还在遵奉某些旧思想的话，那也是因为这些思想同他们的心灵相合。他们在操作方法上，同古典释古派并无二致，只是从内心深处是"疑古"派，他们相信老子的理论，认为文本是有弹性的，语言是不可靠的，如陆九渊所云，"六经皆我注脚"，因此，在训诂的过程中常显示出极强的主观性。开此浪漫疑古学之新风者就是康有为。

康有为生于鸦片战争之后，少年时充满对经书的反叛意识，在游历香港和滞留上海期间大量阅读西学书刊，形成了一整套中西杂糅的革新思想，这一套思想成为他进入"释古"的"前见"，他所以要"释古"不过是要以古书验证和张扬他的思想。康自视甚高，以拯救天下之圣人自诩，并标举孟子"圣人但求有济于天下，则言不必信，惟义所在"。他认为孔子讲的三皇都属虚构，目的在于推行自己的主张。自己是"圣人"，自然也有随意发挥的权利。他直接承袭了王夫之、陈确对经典文本大胆怀疑、否定的精神，以训诂方法考证自宋至清占统治地位的经典——古文经学全系"伪书"，使统治者奉为法典的神物一夜之间成为废纸。朝野震动，朝廷三次下令焚毁《新学伪经考》及其印刷版。在《孔子改制考》中，康以《易经》中"穷则变，变则通，通则久"为依据，引进西方进化论思想。并以"三流"（夏：黑流，商：白流，周：赤流）为历史依据，说明政治改革的必要性。康还把"三世"说解释为历史发展的三阶段（据乱世、升平世、太平世）以抨击守旧派。康还把民权、议院、选举、民主、平等，都附会在孔子身上，企图以孔子为中国的基督推行他的维新主张。康对孔子及其学说的阐释虽然在总体上并未走出儒学的思想体系，但在若干根本点上已同儒学相去甚远，如"消灭家庭"（见《大同书》）等可谓直捣儒学的致命处。这种用传统的方法解构传统，同"五四"激进派用西方武器对传统的轰击形成"里应外合"，对于中国社会的转型和意识形态的变换都起了解放思想的积极作用。

　　20世纪20年代，浪漫释古派的劲旅是以胡适为代表的一批激进派。胡适就训诂方法提出的"大胆假设，小心求证"，第一次肯定了想象力（假设）在释古学中的重大作用。E.希尔斯在《论传统》一书中说："想象力是一种真正的克里斯玛天赋，是宗教创始人、先知、伟大立法者、企业家、发明家、科学家、学者和文人骚客以极其相同的方式具有的。……虽然魄力、记忆力、刻苦和数理天赋都是必需的，但没有想象力，提供信仰型并控制行动环境的诸传统的重大变革就不可能实现。……想象力是诸传统直接或间接的巨大变革因素。"[①]在古典释古学派看来，阐释时的想象力是一种有害因素，它妨碍正确理解"愿意"，但事实上没有想象力的释古是不存在的。胡适认为，关键在于"大胆假设"要同"小心求证"相结合，胡适本人的考证，大胆假设有余，小心求证不足，康有为亦是如此，而胡适的传人顾颉刚则多少弥补了先师的缺陷。到了三四十年代，闻一多成了浪漫释古派的杰出代表，他在训诂的严谨、缜密方面绝不弱于古典派，但他所运用的观察视角却是西方的。他广泛利用西方社会学、人类学和精神分析学派的成果重释《诗》《庄子》等书，得出许多令人惊骇的结果，这些

---

① ［美］E.希尔斯：《论传统》，傅铿、吕乐泽，上海人民出版社1991年版，第305页。

结果同传统理学家们的结果全然相悖，闻一多在晚年曾激烈地抨击古典释古派是书蠹，而他自己钻进古书目是为了作"杀蠹的芸香"。

在二三十年代还有一批留洋归来的学者值得注意。这就是陈寅恪、吴宓及"学衡"中的一些人。从思想倾向而言，笼统地称他们为"文化保守主义者"也是可以的。但陈寅恪青年时代在哈佛发表的关于"援西入儒"的理路颇有浪漫释古学意味（《吴宓与陈寅恪》）。何兆武先生谈道，听陈的课时"佩服得五体投地"，但同时又认为，"从其中所引征的材料往往得不出他那些重要的理论观点来。这引导我认为，历史学家的理论并不是从史料或史实之中推导出来的，反倒是历史学家事先所强加于史实之上的前提；也可以说，历史学家乃是人文（历史）世界真正的立法者"。[①] 吴宓在执《学衡》牛耳时期基本上是文化保守主义者，但到 20 世纪 30 年代中期，越趋成熟越显示出浪漫主义释古学的倾向，只要翻一翻《文学与人生》（清华大学出版社 1993 年版），不难得出这一结论。

有些学者试图将古典派与浪漫派加以综合，如冯友兰、朱自清等，他们将古典派称为学术上的"京派"，称浪漫派为"海派"，希望兼取两者之长。王瑶先生认为，对于综合的追求正是"清华学派"的主要特色。但在事实上综合只是互渗，它并没有消灭两派的区别，清华学派中人仍各有自己的特色，例如冯友兰先生依然属于古典释古派。闻一多与朱自清，以及他们的学生王瑶、林庚在风格上的差别也是很明显的。

今人钱锺书集两派之大成，创造了当代释古学的高峰。细论起来，钱锺书还是浪漫释古学的特色更为突出。这表现为：一是反对"我注六经"，把释古变成"代圣贤立言"。他对"四书"评价甚低，在《管锥编》中不予论列。"五经"在选本上也排斥理学家的注本，如《周易》，不取伊川易传而用王弼的易注，显示了钱同魏晋浪漫释古派之间灵犀相同。二是反体系，他说，历史本身"给我们的不透风，不漏水的严密理论系统搁上大大小小的窟窿"，"如此庞大的建筑物已遭破坏，住不得人了，也唬不住人了，而构成它的一些木石砖瓦仍不失可资利用的好材料。往往整个理论系

---

① 何兆武：《历史理性批判散论》，第 8 页。

统剩下来的有价值的东西只是一些片段思想"(《七缀集》)。将古今中外的"片段思想"予以重新"编辑",在相互映照中生发出新的思想是钱锺书《谈艺录》与《管锥编》的基本思想和基本方法。三是反"唯一性",他称中国语言和文本具有"相当灵活的机会主义"特性,"因词之足以害意或乃以言破言,即用文字消除文字之执,每下一语,辄以反其语破之"。钱认为,一字多义,多义相克,言不及象、象不及意是相当普遍的现象,这些看法为钱的释古学留下广阔的主观空间。第四,也是最重要的,就是钱把释古学从历史层面、伦理层面、经世致用层面推向了精神、情感层面。钱所关心的重点不是政治的兴衰、道德的训诫和历史的真伪,他的注意力集中于人的心灵自由,是理性、情感、意志、人格等问题,他注重挖掘文化传统中的智慧与美,从暮气沉沉的旧传统中开拓出一个新的富有魅力的精神世界。在这一点上,令人想起康有为的《大同书》。《大同书》唯一关注的是人的心灵的快乐与自由,为此康不仅认为应破国界、族界,甚至应"消灭家庭",承认同性恋爱的合理性等。在康之后,学人们被政治斗争、道德升沉所吸引,罕有人再像康那样关心心灵世界。20世纪80年代《管锥编》的横空出世,标志着钱承续了《大同书》的传统,拂去了康有为空想的浮尘和拘囿的锁链,在更广阔的心灵空间中展开了内在精神世界的错综矛盾,并为解决这些矛盾贡献了丰富的智慧。中国的释古学自西汉以降的近两千年中,历史的(汉)—伦理的(宋)—经世致用的(清)—审美的(钱),是层层递进、逐步深入的。钱的工作标志着释古学进入了一个新的阶段。

有的学者认为,古典主义时代已经终结,现代属于浪漫主义。近年西方若干传统复归的文化现象表明,这一结论未免下得过早。中国的情况更是如此。释古学的逐层深入并不意味着前几个层次的过时,对政治历史的阐释、传统道德的弘扬仍为时代所必需;想象力的张扬和实证逻辑的严谨仍同是推进释古操作的要素。古典释古学与浪漫释古学在相当长的时间里还会并存,相撞相融,和衷共济,推动传统的转化与再生。

释古与清华学派 [1]

1988年，清华大学举行"纪念朱自清先生逝世40周年座谈会"，作为朱自清先生的弟子，王瑶先生参加了这个座谈会，并以清华中文系之复建为由头，提出"清华学派"问题，有关原话如下：

> 第二件事情是清华大学又成立了中国语言文学系，这也是值得欣慰的。现在全国新成立了许多大学，为什么清华中文系就该取消呢？应该看到，清华中文系不仅是大学的一个系，而且有一个有鲜明特色的学派。清华大学中文系的成就和贡献，是和朱先生的心血分不开的；朱先生当了16年之久的系主任，对清华中文系付出了巨大的精力。朱先生在日记中提到要把清华中文系的学风培养成兼有京派海派之长，用现在流行的话来说，就是微观与宏观相结合：既要视野开阔，又不要大而空；既要立论谨严，又不要钻牛角尖。他曾和冯友兰先生讨论过学风问题，冯先生认为清朝人研究古代文化是"信古"，要求遵守家法；"五四"以后的学者是"疑古"，他们要重新估定价值，喜作翻案文章；我们应该采取第三种观点，要在"释古"上用功夫，作出合理的符合当时情况的解释。研究者的见解或观

---

① 本文原载《清华大学学报》(哲学社会科学版)，1995年第1期。

点尽管可以有所不同，但都应该对某一历史现象找出它之所以如此的时代和社会的原因，解释它为什么是这样的。这个学风大体上是贯穿于清华文科各系的。朱先生在中文系是一直贯彻这一点的。清华中文系的学者们的学术观点不尽相同，但总的来说，他们的治学方法既与墨守乾嘉遗风的京派不同，也和空疏泛论的海派有别，而是形成了自己的谨严、开阔的学风的。这种特色也贯彻在对学生的培养上。清华中文系不但规定必修第二外国语，而且还必须要学一门欧洲文学史，这是由西方文学系的外国教授讲的，要求很严，但是朱先生坚持必须学习。关于"五四"以来新文学的课程，也是从清华大学首先开设的，由朱先生自己讲。他强调要适应我们的时代发展。比如新诗，人们说是欧化的产物，朱先生说是应该叫做现代化，因为诗要发展就必须现代化。新诗不是借鉴历史来的，而从欧洲来的，和过去的诗体变化不同，但它适应现代化的要求。清华中文系的许多学者都强调时代色彩，都力求对历史作出合理的解释，而不仅仅停留在考据上，这个学派是有全国影响的，在社会上发生了很大的作用。解放以后，北大教语言学的王力先生，社会科学院文学研究所的余冠英先生、俞平伯先生，一直到台湾大学的董同和先生、许世瑛先生，都是属于这个系统的，它的分布面相当广。清华中文系的成就和特点都是和朱先生分不开的。……现在清华中文系又成立了，我觉得应该继承过去的传统和成就。这些成就是和朱先生的努力分不开的，因此，对其成立我表示欣慰。（摘自《文艺报》1988 年12 月 6 日《我的欣慰与期待》）

当时我也在座，听了先生关于"清华学派"这段话，觉得很震动，也很陌生，甚至怀疑先生不过是随便说说。但我又深知王瑶先生一贯治学严谨，在整理讲话稿拟在校刊上发表时，未敢漏掉这一段，但又自忖送王瑶先生审阅时先生多半自己会删掉的。出乎我意料的是，返回来的稿子中，有关"清华学派"的部分王瑶先生不仅未删，而且将整理稿中讹误、漏掉部分一一加以订正、补充，并自己重抄了一遍。后来这个讲话在《文艺报》上全文披露的过程我不清楚，但我想，将如此重要的一个学术问题公诸全国文学研究工作者之前，一定是征得了先生的同意的。先生讲话中谈到冯友兰、朱自清关于清华学风的文字，我也陆续找到。可见，王瑶先生提出"清华学派"问题，不仅是经过深思熟虑，而且是查阅了有关文献，作了一番"考证"的。事实上，这个问题早在 1985 年纪念闻一多先生逝世 40 周年的会上先生就谈过："以前的清华文科似乎有一种大家默契的学风，就是要求对古代文化现象做出合理的科学的解释。"[①] 可见王瑶先生对这一问题的思索至少已有三四年之久了。

疑古·信古·释古

近百年来，中国的知识分子始终被两个梦魇所纠缠。

罗兰·巴尔特于 1977 年在法兰西学院的一次讲演中谈到自己阅读托马斯·曼的《魔山》所经历的"历史恐惧"。小说的主人公汉斯在 1907 年时就已二十多岁了，罗兰·巴尔特自己的肉体尚未出生，但阅读时，罗兰·巴尔特却恐惧地感到自己的灵魂进入了汉斯的肉体，而自己的肉体变成了汉斯的历史延长物：

> 我的躯体比我要老得多，好像我们始终保持着可怕的社会恐惧年龄，这种年龄通过生活的风险，我们已经能够觉察到了。如果我想活下去，我必须忘记我的躯体是历史性的，我必须把自己抛入一种幻觉之中；现在这个年轻的身躯是我的身躯，而过去的那个，则不是我的身躯。简单地说，我必须阶段性地再生，使我比现在所是的更年轻。[②]

鲁迅笔下的"狂人"就是由于感到自己变成了历史的延长物而恐惧得

① 季镇淮主编：《闻一多研究四十年》，清华大学出版社 1988 年版，第 140 页。
② 转引自高宣扬：《解释学简论》，三联书店（香港）1988 年版，第 168 页。原载法国"入门出版社"，Editions du Seuil，Paris，《罗兰·巴尔特讲演集》。

发狂，因为他看见传统中写满了"吃人"二字。鲁迅这篇小说在当时引起极大的震动就是因为它揭示了广大激进知识分子内心的梦魇，并强有力地表达了他们企图"忘记我们的躯体是历史性的"这一强烈冲动。正是这种由"社会恐惧年龄"造成的心理冲动掀起了摧毁传统的声势浩大的运动，他们希望借此使自己变得年轻。

　　但是，他们并不能真正"忘记"，而只是"把自己抛入一种幻觉之中"。当他们猛烈地向传统轰击的时候，传统就隐遁在他们自己的心灵深层，隐然而强有力地支配着他们。正如伽达默尔所说："我们其实是经常地处于传统之中，而且这种处于决不是什么对象化（Vergegenständlichend）行为，以致传统所告诉我们的东西被认为是某种另外的异己的东西——它一直是我们自己的东西，一种范例和借鉴……"① 特别是当西方文化的浪潮如摧枯拉朽般冲决传统道德的堤堰时，强烈的失去精神依托的恐惧油然而生，于是另一个梦魔悄悄袭来，这就是早在 19 世纪末，一个叫曾廉的人所预言的：

> 变夷之议，始于言技，继之以言政，益之以言教，而君臣父子夫妇之纲，荡然尽矣。君臣父子夫妇之纲废，于是天下之人视其亲长亦不啻水中之萍，泛泛然相值而已。悍然忘君臣父子之义，于是乎忧先起于萧墙。（《瓠庵集》卷十三）

　　在前一个梦魔的纠缠下，他们"非古"（在学术上主要表现为"疑古"）。在后一个梦魔的纠缠下，他们"复古"（在学术上表现为"信古"）。整整一百年来，中国的知识分子就在这两极之间摇摆、踯躅。

　　"中庸"是一剂良药。在非古与信古的两个极端之间寻找某种合适之"度"的欲望，外化为重新解释历史文本的冲动，名曰"释古"。冯友兰先生在《三松堂自序》中说：

---

① ［德］伽达默尔：《真理与方法》，洪汉鼎译，第 379 页。

> 传统的说法是信古，反对传统的说法是疑古，我的说法，我自
> 称为"释古"。①

其实，"释古"并非冯先生的发明。自古以来，中国的知识分子每当遇到传统与现实发生激烈冲突时，很少取从外部打击传统以求变易的办法，而更多求诸对经典文本给予新的解释。自秦汉以来绵延发展的广义训诂学，它标举的主要目的是，将古代经典上的字、句用时人可懂的文字加以解释。即"有训诂则能使古今如旦暮，所谓通之也"（参见陈澧《东塾读书记》）。但事实上，真正的大学者都不满足于对前人的学说作语义解释，而是在"解释"的旗号下将前人的学说予以丰富、发展和修正。萧公权先生在《康有为研究》中写道："其实儒家名贤如孟子、荀子、董仲舒、朱熹、陆九渊和王守仁等都是修正派。"解释即修正。两千多年来，中国学术的绵延和发展，在很大程度上可以说就是由"注疏""辨析""考证"等诸多解释学的环节来实现的。即使发生学术上的争论、流派的对立，双方也常常标举同一个历史文本，以"解释"上的歧义互相抨击。

胡适将历史说成是一个任人打扮的女孩子，曾受到很多人的批评。我们把历史文本做如是说，则多少有些道理。这是由古汉字的多义性所决定的。古汉字中的每一个字（词）都可引申。这种引申至少包括以下十种类型：因果、时空、实虚、动静、施受、反正、同形、同状态、同感觉、同作用。按照造字史上的说法，同声字（或近声字）则义通，一个字（词）都有一个同（近）声链，链中的每个字（词）又有了它的引申义。这样，我们面对一个字，就是面对一串字及每个字的本义及引申义组成的"意义之网"。这就很有点像海森堡的"测不准原理"。事实上，精神世界的运动较之自然界更复杂，如果自然界物质的微观结构中的"解"是在某个区间中摆动的话，体现精神世界的字（词）同样应如此。中国人试图用这种办法摆脱文字表意上的窘境，应该说是一种聪明的办法。这种办法给后来的解释学者带来了困难，也带来了自由。因为你的解释每前进一步都面对多

---

① 冯友兰：《三松堂自序》，生活·读书·新知三联书店 1989 年版，第 224 页。

条可走的路，如果你的智力不够，难免陷入歧路亡羊的困境，但对一个富于创造而又博学于文的学者，无疑有了多种选择的自由。他们能够在意义之网中走出自己的轨迹，编出自己的解释图案。据古书载，孔子学说传至后世曾一分为八，至少孟、荀的解释就多有不同。中国传统解释学所以发达，文字的多义性是一个重要的内在原因。

历史发展到了 19 世纪末，亡国灭种的危机迫在眉睫，许多学者都意识到传统不可能照样下去，必须予以新的"解释"。与传统解释学不同的是，他们用以解释的武器，是近现代的科学思想和方法论。这些科学思想和方法论主要来自西方，但并非照搬，而是以适应中国民族现代化的目标为筛选的标准，因此，朱自清先生说，是"现代化"，而不是"欧化"（见前引王瑶讲话稿）。以现代的思想、观点重新解释传统文本，构成了区别于传统解释学的中国现代释古学派的主要特征。

与"疑古""信古"派不同，释古派不把东西文化看作对立的，而是用一种文化来阐明另一种文化。20 世纪中国知识分子所做的主要工作是单向的，即用西方文化阐明中国文化。其主要目的是输入西方新鲜血液以挽救中国传统的衰老躯体。释古派所以不赞成激进派的"取代"，而要用"解释"一词，是颇有一番苦涩在内的。陈寅恪在受聘于清华国学院之前就借助历史上佛学如何化入儒学的经验，说："宋儒若程若朱，皆深通佛教者，既喜其义理之高明详尽，足以救中国之缺失，而又忧其用夷复夏也。乃求得而两全之法，避其名而居其实，取其珠而还其椟，采佛理之精粹以之注解四书五经，名为阐明古学，实则吸收异教。声言尊孔辟佛，实则佛之义理，已浸渍濡染。与儒教之宗传，合而为一。此先儒爱国济世之苦心，至可尊敬而曲谅之者也。"[1]

国学院和王、梁、陈

中国现代释古学派开拓者的荣誉属于康有为。为了把他所认同的某

---

① 吴学昭：《吴宓与陈寅恪》，第 10—11 页。

些西学引入孔教，他借孟子名义，宣布"大人者言不必信，惟义所在斯言也"，从而赋予自己以阐释圣贤经典的充分自由。"释古"在康那里绝不是对经典词语的客观主义解释，而是阐释者与本文之间的对话与交融。他的《大同书》实在是一部奇妙的作品，它对"大同世界"的构想不仅远远超出了儒学的范畴，而且超越了当时西方的现实。这部书多处渗透着人道主义的思绪，关注着人的心灵的完美与自由。康有为意识到不仅国家民族是个人自由的羁绊，家庭亦然，因此在未来的社会里应该消灭家庭。他承认人的色欲的天然合理性，包括同性恋。但他从当时欧洲状况又为人的这种生存状况感到忧虑，因此，他许诺了一个理想，又把它推到遥远的未来，面对现实时又变成一个谨慎的君主政体的拥护者。他对经典的阐释带有很强的主观随意性而未能吸纳西方的科学思想和方法。因此，现代释古学在康有为那里还停留在襁褓里。

随着五四新文化运动的猛烈展开，激进派跨过康有为，对传统文本进行更大胆的轰击，犹如"尼罗河大泛滥"，从西方引进的新思潮目不暇接，对传统的批判显得急迫而空疏。精神领袖胡适提出了"用新的科学方法来研究古代的东西"的号召。他所倡导的"大胆假设，小心求证"，就包括"用小心的精密的科学方法来作一种新的训诂功夫"。但遗憾的是，在大浪潮中的弄潮儿本身就不可能坐下来"训诂"，其结果是"大胆假设"有余，"小心求证"不足。疑古派们在重新审查史料方面创下实绩（集中表现于顾颉刚的《古史辩》），而翻案文章往往因为不扎实而被后人所颠覆。冯友兰认为，疑古派功不可没："疑古一派的人，所做的工作即是审查史料。释古一派的人所做的工作，即是将史料融会贯通。就整个的史学说，一个历史的完成，必须经过审查史料及融会贯通两阶段，而且必须到融会贯通的阶段，历史方能完成。但就一个历史家的工作说，他尽可只作此两阶段中之任何阶段，或任何阶段中之任何部分。"①

从某种意义上可以说，胡适关于"用新的科学方法来研究古代东西"

---

① 冯友兰：《〈古史辩〉第六册序》，《三松堂学术文集》，北京大学出版社 1984 年版，第 10 页。

的号召是由清华国学院开始实现的。

1925年，清华国学院开学日，主任吴宓在演说词中申述办院宗旨说："惟兹国学者，乃指中国学术文化之全体而言，而研究之道，尤注重正确精密之方法（即时人所谓科学方法），并取材于欧美学者研究东方语言及中国文化之成绩，此又本校研究院之异于国内之研究国学者也。"①

如果说这还只是"宣言"的话，导师王国维于9月14日开课的第一课"古史新证"就打响了第一炮。王国维通晓西方哲学理论，受到过严格的自然科学方法论的训练，翻译过形式逻辑的书籍，从而能突破旧有史学方法，提出新的"二重证法"。如果说，康有为对历史文本的怀疑是出于主观冲动的话，王国维则把这种怀疑落到了坚实的客观实在上——所有的历史文本不再具有绝对的权威性，它必须接受来自"地下新材料"的挑战，"以实证史"而又"以史证实"，开以科学方法研究史学之新河。郭沫若在谈到自己研究甲骨文的经过时说："当初我第一次接触甲骨文字，那是一片墨墨的东西，一找到门径，差不多只有一两天工夫便完全解决了它的秘密。这倒也不是我一个人有什么了不起的本领，而我是应该向一位替我把门径打开出来的大师表示虔敬的谢意的。这位大师是谁呢？就是1927年当北伐军进展到河南的时候，在北平跳水死了的那位王国维了。"（参见《革命春秋》）

陈寅恪在论及王国维的治学方法时写道："然详绎遗书，其学术内容及治学方法，殆可举三目以概括之者。一曰取地下之实物与纸上之遗文互相释证。凡属于考古学及上古史之作，如殷卜辞中所见先公先王考，及'鬼方昆夷猃狁考'等是也。二曰取异族之故书与吾国之旧籍互相补正。凡属于辽金元史事及边疆地理之作，如'萌古考'及'元朝秘史之主因亦儿坚考'等是也。三曰取外来之观念，与固有之材料互相参证。凡属于文艺批评及小说戏曲之作，如'红楼梦评论'及'宋元戏曲考''唐宋大曲考'等是也。此三类之著作，其学术性质固有异同，所用方法亦不尽符

---

① 清华大学校史研究室：《清华大学史料选编》第一卷，清华大学出版社1991年版，第374页。

会，要皆足以转移一时之风气，而示来者以轨则。"①

与王国维在国学院同任导师的梁启超，中年时代曾表现出强烈的对传统的破坏欲（如"破坏主义"），但其时也未忘记"淬厉其本有而新之"（《释新民主义》），在大量鼓吹"民约论"等西方文化的同时从"浩然之气"（孟子）中开出"冒险进取精神"。晚年臻于成熟，在清华国学院讲《历史研究法》课程，仍不避批判旧史学之锐气，提出求"真"、求"活"的新目标，要求对历史的阐释应"求得真事实""予以新意义""予以新价值"并能"供吾人活动之资鉴"。从力本论出发，梁启超特别重视从历史中追寻民族的生命活力，以求得中华民族在弱肉强食的世界里得以生存。他独具慧眼地把历史分解为自然系和文化系，指出后者（即"人"的活动）是充满"殊相""偶然"和"无意识"的历史活动，不能用简单的归纳法、因果律来予以规范。梁在国学院的演讲稿《中国历史研究法补编》中系统地论述了新史学的目的，新史家所应具备的德、才、学、识，以及治史的科学新方法，为新史学确立了学术规范。如果说王国维的《古史新证》从一点突破、发人深省的话，梁启超则以其全面和系统的论述为新史学立下一块界碑，由此，《中国历史研究法补编》一时洛阳纸贵，多次再版。

国学院导师陈寅恪，从年龄上讲属于晚王、梁一辈的人物，但他积游学欧美十几年所得开设的《西人之东方学之目录学》等课程，水平不在王、梁之下。比起王、梁，陈对西方文化的了解要广泛而深切得多，陈在多种文字的修养上也高于王、梁，这使他能从原文直接把握多国多民族的文化，他早在哈佛时就强烈意识到中国文化必须有一次大的"换血"，他在详尽的比较研究中，从宏观上把握东西文化的共相和殊相（参见《吴宓与陈寅恪》），并且设计了援"西"入"中"的操作路线（见拙文《文化的两难处境及其他》，载《吴宓与陈寅恪》）。他是雄心勃勃的，"他的平生志愿是写成一部"中国通史"和"中国历史的教训"，如上所说，"在史中求史识"。十分可悲的是，陈寅恪在国学院时期所获得的最深刻的"史识"就是中国传统文化衰落的历史必然性。王国维于绝望中的自沉仿佛一下子挑明

---

① 陈寅恪：《金明馆丛稿二编》，上海古籍出版社1980年版，第219页。

他久蕴内心的悟性，在《王观堂先生挽词并序》中，陈指出"经济制度尤其重要者"，经济制度的急剧变迁必然导致依托其上的文化之衰落。这种比王、梁更加深刻的悲观主义使他从看来具体而微的历史现象中能开掘出更深层面的洞见。李泽厚先生在《中国近代思想史论》中说："20 年代清华研究院的三巨头——梁启超、王国维、陈寅恪，是 30 年代马克思主义史学兴起前的资产阶级史学的主要代表。"三位以近代科学方法治史的主要代表齐集在一个学术单位，这就使清华国学院在当时的学术界占有了一个很突出的地位。国学院是以新史学为主干的，但又不限于此，导师赵元任以调查研究为先导对汉语方言的研究使他成为中国现代语言学的开拓者，讲师李济使用近代科学方法从事考古事业亦属先驱。显然，国学院主任吴宓所陈述的办院宗旨并非虚言，以西方科学思想重新解释中国的传统文化构成了清华国学院同人共同遵循的研究方向和教学方针，并在整个学术界显示出集团性优势。清华国学院以自己的斐然实绩宣告，在五四新文化运动中崛起的"疑古"浪潮正在被另一个更强大更成熟的学术浪潮所冲击，它以先进的思想与科学的方法之伟力为自己开辟着道路。

文学院和冯友兰

清华国学院只存在了四年多时间，但它的释古学传统为它的学生和清华文学院各系所继承和发展。文学院主要包括：中文系、外文系、历史学系、哲学系（联大时期曾改为哲学心理学系）和社会学系等，均于 1926 年建立。在教学方针上，与当时其他大学不同之处即多数系都强调"中西兼重"的原则，希望培养博通中外文史知识的通才。如中文系比较"注重新旧文学贯通与中外文学的结合"，外文系是提出要培养"汇通东西之精神思想"的"博雅之士"，历史系则提出"中外历史兼重"，哲学系强调东西方哲学的相互阐释，社会学系也主张学生应有广博基础知识。为此，各系都十分重视外国语文的教学，例如中文系必修的外文课程约占全部必修课总额的五分之一（联大以后有所削弱）。而学习外国语言及文化之目的则在于学习"西洋的方法"来"整理国故"，或创立新学派。与这种教学方针相适应，教师的学术研究也表现出现代释古学的种种特色：如中文系系主任朱自清强调兼取"京派与海派之长"，追求宏观上的开阔与微观上的谨严，代表作是《诗言志辨》。闻一多以立论上的大胆与考证上的绵密见长，对上古神话研究及诗经、楚辞的研究既富于历史感又具有鲜明的时代感。其他如杨树达的汉字研究，俞平伯的《红楼梦》研究，许维遹的管子、尚书研究和浦江清、余冠英的研究都显示出开阔与谨严相结合的特色。外文系的突出实绩是开拓了比较文学的教学与研究的先河。吴宓的"中西诗之比较"、瑞恰慈的"文学批评""比较文学"课程都对中国比较文学研究具有里程碑的意义，特别是吴宓的"文学与人生"，在中西文化的"相互阐释"方面有突破性贡献。该系所培养的学生如吴达元、赵萝蕤、季羡林、李赋宁等均为比较文学界之中坚，特别是钱锺书，以其《谈艺录》和《管锥编》将现代释古学提到了新的高度。哲学系强调横切面的哲学问题的研究、强调论证、逻辑和概念分析，这些都是中国传统所缺的，其中金岳霖的《逻辑》和冯友兰的《中国哲学史》影响较大，历史学系在继承国学院传统、倡导"新史学"的目标下，陈寅恪的《唐代政治史述编》和《隋唐制度渊源略论稿》、张荫麟的上古史研究、雷海宗的通史研究、吴晗的明史研究都在学术界具有较大影响。研究者的见解或观点尽管有所不同，但都注意对某一历史现象找出它所以如此的时代和社会的原因。总括起来说，清华文学院继承和发展国学院时期的优良学风，在运用近代科学思想和方法阐释中国传统文化方面既能做到视野开阔，又不大而空；既立论谨严，又不钻牛角尖，力求对中国的历史、文化现象作出既符合当时情况又富于时代色彩的解释。我们说有一个"清华学派"，就是因为清华文学院的文科各系有一个如上所述的大体一致的学术思想与风格，有一支实力雄厚的学术队伍，并在这统一的思想、风格和规范下产生出一批具有相当水平的著作。

在这个学派中，有一个不可忽视的枢纽性人物，即从 1931 年起长期担任文学院院长的冯友兰。冯对上述学风的提倡，可谓有意为之。

1934 年在布拉格召开的第八次国际哲学会议上，冯友兰作了题为《中国现代哲学》的发言，发言中把 50 年来中国哲学的发展概括为三个时期：

第一时期为 1898 年戊戌变法时期，主要哲学代表为康有为、谭嗣同；第二时期为 1919 年高涨的新文化运动时期，其正反两方面的代表为胡适和梁漱溟；第三时期为 1926 年来的新时期。这一新时期与第一、二时期的主要区别点为："我们现在所关注的不是像第一、二两个时期的知识分子那样，用一种文化批评另一种文化，而是用一种文化来阐明另一种文化，因而就能更好地理解这两种文化。我们现在所注意的是东西文化的相互阐明，而不是它们的相互批评，应该看到这两种文化都说明了人类发展的共同趋势和人性的共同原则，所以东西文化不仅是相互联系的，而且是相互统一的。"①

上面的讲演清楚地阐明了现代释古学派把自己看作时代的合乎逻辑的发展结果。1935 年冯的讲演《近年史学界对于中国古史之看法》进一步明确提出释古学派的主张。他指出，现代史学研究可分为三个时期，或三个倾向，即信古、疑古和释古。释古"是与信古、疑古两者迥不相同的，同时也是研究史学的态度进步到第三个阶段"。他以诸子是否出于王官论为例，说明信、疑、释是"正、反、合"的过程，"释古"包含了前两阶段的合理因素，"比较有科学精神"，是古典文化研究的更高阶段。

《中国哲学史》（上、下）是冯友兰现代释古学的代表作。陈寅恪为此书写了两篇"审查报告"，认为"今此书作者，取西洋哲学观念，以阐明紫阳之学，宜其成系统而多新解"，"取材谨严，持论精确"。陈寅恪借冯书为例指出：把神游冥想的想象力同严格考证、谨遵史实的理性精神结合起来乃为治史的重要原则，毫无想象和历史同情心的考据家和"呼卢成卢，喝雉成雉"的空言者都是不足为训的学术庸人。陈还指出历史文本在阅读上的三重困难：一是处于当今时代理解文本形成的时代、社会之困难；二是历史文本不是一蹴而就的，但把握其历史叠印的过程非常困难；三是文本作者主观之思想情绪加给其历史论著的不自觉的烙印。这三种困难恰恰为阐释者提供了用武之地，克服了这三种困难，就接近了历史真实本身。只是需要补充的是，阅读者的"前理解"又决定了我们永远不可能全部克

---

① 冯友兰：《三松堂学术文集》，第 289 页。

服这些困难，"前理解"不可避免而且必须，它注定了我们对历史文本会作出各种不同的阐释。这种"前理解"，在冯友兰那里就是西方的唯理论。

冯友兰在介绍清华哲学系时曾说："哲学乃写出或说出之道理。"金岳霖在对冯的《中国哲学史》的审查报告里也说："哲学是说出一个道理来的成见。""所谓'说出一个道理来'就是以论理的方式组织对各问题的答案。"（参见《中国哲学史》，商务印书馆 1934 年版）冯认为，中国哲学形式上看无系统，而实质上有系统，主要是知识论和逻辑不发达，而未能以论理的形式把它发掘出来。[①]

三四十年代的冯友兰是雄心勃勃的。他是当时中国少数几个出色地掌握了西方唯理主义和逻辑方法的学者之一。在《新理学》中他抉出程朱理学中"理、气、道体及大全"等四个观念予以重新解释，通过严谨的逐步推理，构造出一个纯形式纯逻辑的形而上体系，与前人熊十力、梁漱溟不同，他的形而上王国完全是靠理知来把握而摒弃感觉和经验。在冯以前的中国，没有人靠理知和逻辑来建立形而上的精神世界，冯赋予了中国传统以现代哲学的科学性格和理性精神。但正是由于这个"理世界"完全脱离了现实的物质世界，面对错综复杂的社会矛盾常显得苍白无用。冯友兰对中国传统哲学的理性解释，其光彩处不在于他的结论本身而在于论证过程。作者对一些本来很模糊的概念予以科学的辨析，将零散的思想碎片整理成逻辑体系的能力使后人惊赞不已，这一点对中国现代释古学有广泛而深远的影响。

闻、朱和王瑶

杨振声先生回忆说，五四新文化运动后，各大学的哲学、历史、经济、法律、社会学各系纷纷冶古今中外于一炉，而求其融会贯通，"独有中国文学与外国语文二系深沟高垒，旗帜分明。这原因只为其他各系的教授多归自国外；而中国文学的教授独深于国学，对新文学及外国文学少

---

① 冯友兰：《三松堂学术文集》，第 104—107 页。

有接触，外国文学系的教授又多类似外国人的中国人，对中国文化与文学常苦下手无从"，因此便划成二系中国文学与外国文学的"鸿沟"了。而清华于 1928 年"改大"（改办大学）时则不然，外文系的负责人王文显、吴宓等通晓中西，培养学生也要求"东西博取"。先后主持中文的杨振声、朱自清、闻一多都是从治新文学而走上大学讲坛的。他们甚至认为应把中国文学系与外国文学系并为一个"文学系"（详见闻一多《调整大学文学院中国文学与外国语言文学二系机构刍议》及杨振声《为追悼朱自清先生讲到中国文学系》）①。这一建议在教育上是否可行属另一问题，其方向即实现中外文学的会通，无疑是正确的。杨、朱共拟的关于《中国文学系课程总说明》（1929 年）中明确指出，中外文学上的贯通，其目的是"比较研究后，我们可以舍短取长，增益我们创造自己的文学的工具。这也与我们借助于他们的火车、轮船、飞机是一样的。借助于他们的机械来创造我们的新文学"。这种以西方文学为"机械"来制造中国自己的文学的主导思想贯穿于中文系之教学与学术研究的诸多方面，从而显示出其他一些大学中文系所没有的特色与生机。杨振声认为："清华是最有此明智，有此能力，为中国文学系树立一种规模，给全国大学一个榜样作参考的。""可是二先生先后逝世，遗志未成。"②这"二先生"就是闻一多和朱自清。

朱自清历任清华中文系主任达 16 年之久，是对形成中文系学风影响最深的人。但朱的扛鼎之作是散文，其次是新文学的研究。由新文学而进入古文学，最容易犯的毛病是以今人规范古人，用现代眼光肢解或歪曲传统。而朱全然没有这路毛病，"他的观点是历史的，他的立场是人民的"（参见王瑶：《念朱自清先生》③）。他反对烦琐死板的考据，但又认为研究中国文学的历史必须"认真地仔细的考辨，一个字不放松，像汉学家考辨经史子书"（《诗言志辨·序》）。朱先生是新诗人，但却反对仅凭直觉感受去理解古诗。"朱先生有个最简单的原则，就是诗是精粹的语言，它的内

① 俞平伯、吴晗等著，张守常编：《最完整的人格》，北京出版社 1988 年版，第 177—185 页。

② 郭良夫编：《完美的人格》，生活·读书·新知三联书店 1987 年版，第 177 页。

③ 郭良夫编：《完美的人格》，第 38 页。

涵应该是丰富的多义的，诗的欣赏必然植根于语言文字涵义的了解，多了解一分，多欣赏一分。"（参见王瑶：《念朱自清先生》）以《诗言志辨》为例，朱先生的这本书，看来只是辨析"诗言志""比兴""诗教""正变"等四个中国诗论中的概念，实际上涉及中国文学批评史的整个脉络，论文通过厘清这些文学概念的历史演变过程，揭示出中国文学词语中"载道"与"缘情"两种文学主张互生共在的现象。在西方看来两种决然对立的"意义"，在中国却可奇迹般地共居于一个"词语"当中，这种"模糊性"其实包含着深刻的辩证观念。朱自清大学时代是专攻哲学的，哲学修养相当深厚。论文看来是谨严的注疏，但条分缕析，层次井然，史的逻辑相当严密，显示出作者内在的逻辑思辨功夫。在当时的中文系，这样的论著并不罕见。抓住文学史上的典型文学现象或某一词语，"上穷碧落下黄泉"，从根到梢，以科学的方法严证史实，梳理概念，弄清正变，剔出本质，从而获得于今有益的启示，这几乎成为一种不约而同的学术规范。20 世纪末，学术界有所谓京派海派之称，京派谨严而偏于守旧，海派开阔而流于空泛。朱先生生前最后一年的日记中写道："芝生（即冯友兰——本文作者注）谓余等之研究工作兼有京派海派之风，其言甚是；惟望能兼有二者之长。"[①]"余等"似指中文系同人，这段话既概括了中文系教师的共同追求，也是对多年所作实绩的肯定。

释古方面成就最突出的是闻一多。但闻与朱迥然不同："一多弘大，佩弦精细。一多开阔，佩弦谨严。一多近乎狂，佩弦近乎狷。二位虽不同，但合在一起，有异曲同工、相得益彰之妙。"（参见冯友兰：《回念朱佩弦先生与闻一多先生》[②]）。闻一多是被学术界公认从新文学转入旧文学研究的最成功者。早在旅美期间，他就致力于培育"中西艺术结婚后产生的宁馨儿"，探讨如何将中国旧诗的格律接入新诗。进入大学教书后，在开掘本土的文化中，他继承了清代朴学大师们的"每个字里的意义要追问透彻，不许存入丝毫疑惑"的求实精神，并辅之以近代西方的符号学、

---

① 郭良夫编：《完美的人格》，第 54 页。

② 俞平伯、吴晗等著，张守常编：《最完整的人格》，第 244 页。

语义学、阐释学、统计学等科学方法，不避繁难，细密考证。郭沫若说："他（指闻一多——本文作者注）对于《周易》《诗经》《庄子》《楚辞》这四种古籍实实在在下了惊人的很大的功夫。就他所已成就的而言，我自己是这样感觉着，他那眼光的犀利，考虑的赅博，立说的新颖和翔实，不仅是前无古人，恐怕还要后无来者的。"（《闻一多全集·郭序》）后两句或多少有些过誉，但闻一多在治学态度的严谨方面确是堪称楷模的，从而他的学术成就就能够经得住历史的检验。

从严格的意义上说，闻一多不是"释古派"，而是"疑古派"。但诚如冯友兰所说，"疑"与"释"本来就是一篇文章的上、下篇，是相辅相成的，"疑"只要认真，不可避免地包含着"释"。闻研究古典的目的是戳破"圣人的点化"，还文献的"真实面目"。"他不但研究人类文化学，还研究弗洛伊德的心理分析学来照明原始社会这个对象。"（《闻一多全集·朱序》）他揭破了"螣蛇"——儒家认为的"神物"——原为"牝牡相交"；《诗·风·芣苢》也不似朱熹所描绘的"农家乐"，"而是性本能的呐喊"。《诗·风·候人》被朱熹解释为讽刺"近小人远君子"的，闻则不客气地说："近小人"是谎话，"远君子"又是谎话中的废话，其诗不过"是一个少女派人去迎接她所私恋的情人"。闻对原始生命力的寻求区别于西方现代主义者的地方是，他更重视民族原始生命力的寻求，这一点在关于龙图腾的考证中表现得非常鲜明。其追寻的目的是在民族危亡的紧要关头唤起民族的生命力的图存。正如朱自清所指出的："为了探求这民族、'这文化'的源头，而这原始的文化是集体的力，也是集体的诗，他也许要借这原始的集体的力给后代的散漫和萎靡来个对症下药吧！"闻一多自己也明白地表示："你说这是原始是野蛮，对了，如今我们需要的正是它。我们文明得太久了，如今人家逼得我们没有路走，我们须拿出人性中最后最神圣的一张牌来，让我们那在人性的幽暗角落里蛰伏了数千年的兽性跳出来反噬它一口……如今是千载一时的机会，给我们试验自己血中是否还有那支狰狞的动物，如果没有，只好自认是个精神上的'天阉'的民族，休想在这地面上混下去了。"

作为闻、朱的传人，林庚更多地接受闻的影响，在他的《中国文学史》中显示出对生命底蕴的潇洒追求。而王瑶却更多地继承了朱的治学态度和学术风格。他的《中古文学史论》中的每一篇论文在发表前都由朱先生审阅、修改，但王瑶又在许多方面有所超越。朱自清关于中古文学的研究以考证细密、辨义清晰著称，并且能不露形迹地引入西方文论，博采精掇。王瑶继承朱的考证功夫，所有材料几搜罗无遗，论述力求符合于"史"，但他从青年时代就锻炼出来的那种从宏观上把握历史和对扑朔迷离的现象进行条分缕析的能力，使得他从一开始就不把目光局限于一个诗人、一个概念或一种文体，而是从整体上梳理汉魏六朝的文学，探究当时的社会政治、文士心态同文学发展的关系，因而显出一种既严谨扎实又高屋建瓴的特色，较好地实现了"微观与宏观的结合"。这部《中古文学史论》是有鲜明的历史唯物论思想，但不同于1949年后撰写的某些文学史论著那样把文学当作社会政治经济的插图。作为鲁迅最好的学生之一，王瑶继承并发展了鲁迅的研究方法，将"酒、药、女、佛"等文学典型现象作为中介，从而把社会政治经济同文士的心态衔接起来，避免了机械唯物论的弊端。他还注意吸收某些非马克思主义的美学理论之有益部分，如在《隶事·声律·宫体——论齐梁诗》一文中，应用弗洛伊德的宣泄说解释宫体诗产生的心理原因为："……可以使纵欲的要求升华一下，使由生理的满足提高为心理的满足。"①王瑶关于社会学视角与心理学视角相结合的尝试虽属初步，但确收到了相得益彰的效果。葛晓音认为，王瑶"在中古文学研究由传统模式转向现代思维模式的发展过程中所起的转关作用，是世所公认的。《中古文学史论》对研究课题的全面系统发掘，为这门学科的现代化奠定了扎实的基础"②。王瑶对"清华学派"的论述既是总结清华的历史，也是对他本人学术风格的阐释。王瑶先生为"清华学派"开出一个长长的名单，这个名单唯独"漏掉"了一个人，就是先生自己。事实正如王富仁同志所说："王瑶先生是清华学派当中的一位大师级学者。"

① 王瑶：《中古文学史论》，北京大学出版社1986年版，第173页。
②《王瑶先生纪念集》编辑小组编：《王瑶先生纪念集》，天津人民出版社1990年版，第378页。

小　结

纵观"清华学派"的历史，可否将其学术思想及风格概括如下：

第一，对传统文化与外来文化，不取"两极"对抗的思维模式，而取"综合"模式，即通过解释学的方法援"外"入"中"，以实现传统的创造性转化；

第二，对历史与现实，既强调准确把握历史本质，又要具有鲜明的时代色彩；

第三，微观与宏观，既强调微观的谨严，又重视宏观的开阔，"兼取京派海派之长"；

第四，在操作方法上重视西方的理性精神和逻辑方法，同时吸取传统训诂学之长，使论文具有克里斯玛式的权威气质。

诚如本文开篇所说，上述特点并非清华学派所独有，而只是在清华具有相对的"集团性优势"。在1952年院系调整后，"清华学派"结束了它在清华园的历史，但它依然活着，并且发展着。在这方面，钱锺书的《管锥编》是一个不容忽视的里程碑。康、梁把对传统的阐释从"道德伦理"阶段转向"经世致用"阶段，而钱则将它推上更具有审美意味的寻找"心灵之乡"的阶段。我们今天重新解释传统，理所当然地包括道德伦理和经世致用两个阶段的积极成果，但从更根本的意义上说，是为了给现代中国人乃至人类"寻找精神家园"。抓住这个核心，传统才可能获得新的生命。

从东南学派到清华学派

在《清代学术概论》中，梁启超对西学冲击下晚清学人的心态有一段生动的描绘：

> 学者若生息于漆室之中，不知室外更何所有，忽穴一牖外窥，则粲然者皆昔所未睹也，还顾室中，则皆沉黑积秽。于是对外求索之欲日炽，对内厌弃之情日烈。欲破壁以自拔于此黑暗，不得不先对于旧政治而试奋斗。于是以其极幼稚之"西学"知识，与清初启蒙期所谓"经世之学"相结合，别树一派，向于正统派公然举叛旗矣。①

这种对传统文化的破坏欲是造成五四新文化运动的心理动因。但正如钱锺书《围城》所喻——"漆室"之内与"漆室"之外的人感受和意欲截然不同：欧战以后的西方学者认为西方文化情况比中国更糟，一位美国记者就曾恳切要求梁启超把中国孔夫子介绍给欧洲以拯救"西土之沉沦"（参见梁启超：《欧游心影录》）。一批在哈佛大学攻读多年的中国青年，由于

---

① 梁启超著，朱维铮校注：《梁启超论清学史二种》，复旦大学出版社 1985 年版，第 59 页。

在"室外"待久了，不仅不像新文化运动的激进者那样要"只手打倒孔家店"，反而从西方文化的视角发现孔夫子还有世界性价值。其中之一的吴宓后来说：

> 世之誉宓毁宓者，恒指宓为儒教孔子之徒，以维护中国旧礼教为职责，不知宓所资感发和奋斗之力量，实来自西文。质言之，宓爱读柏拉图语录及新约圣经，宓看明（一）希腊哲学（二）基督教，为西洋文化之二大源泉，及西洋一切理想事业之原动力，而宓等受教于白璧德师及穆尔先生，亦可云宓曾间接承继西洋之道统，而吸收其中的精粹。宓持此所得之区区以归，故更能了解中国文化之优点与孔子之崇高中正。[①]

于是，他们对于把传统视作满室"沉黑积秽""欲破壁以自拔于此黑暗"的新文化运动的激进派感到无法容忍。这批哈佛大学的年轻人（梅光迪、吴宓、汤用彤等）得到留美博士、东南大学负责人刘伯明的支持，同柳诒徵等学者结合在一起，创办《学衡》杂志，标举"昌明国粹，融化新知"的学派旗帜，向新文化运动宣战。这就是现代学术史上的"东南学派"。

法国学者保尔·阿扎尔说：

> 在一个世界的理论家们把自己的逻辑建立在自由接受某种权威的基础上，而当他还没有来得及区别他们之间的学说的细微差别时，其他的理论家们便已开始揭露这个权威的危险，研习错误，并在和它所包含的东西作斗争的同时，终于达到拒绝其概念的一切价值的地步。[②]

---

① 吴宓：《吴宓诗集》卷末，中华书局1935年版，第162页。
② 《欧洲意识危机》，转引自葛雷、齐彦芬编：《西方文化概论》，中国文化书院1985年版。

《学衡》虽然推崇"中庸""平心中正",但终究少年气盛,一创刊就挟带着极强的"片面掘进性"。梅光迪在《评提倡新文化者》中给胡适等人扣上四顶帽子:"彼等非思想家乃诡辩家也""非创造家乃模仿家也""非学问家乃功名之士也","非教育家乃政客也"。同期胡先骕评胡适之《尝试集》,也颇多偏激、攻讦之语。《学衡》第四期所载吴宓《论新文化运动》,也对新文化运动取否定的态度:"近年国内有所谓新文化运动者焉,其持论则务为诡激专图破坏,然粗浅谬误与古今圣贤之所教导,通学哲士之所述作,历史之实迹,典章制度之精神以及凡人之良知与常识悉悖逆抵触而不相合。"但是,把东南学派看作新文化运动的对立面并不正确。真正同新文化派处于两极对抗的是梁漱溟先生,梁不仅反对"西化",而且认为东西文化不可通融,在这一点上,梁比张之洞还要趋于极端。东南学派在对待中西文化问题上可算"中间偏右",他们是主张中西会通的,这一点《学衡》宗旨标识得明明白白,吴宓后来还曾绘图以形象说明他的文化架构是"会通"世界古典文化。东南学派宗白璧德之新人文主义,认为西方自文艺复兴以降,由于培根的科学主义和卢梭的个人浪漫主义的泛滥导致今日西方之全部灾难。这种思潮在西方被史华慈等人定义为"文化保守主义"。保守并不意味着落后。东南学派的贡献,不在于他们发现了孔子的"新价值",而在于较早地揭示了资本主义"物化"的祸害,提醒国人警惕商品经济下精神堕落的严重危险。他们的弱点在于过分强调文化教育的决定作用,脱离中国的政治、经济条件,以为靠他们精心缔造的"文化理想国"可以拯救整个世界。

东南学派存在的时间很短。1925年吴宓转道受聘至清华国学院担任主任,《学衡》的编辑工作重点也自然转到清华,清华学友或师长(如王国维等)在《学衡》上撰稿的也多了起来。再加上东南学派的骨干梅光迪、吴宓等人都是从清华赴美留学的,于是人们感到东南学派和清华国学院之间有某种传承关系。这种看法并不错,但从更根本的方面讲,两派又有很大的不同。

无论是新文化派还是东南学派,都具有极强烈的为沉疴之中国"开药方"的意识。在这一点上,对立双方的热忱源于同一传统,即顾亭林等人的"经世"救国之风。而清华国学院成立伊始就议决不办刊物，不想张扬自己的主张，有意淡化政治意识，让学术更趋于学术本身。因而，王国维、梁启超、陈寅恪、赵元任等新旧杂陈的学者可以兼容共处，学术空气显得和谐潇洒，没有那么强的火药气味。但清华学派不办刊物并不意味着救国情结的消弭，在学术内涵的深处依然隐藏着内心的焦灼，并不时显露出来。

张其昀在《学衡》上发表的《中国与中道》一文说：

> 中国人可谓极富弹性，其处世接物守中而不趋极，有节而不过度。不得谓之尚武，亦不得谓之文弱。不得谓之易治，亦不得谓之顽固。而诸多似不相容之理论及制度，皆能巧于运用、调和焉以冶于一炉。[①]

这一目标可视为东南学派追求而未能达到之"学术境界"。他们希求"中西会通"，但前期因受情绪支配而趋于极端，中后期则侧重于为这种"会通"作理论、材料方面的准备，只有少数力作如柳诒徵、景昌极、吴宓等人的论著臻于成熟。清华学派的情况不同，自国学院始就能将各种"似不相容之理论""巧于运用、调和焉以冶于一炉"，如王国维在考古中的"二重证法"，梁启超的"历史研究法"对中西史学思想的综合，赵元任在语言学研究中对西方理论的巧妙运用，都是中外思想"冶于一炉"。文学院建立、冯友兰执印后，更从理论上表现出"综合一切"的超越心态，他在布拉格召开的国际哲学会议上作了题为《中国现代哲学》的发言，把50年来中国哲学的发展概括为三个时期：第一时期为1898年戊戌变法时期，主要哲学代表为康有为、谭嗣同；第二时期为1919年高涨的新文化运动时期，其正反两方面的代表为胡适和梁漱溟；第三时期为1926年以来的新时期。这一时期与第一、二时期的主要区别点为：

[①]《学衡》杂志第41期，中华书局，1925年。

我们现在所关注的不是像第一二两个时期的知识分子那样，用一种文化批评另一种文化，而是用一种文化来阐明另一种文化，因而就能更好地理解这两种文化。我们现在所注意的是东西文化的相互阐明，而不是它们的相互批评，应该看到这两种文化都说明了人类发展的共同趋势和人性的共同原则，所以东西文化不仅是相互联系的，而且是相互统一的。①

为了实现这个"统一"，清华哲学系金岳霖、张岱年提出中西哲学均可以分割、重新组合的理论，陈寅恪则有"旧瓶装新酒"的策略，金、陈均以冯友兰之《中国哲学史》为例证，证明中西思想是可以互相发明而创新的。在 20 世纪二三十年代，清华文学院的陈寅恪、张荫麟、雷海宗、闻一多、朱自清、吴宓、金岳霖、张申府、张岱年等均在中西思想的会通上作出了出色成果。

清华学派在文化综合上与东南学派的不同之点还在于他们着重于"史"的研究。东南学派对中西文化的比较常停留在脱离具体时空的共时性研究上，他们喜欢忽略具体的历史条件对中西文化的共同之点、会通之点、互补之点进行比较，并试图创造出新的思想文化体系。吴宓一直坚持这条思路，并取得了《文学与人生》这一高水平成果。但我们也从中感到共相研究不可避免的局限性。清华学派从国学院时期始，就注意文化的具体性，即一定的文化与一定的政治、经济之间的互动关系，将文化同它们所处的时代联系起来考察其命运。在清华学派初期，这种领悟是颇带悲剧色彩的：王国维关于"可疑"与"可信"的矛盾的慨叹，其实就是意识到了在文化的背后有一个更强大的历史原动力，那是学者所无法支配的，在这个不可解脱的矛盾中王取自杀的方法以求解脱，陈寅恪在挽词的前言中对此作了深刻的阐释：

吾中国文化之定义，具于白虎通三纲六纪之说，其意义为抽象

---

① 冯友兰：《三松堂学术文集》，第 289 页。

理想最高之境，犹希腊柏拉图所谓 Eidos 者。……夫纲纪本理想抽象之物，然不能不有所依托，以为具体表现之用；其所依托以表现者，实为有形之社会制度，而经济制度尤其最要者。……近数十年来，自道光之季，迄乎今日，社会经济之制度，以外族之侵迫，致剧疾之变迁；纲纪之说，无所凭依，不待外来学说之掊击，而已销沉沦丧于不知觉之间；虽有人焉，强聒而力持，亦终归于不可救疗之局。"①

如果说在王、陈那里，由于意识到可爱的就是要灭亡的，因而字里行间充满悲怆情调的话，在冯友兰那里，却转换成对理性的乐观和自信。他在《秦汉历史哲学》中将他的历史观归纳为以下六点：1）历史是变的；2）历史之变乃依非精神之势力，"依照唯物史观的说法，一种社会的经济制度要一有变化，其他方面的制度，也一定跟着要变"；3）历史中所表现之制度是一套一套的，"一切社会政治等制度，都是建筑在经济制度上"；4）历史是不错的；5）历史之演变是循环的或进步的；6）在历史之演变中，变之中有不变者存。② 我们今天很难比较王、陈的悲观论与冯的乐观论谁更深刻，但由于他们都能将文化同它所处的时代联系起来，从而在各自的研究领域中都获得了独特的成果。到了 20 世纪三四十年代，追求谨严的历史感与开阔的时代感成为清华文科各系大体相同的学术作风和学术境界。王瑶于 1978 年提出"清华学派"这一概念时强调说：

朱（自清）先生日记中提到要把清华中文系的学风培养成兼有京派海派之长，用现在流行的话来说，就是微观与宏观相结合：既要视野开阔，又不要大而空；既要立论谨严，又不要钻牛角尖。他曾和冯友兰先生讨论过学风问题，冯先生认为清朝人研究古代文化是"信古"，要求遵守家法；"五四"以后的学者是"疑古"，他们要重新估定价值，喜作翻案文章；我们应该采取第三种观点，要在"释

① 陈寅恪：《王观堂先生挽词并序》，《陈寅恪诗集》，清华大学出版社 1993 年版，第 10 页。
② 冯友兰：《三松堂学术文集》，第 289、345—351 页。

古"上用功夫，作出合理的符合当时情况的解释。研究者的见解或观点尽管可以有所不同，但都应该对某一历史现象找出它之所以如此的时代和社会的原因，解释它为什么是这样的。这个学风大体上是贯穿于清华文科各系的。朱先生在中文系是一直贯彻这一点的。清华中文系的学者们的学术观点不尽相同，但总的来说，他们的治学方法既与墨守乾嘉遗风的京派不同，也和空疏泛论的海派有别，而是形成了自己的谨严、开阔的学风的……清华中文系的许多学者都强调时代色彩，都力求对历史作出合理的解释，而不仅仅停留在考据上，这个学派是有全国影响的，在社会上发生了很大的作用。解放以后，北大教语言学的王力先生，社会科学院文学研究所的余冠英先生、俞平伯先生，一直到台湾大学的董同和先生、许世瑛先生，都是属于这个系统的，它的分布面相当广。①

这种对于历史感与时代精神相统一、严谨与开阔相统一、汉学传统与宋学传统相统一的刻意追求，到40年代中期更明显地表现为对于历史唯物主义的趋近。王瑶等当时的青年学者一方面承袭了清华学派的精华，另一方面将它推进到了一个新的阶段，即以马克思主义的历史唯物主义指导学术研究。王瑶的《中古文学史论》是这方面的佼佼者。它表明，清华学派的文化观念与学术作风与马克思主义的历史唯物论之间并没有不可逾越的鸿沟。

显然，东南学派对中西文化的共时性研究可以容纳研究者的较多主观性，那么，清华学派的"史"的研究是否就抹杀了学者的主观自由呢？其实并非如此。由于中国古文学的模糊性和多义性赋予了阐释者以相当广阔的自由，在严谨的考证背后隐藏着极强的主观性。陈寅恪是以严谨、博大著称的史学家，但他的学生、当今史学理论专家何兆武先生却说：

先生（指陈寅恪）的学问，我只有望洋兴叹，佩服得五体投地；

① 王瑶：《我的欣慰与期待》，《文艺报》1988年12月6日。

但我却时常不免感到，越是读它，就越觉得从其中所引征的材料往往得不出他那些重要的理论观点来。这引导我认为，历史学家的理论并不是从史料或史实之中推导出来的，反倒是历史学家事先所强加于史实之上的前提；也可以说，历史学家乃是人文（历史）世界真正的立法者。①

　　同样，我们读闻一多先生的考据文章也有如是之感想，钱锺书先生作为清华学人，他的《管锥编》被举为当代文化经典，但钱锺书坦言，他不是"我注六经"，而是"六经注我"。

　　诚如冯友兰先生所说，现代中国学术史是按照"正""反""合"的逻辑发展的。"清华学派"在某种意义上是对它以前多种学派（包括新文化派、东南学派）的一次"综合"。这种"综合"给中国现代学术提供了宝贵经验，但它已成为历史。面对 20 世纪 50 年代以来思想文化乃至科学技术领域中的诸多新的经验与新的问题，清华学派只是历史上的一个侧面。时代需要新的"综合"。站在新的历史高度上，重新综合传统的和新文化运动以来的新经验，则是提到当今学者面前的新课题。

---

① 何兆武：《历史理性批判散论》，第 8 页。

陈寅恪：文化的两难及其他 [①]

　　思想者是寂寞的。陈寅恪不仅同他所处的时代有着巨大的疏离，即使在学术同道者中间，由于他超常的深刻性和执着的坚定性，也常常是落落寡合的。因此，曾有"一生负气成今日，四海无人对夕阳"之叹。在难得的知音里，有的早逝（如王国维），有的因政治旨趣的参差而疏远。几十年相交、相知如一日者寥寥，吴宓可算是最亲近者之一。

　　屠格涅夫认为人性有两极：一极以堂吉诃德为代表，一极以哈姆雷特为代表。就性格而言，这两个文学人物确乎体现了两种相反的典型。以坦率真诚、渴望行动而言，吴宓认为自己是一位吉诃德式的悲剧人物；而以深思忧郁而论，陈寅恪又是接近哈姆雷特的。这两个性格如此迥然不同的学者相交之深，在近代文人学者中可以说是罕见的。他们从哈佛同窗、清华共事、联大流亡、燕京授业，直到劳燕分飞、鸿雁往返，交往长达50年，形如管鲍，情同手足。据《吴宓与陈寅恪》一书披露：在1969年陈去世后，吴的日记中仍有梦中与老友联句的记载。钟子期死后，伯牙不过是摔碎了自己的瑶琴，而吴宓却仍在梦魂中与知音萦绕在一起，两情依依乃至于此！究其原因，固可以说是出于对共同文化理想的追求，但也还有另

---

① 本文原载吴学昭：《吴宓与陈寅恪》，清华大学出版社1994年版，原题《文化的两难处境及其他——读〈吴宓与陈寅恪〉随想》。

一面：涸辙之鲋只能相濡以沫、相呴以湿的。

研究吴宓的文化观念不困难，他写了大量直抒胸臆的论文与诗歌，甚至不惮于将自己私生活的隐秘公诸报端。如果说吴宓的内心清浅澄澈如一泓溪水；陈寅恪却如一口深井，难测底蕴。他从没有充分展开地论述自己的文化理想和学术观点，人们只能从大量的历史考据文章里费心地搜寻。他也写了许多精美的诗，但从中把握诗人的心灵却远非易事。由于他不被时代所理解，自己也不想向时代敞开心扉，他多次使用"所南心史"之典，并写有"所南心史井中全"（《广州赠别蒋秉南》）之句。但陈也并没有把自己的"心史"全部装入铅匣埋于井下，在老友吴宓等人面前时常无避忌地吐露心曲。于是吴宓的日记、书信就成为我们发幽探微的一条通道。在吴留下的手记中，他将自己的学术成果分为文、史、哲三大类，而"日记"则属于"史类"，也就是说吴宓写日记并非仅记个人生活的流水账，而是把它当作学术史来撰写的，五十年而不辍。吴把陈既视为挚友，又崇为尊师，因此，对陈的谈话记述甚详。十分可惜的是日记在"文革"中部分流失，今日整理时又有一些人们可以理解的原因，使得读《吴宓与陈寅恪》时常有语焉不详之憾。但无论如何，它终于为我们打开了"铅匣"的一角，使我们得以管窥这位大师的某些心灵的奥秘。本文只想就陈的文化取向谈一点看法，以求正于读者。

文化取向上的两难困境

混乱的时代是思想者的沃土。对于20世纪前几十年的中国青年智识界，赛珍珠有如下一段描绘："新时代各种学说乘时而兴，纷纭杂糅，几乎扯碎了青年们脆弱的心灵。他们被灌输一些科学智识，又被灌输一些耶稣教义，又被灌输一些无神论，又被灌输一些自由恋爱，又来一些共产主义，又来一些西洋哲学，又来一些现代军国主义，实实在在什么都灌输一些。厕身乎顽固而守旧的大众之间，青年智识分子却受了各种极端的教育。精神上和物质上一样，中国乃被动地铸下了一个大漏洞。……这个漏洞未免太大了，心智之力不足以补葺之。他们的灵魂乃迷惘而错失于这种矛盾里面了。"①

陈寅恪在智力的充盈方面，是20世纪罕见的人物之一。在五光十色、扑朔迷离的思想圈里，他没有陷入"迷惘"。作为在圆明园被毁时曾"捶案痛哭，惊其座人"的戊戌行新政者的后代，他不仅在21岁时写下了"兴亡今古郁孤怀，一放悲歌仰天吼"的壮句；而且在30岁的"而立之年"提出了自己的改造中国的文化纲领，这就是《吴宓与陈寅恪》一书所披露的陈于1919年同吴宓的一次长篇谈话，这篇谈话是在陈已游学日本、法国、德国和美国，对西方文化作了多年的考察和研究之后作出的。此后陈的思想虽有很大发展，但基本框架却是一直坚持到老而没有改变。

众所周知，张之洞一直是陈心目中仰观的大师，陈自称从未走出张的思想光环（即"议论近乎湘乡、南皮之间"）。但是，任何一个真正有才华的思想者都是不愿"随队逐流，甘为牛后"的，即使是对于自己仰慕的先辈。事实上，陈在1919年就尖锐地批评了只向西方学"器物之学"的主张。他说："救国经世，尤必以精神之学问（谓形而上学）为根基。"②"今则凡留学生，皆学工程实业，其希慕富贵，不肯用力学问之意则一。而不知实业以科学为根本，不揣其本，而治其末、充其极，只成下等之工匠。"此处所谓"科学"，并非专指自然科学，而是"天理人事之学"，即"亘万古、横九亥，而不变。凡时凡地，均可用之"的"形而上学"。陈反对专攻"器物之学"，不仅责其"舍本逐末"，而且虑其更严重的恶果："今人误谓中国过重虚理，专谋以功利机械之事输入，而不图精神之救药，势必至人欲横流，道义沦丧。即求其输诚爱国，且不能得。西国前史，陈迹昭著，可为比鉴也。"③在本书中，我们还看到陈、吴均对严复等人在介绍西方学术时专重于17世纪英国的功利主义著作（如《进化论》等）非常不满，吴宓着重介绍古希腊哲学、艺术，其实是想同严复的"功利主义""对着干"的。既然从维新派的康、谭到资产阶级革命的孙中山都是

---

① 《赛珍珠序》，参见林语堂著、郑陀译：《吾国与吾民》，世界新闻出版社1938年版，第4—5页。
② 吴学昭：《吴宓与陈寅恪》，第9页。
③ 同上书，第10页。

把进化论当作思想武器，那么，历史就很难为陈、吴张目。但是，我们确实找到了一点缝隙，无论康、梁还是孙中山，他们的出发点都是把国弱民贫变为国富民强，其中虽也讲"开启民智"，但逻辑依然是物质生产的贫困→物质生产的丰足。而陈、吴的思想逻辑却是物质→精神，他们关心着一个不被人注意的角落，即精神世界的危机。从张之洞到康、梁到孙中山，所采取的都是社会学视角，而陈所取的则是文化学视角。

如果说从来没有人注意过精神世界的问题，那是不切实际的。早在向西方学习伊始，就有人警告过："变夷之议，始于言技，继之以言政，益之以言教，而君臣父子夫妇之纲，荡然尽矣。君臣父子夫妇之纲废，于是天下之人视其亲长亦不啻水中之萍，泛泛然相值而已。悍然忘君臣父子之义，于是乎忧先起于萧墙。"（曾廉：《瓠庵集》卷十三）这是"国粹派"们的一种很普遍的议论。康、梁、谭等维新派对其都有驳斥，资产阶级革命派更不待言。他们都坚信改良或革命后精神世界的状况肯定会更好。

如果以为陈寅恪不过是重复曾廉之辈的陈言，那就错了。他是从另外一个视角提出问题的，即"西国前史，陈迹昭著，可为比鉴也"，也就是说，陈不是站在"保存国粹"的立场上提出问题，而是在广泛考察西方的历史与现状后揭示了西学内部所存在的矛盾，即随着资产阶级革命所带来的物质生产上的进步，同时出现的不可解脱的精神世界的危机。在陈的著述中未见将此点展开，但吴宓于 1922 年所撰《英诗浅释》中倒有一段话可作为注脚：

> 至十八世纪，为新旧倾轧异说蠡起之时代，其极遂为法兰西大革命。既经此变，而封建制度之遗迹乃扫荡无遗。而中世统一之精神完全澌灭不可复睹矣。故入十九世纪，凡百分崩离析，杂糅散漫，至于极地。……其时高明闳识之士，皆深致忧戚，以为破坏之局已完而建设难期，旧者已去而新者未立，譬之栋折榱崩，石飞瓦散，而风雨飘摇，栖身无所。①

---

① 《学衡》杂志第 14 期，中华书局，1923 年。

马克思、恩格斯在《共产党宣言》中用科学的语言概括了这种状况。简言之,即资产阶级像魔法师般地将物质生产一日千里地向前推进,而同时将中世纪的田园诗般的各种关系"淹没在利己主义的冰水之中"①。既然资产阶级用科学和经济的方法把人们的贪欲有力地组织起来创造出物质的奇迹,那么,从潘多拉宝盒子里跑出的魔鬼不可能不在人们之间制造仇杀和堕落,在精神世界里培植焦虑、恐惧和无聊。物质生产的进步与道德文明的瓦解构成西方近代文明的一对"连体婴儿"。这就为一切向西方学习的人提出两难的课题:学习西方先进的物质生产手段是否必须以道德的解体为代价?道德主义者列夫·托尔斯泰在两次考察欧洲后毅然决定采取拒绝俄国资本主义化的立场,原因亦在此。

陈寅恪在这里提出的实际上是整个20世纪一直贯穿到现在的文化难题。只要浏览一下20世纪的文学长河便可分明地感受到:西方国家尽管面对经济上的多次困难依然能使自己的物质生产不断发展,但在精神方面却陷入越来越深的危机而无法自拔。因此,在向西方学习的问题上,要不要或能不能把这个"连体婴儿"解裂,也依然是个困难的课题。中国的马克思主义者在改革开放中所遇到的最大的挑战也在于此。站在历史长河之上反观陈在20世纪初提出的问题,会对他的洞见有一个更深层次的认识。

陈强调"精神之救药",还出于对中国传统文化自身缺陷的认识。在张之洞的"中体西用"中,"中学"作为"内圣之学"是一个自足的体系,无需西学的帮助。康、谭虽曾对传统大张挞伐,但都是以孔子的名义,他们都没有明确提出传统文化的根本缺失。在1919年陈对吴的长篇谈话中提出:

> 中国之哲学美术,远不如希腊。不特科学为逊泰西也。但中国古人,素擅长政治及实践伦理学。与罗马人最相似。其言道德,惟重实用,不究虚理。其长处短处均在此。长处即修齐治平之旨;短处即实事之利害得失,观察过明,而乏精深远大之思。……夫国家如个人然。苟其性专重实事,则处世一切必周备,而研究人群中关系

---
① 《马克思恩格斯选集》第一卷,人民出版社1972年版,第253页。

之学必发达。故中国孔孟之教，悉人事之学。而佛教则未能大行于中国。尤有说者，专趋实用者，则乏远虑。利己营私，而难以团结、谋长久之公益。①

陈的一贯思想是中国要确立自己的文化道德本体。他在《赠蒋秉南序》中便写道："欧阳永叔少学韩昌黎之文，晚撰五代史记，作义儿冯道诸传，贬斥势利，尊崇气节，遂一匡五代之浇漓，返之淳正。""故天水一朝之文化，竟为我民族遗留之瑰宝！"（《寒柳堂集》）在《邓广铭宋史职官志考证序》中，他写道："吾国近年之学术，如考古历史文艺及思想史等，以世局激荡及外缘薰习之故，咸有显著之变迁。将来所止之境，今固未敢断论。惟可一言蔽之曰，宋代学术之复兴，或新宋学之建立是已。华夏民族之文化，历数千载之演进，造极于赵宋之世。后渐衰微，终必复振。譬诸冬季之树木，虽已凋落，而本根未死，阳春气暖，萌芽日长，及至盛夏，枝叶扶疏，亭亭如车盖，又可庇荫百十人矣。"（《金明馆丛稿二编》）

但是，陈对中国古代的哲学成就评估甚低：

> 中国家族伦理之道德制度，发达最早。周公之典章制度实中国上古文明之精华。至若周秦诸子，实无足称。老、庄思想尚高，然比之西国之哲学士，则浅陋之至。②

陈对中国传统文化中的这一致命弱点看得如此深重，以致认为即使这个国家富强了，也难于在精神上进入哲学王国：

> 此后若中国之实业发达，生计优裕，财源浚辟，则中国人经商营业之长技，可得其用，而中国人，当可为世界之富商。然若冀中国人以学问美术等造诣胜人，则决难必也。③

---

① 吴学昭：《吴宓与陈寅恪》，第9—10页。
② 同上书，第10页。
③ 同上书，第9—10页。

在陈寅恪之前，曾有一位学者指出中国古代文化缺少形而上思辨的弱点，此人便是王国维。我们无法确认陈的观点得之于王，因为王自己曾说，他的《评辜氏英译〈中庸〉》等文最初发表时"鲜为人知"。除王之外，当时对中国传统文化的反省与批判，大多取社会学角度。陈、王不仅开辟了一个新的视角，而且是从更深的层次上揭示了中西文化的差别及互补关系。

陈比之于王，有一点特殊的贡献，即指出中国的"人事之学"是一个"长处"与"短处"不可分离的"连体婴儿"。一方面"缺乏远虑，利己营私"，一方面"修齐治平"。就"修齐治平"而言，既有一整套"尊卑上下"的等级制度构成对人的压抑，另一方面在各种统治与隶属关系中又浸润着血缘情感基础上的相互顾念。就像在对待西方文化所碰到的两难处境一样，对中国的传统文化采取简单的肯定或否定都会使自己陷入尴尬的境地。

我们没有权利指责新文化运动中的激进派们。历史常常是以片面性为自己开路的，然后再抛掉它们。没有"五四"时代对传统文化的轰击，则不可能有整个20世纪中国的进步。我们只能作为后继者探讨前辈的缺失。当我们检视那个时代陈独秀、李大钊等人锋芒犀利的雄文时，确感到其缺乏对传统文化深层情感的考察。这一缺憾在一些文学作品中倒是得到了某种补足。巴金《家》中的觉新，他的软弱恰恰反映了中国传统文化深层的血缘情感使一个青年人处于两难的境地。当我们在近十年，重新继承"五四"，批判传统、引进西学时，出现了一个十分引人注目的《渴望》现象。作为一个电视剧，它在艺术上是相当粗糙的，但却造成了"万人空巷"的社会效果。从文化的角度看，它反映了人们对近十年商品经济活跃和引进西方文化后产生的人与人的疏离现象的恐惧和反抗，它仿佛是对那个保守派曾廉的预言的一个遥远的呼应。对传统文化中的"连体婴儿"不能加以解裂，我们将永远无法摆脱历史的重负，也不可能走向现代化。

综合以上，我们是否可以说，陈寅恪在文化问题上的第一个独特之处在于他不仅认为文化的研究应进入形而上的更深层面，而且从这一视角对西方、中国在文化上的"连体婴儿"现象作了初步的剖析，从而提出了20世纪"中西体用"上的两难课题。在这一点上，陈是高于他的同时代的许多学者们和思想家的。

中西会通的操作路线

辛亥年，22 岁的陈寅恪在游览瑞士恩嘉山顶的时候曾写下这样两句诗："车窗凝望惊叹久，乡愁万里飞空来。"诗中"凝望"的是山巅上玉雪千堆的奇景。但我们从中窥视到诗人的如下心态：在欧洲看到任何令其"惊叹"的文化景观时，一股浓重的"乡愁"就飞空而来。也就是说，深厚的家学渊源使得他不论看到西方文化何等奇妙，内心深处对民族传统文化的血肉眷恋总会油然升起。这种情感因素远比理性更为强大，它隐秘而顽强地支配着一个人的文化选择。在文化取向问题上，陈的恐惧有两个：一是上段文字已涉及的物本主义吞蚀人文文化，这是西方资产阶级革命以来最为可怕的社会现象；二是"以夷复夏"，即传统文化完全被西方文化所灭亡。在西方文化史上，希腊文化与基督文化的结合就是基督文化以强力取代希腊文化的历史为前提的。即使凤凰在"涅槃"后有可能新生，陈也不忍看到她的死亡。

出于以上的情感动因和陈对中西文化的双重认识，陈在文化问题上采取了与"新文化派"决然不同的路线。前期的"新文化派"是突出中西文化之"异"，贬中扬西，在激烈的撞击中实现以西化为主体的中西结合；而陈则要求中西文化之"同"，对异质部分则取两方之精华悄悄输入，渐进融和。一种是片面掘进的激烈路线；一种是润物无声的渐进路线。按照吴宓 20 世纪 40 年代的观点，文化发展的历史恰恰是在这两种路线的支配下交错前进的。

还是在 1919 年那次长篇谈话中，陈寅恪在西方文化中发现了与中国文化同构的部分："陈君（寅恪）谓西洋各国中，以法人与吾国人，性习最相近。其政治风俗之陈迹，亦多与我同者。美人则多与吾国人，相去最远，境势历史使然也。然西洋最与吾国相类似者，当首推古罗马，其家族之制度尤同。"（《吴宓日记》1919 年 8 月 31 日）众所周知，美国是实用主义的故乡，在那里几乎没有古典主义文化，因此"相去最远"。而陈所说的法国当指路易十四的法国，即新古典主义文化的故乡，而不是指波德莱尔的法国。在我国叙述西方文化的某些著作中常将古希腊与古罗马文化视为一体。事实上，古罗马虽然继承了古希腊文化，但从社会制度到民族习俗都与古希腊有重大区别。古罗马在建国前是农牧民族，具有农民的勤劳、勇敢、坚忍和粗鄙；建国后，在政治、军事上创造了辉煌的业绩。对帝王的崇拜、对家族的忠诚使古罗马的文化具有一种古希腊文化没有的庄严、崇高气质，但也缺少希腊文明的那种雄大活泼、自由奔放的灵气。陈寅恪认为古罗马与中国类似是极有见地的。法国的新古典主义也是宗古罗马文化，而不是希腊。它崇尚理性，崇尚道德和秩序，在文艺上有一套严整的规范。所有这些，都同中国传统的儒家文化近似。陈认为，"天理人情，有一无二，有同无异"，即认为世界有统一的规律在，这种规律不仅存于古代中国，而且存于古代印度和古代罗马。各国的文化不是相互对立、你死我活，而是相接互补的。吴宓曾把这一思想简化为一张图表：

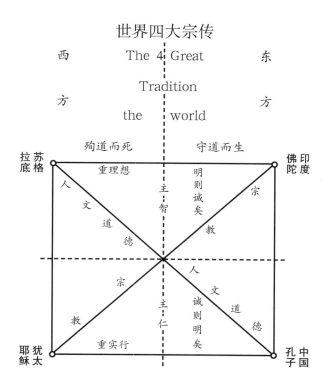

中西文化的异质部分终究是不容回避的。在《吴宓与陈寅恪》一书中载，陈曾多次指出佛教和耶稣教不祭祖先、不敬父母是与中国儒教水火不容的。对于这一类异质部分，陈主张采取弃"名"取"实"、偷换渐进的办法。他以中国历史上佛学如何化进儒学的经验为鉴："宋儒若程若朱，皆深通佛教者，既喜其义理之高明详尽，足以救中国之缺失，而又忧其用夷复夏也。乃求得而两全之法：避其名而居其实，取其珠而还其椟，采佛理之精粹以之注解四书五经，名为阐明古学，实则吸收异教。声言尊孔辟佛，实则佛之义理，已浸渍濡染。与儒教之宗传，合而为一。此先儒爱国济世之苦心，至可尊敬而曲谅之者也。"这里的避"名"取"实"的做法不仅见之于康、梁以孔子的名义输入西方观念，也见之于意大利人但丁在《神曲》的基督教框架中渗入人本主义内容。这是一种伟大的"偷换"。

问题的实质还在于"偷换"的内容。陈、吴都是"世界古典主义者"，是宗古典主义文化的，但历史终究已经走到了 20 世纪，他们对文艺复兴以来的浪漫主义文化不可能完全采取弃置不顾的态度。就此而言，陈、吴等人的心态与法国新古典主义有某种类似。17 世纪的法国，封建制度已走到尽头。布瓦洛等人举起宗罗马古典主义的旗帜，而事实上，在古典主义的戏剧作品（如拉辛、高乃依的作品）中间常常包含着某些非古典的、代表新兴阶级的思想因素和感情因素。陈、吴在总体上是宗古典主义的，对于以个性解放为主要标志的浪漫主义从理念上是反对的；但同时，他们又强调人的理性与情感应该相谐相融，两者都得到充分的发展。对古典主义关于"秩序"的强调与对"人的解放"的关怀常常在他们的思想与作品中形成双重主题的变奏，不时闪出一些浪漫主义的奇光。特别引人注目的是陈对"女权"的看法。众所周知，西方文艺复兴时代的一个重要之点是对女性的看法。对女性人格的尊重和崇拜虽源于骑士文学，但真正得以发扬光大还是在文艺复兴时期。中国宋元以来的传统文化中女性的道德规范是"三从四德"，文学中即使赞美女性也带有玩赏味道。而陈在三四十年代所作的关于武则天的考证中就在在表现出男女平权的思想。武则天为了寻找妇女也可为帝的"天赋"性，曾求助于佛经，而陈却指出，女可为帝是华夏古已有之的。50 年代撰述的《论〈再生缘〉》中描述端生思想时，一再同情端生"反抗当日奉为金科玉律的君父夫三纲",并赞美"端生等自由及自尊即独立之思想",还说,"吾国昔时社会惑于'女子无才便是德'之谬说,虽士大夫家亦不多教女子以文字"。陈于晚年用八十多万字的篇幅为一青楼女子作传,可谓旷古未有。作者笔下的柳如是不仅淹通文史,兼善词曲,而且才华盖世,名节俱高,其独立精神与自由思想远非一般须眉浊物可比。陈对女性的看法不仅突破了中国传统的纲常名教,而且也超越了西方古典主义文化的圈子。在学术研究领域里,陈是一个坚定的理性主义者,但同时又高度重视"情感""想象"的作用,强调人的"感受"能力在史学研究中的作用。在这一点上,他近于法国启蒙学者狄德罗。陈说:"凡著中国古代哲学史者,其对于古人之学说,应是了解之同情,方可下笔。……吾人今日可依据之材料,仅为当时所遗存最小之一部,欲借此残余断片,以窥其全部结构,必须备艺术家欣赏古代绘画雕刻之眼光及精神,然后古人立说之用意与对象,始可以真了解。所谓真了解者,必神游冥想,与立说之古人,处于同一境界,而对于其持论所以不得不如是之苦心孤诣,表一种同情,始能批评其学说之是非得失,而无隔阂肤廓之论。"这段话点破了陈在史学研究上的"秘密"。大师所以为大师,不仅在于博学与缜密,还在于思想的纵横无羁、想象的丰富奇崛以及对人(包括沉湮千年的古代人)的同情。如果没有这些品质,最多成为一个烦琐考据的匠人。陈作为史学家,其内心深层依然是诗人。当然,在我们指出陈寅恪文化结构中的这些浪漫主义因素时,绝不想否定他的文化的主体结构依然是古典理性主义。《吴宓与陈寅恪》书中关于"情分三品"的谈话,表明陈是主张以理制情、以情制欲的,他们同实用主义和非理性主义之间的界限还是异常清晰的。

文化作为信仰

弗洛伊德说,艺术家是疯子。但他忘记说,思想家是呆子。起码在20世纪以前的一段相当长的历史时期内,许多思想家们不懂得"思想"不过是"为心灵寻找家园",这一间房不好住可以另换一间;也不大接受"思想如同游戏"的说法，不甘心把思想同斗鸡、打麻将并列；更没有"商品意识"，不懂得只要看准市场行情，"思想"也是可以换来官职和美金的。鲁迅说自沉的王国维"老实的像一条火腿一样"。照现代有些人看来，"老实"也就是痴呆的同义语。

封建中世纪的人把文化信仰视同生命。在印度，一个学者如果他的学术主张被驳倒，他就得去自杀。在欧洲也大抵如此。故而哈姆雷特的人文主义的玫瑰色理想受到黑暗现实的严重挑战时，他说："To be，or not to be，that is the question."（活还是不活，这是个问题。）

中国的儒家文化终不同于西方。为臣是有名节问题的；为士，却有较大的余地。吴宓日记1919年9月8日记有吴自译柏拉图《理想国》中的一段话，并按此段话为"穷则独善其身"之义。下面又引寅恪话："昔贤如诸葛武侯，负经济匡时之才，而其初隐居隆中，啸歌自适，决无用世之志，'苟全性命于乱世，不求闻达于诸侯'。及遇先主，为报知己，乃愿出山，鞠躬尽瘁。岂若今之插标卖首，盛服自炫。'Advertisement'，事攘权位，本自无才，徒以偾事……决不能用我所学，只能随人敷衍，自侪于高等流氓，误己误人，问心不安。"陈还说，可经商、从教，以为谋生，"而决不可倚学问以谋生，道德尤不济饥寒"。也就是孔子所说的"学者，为己"，不可用学问、道德去换饭吃，至于以学问为工具去谄媚权贵，就是"高等流氓"了。吴宓还批评李白看扁了诸葛亮："宓按，武侯《梁父吟》之词意，原系明哲保身，而太白乃云'长啸梁父吟，何时见阳春'。其旨卑矣。"然而吴与陈寅恪等人朝夕促膝谈，对吴宓思想影响很大，他决心摒弃俗务，专心学问，"独善其身"。但这是很难的："譬犹贞女而堕入平康，不肯效群妓之搔首弄姿，倚门拉客，则必不能见容。"把留美之中国学生视同"群妓"而自己独"贞"，这反映了陈、吴等人的孤傲，但他们决心为自己的思想信仰而享受这份孤独："我留学生，又尝以'自私自利'讥独善其身者流；岂知入污泥而不染，白璧自保，砥柱横流，此非绝大志愿、绝大才力、绝大作用 Tact 不能，尤非绝大牺牲不易致。破巢之下，已无完卵；粪土丛中，安长芝兰？有洁身之志者，动遭桎梏，虽性命犹不能苟全（如苏格拉底之受戮是也），而况鸿飞冥冥，恣意高翔，不被网罗。古今东西，能得此者几人？"当我们欣赏陈、吴的诗作时，时常感受到一种被时代和人群所抛弃的自怜，但在其深层也还蕴藉着对于孤独的自赏和自恃。

中国的古书上，"穷则独善其身"之后还跟着一句"达则兼济天下"。陈、吴讨论了"穷"怎么办，其实也就讨论了"达"怎么办。他们不像两方的思想家那么悲观，总觉得还有"达"的时候，应该为"达"时做准备。

1927 年，王国维自杀事件在吴宓日记中记述甚详。陈、吴的悼亡诗中都说王是效法屈原。脑后拖着辫子的王国维说是守旧，其实他是进入了"形而上"王国的人，并且深受叔本华的影响，在处理"活与不活"时忘了"穷""达"的古训，而同西方那些疯癫或自杀者"遥相呼应"，跳到昆明湖中自溺而死了。

王死前留下遗嘱将书籍的处理后事托付给陈、吴。王的信任给陈、吴出了难题："南斋侍从欲自沉"而未沉，"北门学生邀同死"而未死，单单王自己死了。"风义生平师友间"，作为王委以重任的挚友不能不再次把"活与不活"的问题提到自己面前。陈对王国维之死有一个经典性的解释，已为众所熟知。这一解释可视为陈在哈佛时代与吴的谈话的继续。在《王观堂先生挽词》中，陈用"更期韩偓符天意"委婉地表示了希望王不死的想法。因为韩的避地诗中有"偷生亦似符天意"之句。同时也为"今日吾侪皆苟活"作辩护。吴宓认为陈诗受韩偓"香奁体"影响，在生死问题上也引韩偓为同道。但不能认为陈的思想没有发展，在为《挽词》作的序中记有如下的话："夫纲纪本理想抽象之物，然不能不有所依托，以为具体表现之用；其所依托以表现者，实为有形之社会制度，而经济制度尤其最要者。故所依托者不变易，则依托者亦得因以保存。……近数十年来，自道光之季，迄乎今日，社会经济之制度，以外族之侵迫，致剧疾之变迁；纲纪之说，无所凭依，不待外来学说之掊击，而已销沉沦丧于不知觉之间；虽有人焉，强聒而力持，亦终归于不可救疗之局。"（《王观堂先生挽词并序》）王的死使陈对旧文化衰亡的历史必然性有了更深刻的认识。然而，对固有的文化信仰的执着使得他对其必然没落的趋势认识愈深，内心的不可解的冲突也愈甚。再加上目盲足膑，愈陷入深不可测的悲哀与绝望之中。他的心境在《读吴其昌撰〈梁启超传书后〉》有过自白："余少喜临川新法之新，而老同涑水迂叟之迁。盖验以人心之厚薄，民生之荣悴，则知五十年来，如车轮之逆转，似有合于所谓退化论之说者。是以论学论治，迥异时流，而迫于事势，嗫不得发。"（《寒柳堂集》）这是陈的悲歌！到了"文革"，"达"已全然无望，"独善其身"亦复不可能，就只剩一死了。陈在50年代就曾说："默念平生，固未尝侮食自矜，曲学阿世。"以表明自己同晚明降清的那些"侮食自矜"（见钱牧斋《西湖杂感》序）的汉奸们不同，是持节到死的。1974年"四人帮"搞批孔阴谋，许多人怒而无言。戴着"反动权威"的帽子的吴宓却偏要跳出来公开声言反对，因此又赢得了一顶"现行反革命"的帽子。照许多人看来，这都是"迂"，跟王国维投湖相差无几。照陈、吴的看法，不过是不想做那种以学问阿谀世风的"高等流氓"罢了。

用"文化大革命"中的流行语说，陈、吴都是属于"带着花岗岩头脑见上帝的人"。单就文化角度而论，"花岗岩"尚可经后来的雕琢充作新房子的建筑材料；而那些顺势流转的软体动物般的"思想家"们，尽管生前显赫，死后却很难辨认出他们的学术性状，就像摊在地上的一摊稀泥，派不上什么用场。

正像马克思主义不能从工人运动中自发地产生出来一样，社会主义文化从总体上讲也不可能从社会主义的现实生活中自发地产生。如果说马克思主义是以有产阶级创造的优秀文化成果为自己的来源的话，那么，中国的社会主义文化也必须和只能以传统文化的精华和全人类的优秀文化成果为自己的渊源。但是，当人们面对陈、吴这样的大学者时，却常常不能如列宁对待列夫·托尔斯泰那样，一方面尖锐批评其政治思想上的错误，一方面热诚地推崇他的文学瑰宝，并号召无产阶级都去读他的作品。不能这样做的结果，无非是导致了社会主义文化自身的苍白和匮乏。陈和吴作为个人，他们如芦苇一样脆弱，但他们殚精竭虑所研究的文化对象却拥有顽强得难以想象的生命力。正是这种生命力迫使我们今日把亡灵从坟墓里重新召唤出来，并且不得不继续他们未竟的事业！

吴宓的文化个性及其对传统的阐释

也许是对先生坎坷一生有了些了解的缘故，反观先生青年时代的照片总觉得有些悲剧气质：背脊过于挺直，连脖颈都是挺直的，加上那古板方正的面孔，严肃执着的眼神，令人想起"峣峣者易折"那句老话。1931 年，默存先生曾致函吴宓，谓其具有亚里士多德所论之悲剧主角资格。吴先生将这一评断写入《吴宓诗集》自注 [1]，似可理解为默然接受。郑朝宗先生在回忆录中也说："吴先生向来以古希腊悲剧英雄自比，认为一生常受命运女神的摆弄。"可见先生确有悲剧角色的"角色意识"。郑先生回忆录中的话，大约是指个人感情生活和事业上的诸事不顺遂，故像俄狄浦斯那样结果与初衷相悖。而吴宓的对悲剧角色的"自我意识"比这还更深更广些。他在上述自注中推崇 Scott 著 Unity of Homer 一书中的第七章，称该章"以海克多（Hector）为'道德之英雄'解释悲剧主角之义最精"。海克多（现通译赫克托尔）是《荷马史诗》中所写的特洛伊城的英勇保卫者。他明知命运险恶仍一往无前，具有舍弃个人幸福（娇妻、爱子）而为城邦殉身的"责任意识"，故 Scott 称其为"道德之英雄"。作为罗马人的祖先，海克多的精神是典型的罗马悲剧英雄的精神。统观先生一生为民族文化复兴而呕心沥血的历史，特别是在"文革"的

---

[1] 吴宓:《吴宓诗集》卷十三，中华书局 1935 年版，第 29 页。

险恶环境中不畏抛出自己的头颅捍卫民族文化精魂的气概，确乎与海克多神似。所不同的，海克多以高超的武艺保卫城邦和人民，吴宓却是凭借文化武器，"以天道启悟人生"。作为一个希腊式的悲剧角色，他是一位殉情者；作为一个罗马式的悲剧角色，他是一位殉道者。

真像是命运女神的故意安排，吴宓呱呱坠地时就得了一个带有救世意味的名字：玉衡。这个名字出典是"在璇玑玉衡，以齐七政"（《书·舜典》）。按《辞海》解释，"玉衡"为古代观测天象仪器上的部件。若据《尚书·大传》，"七政"为春、夏、秋、冬、天文、地理、人道。那"玉衡"的任务就大得无所不包了。吴宓十五而知天命，在一首诗中有"禄禄居民上，出言乃失衡"之句，可见已将求"衡"视为己任。此处的"衡"同天文、地理无关，而是匡世济民的真理。民族的灾难催促少年早熟。深切的忧患和焦灼，是 20 世纪初一代学子的普遍情结。但具有诗人气质的吴宓，他的忧愤和苦闷就更深更广。当他 17 岁，徜徉于清华学校的藤影荷声之间时，就已"痴念常恋万古愁"，将亿万斯年的大愁大苦都放在自己的心上，不可谓不"痴"，而明知是"痴"，却仍要继续"痴"下去，这是吴宓对自己悲剧性命运的最初解悟。雨果说，诗人常把自己视为耶稣，要把全人类的苦难都担在自己肩上，仿佛在为全世界受苦。而对如此沉重的情感痛苦，有的诗人会用幽默嘲讽来缓解，有的会用相对主义来超脱，还有的干脆用享乐主义麻醉自己；而吴宓都不能，他是无可解脱者。刚强自信，执着至于迂的"秦国人"的乡土性格使他的诗形成沉重朴拙的风格，像他的家乡附近出土的秦代兵马俑，即使游山玩水之诗也渗透着感时伤国的血泪情丝。白屋诗人吴芳吉评他的诗是"以其质朴不免束缚于文而不能空灵耳"。芳吉作为挚友力主吴宓去浪游巴山蜀水，以获得李白式登仙般的飞扬感。但是，秦国人终究是秦国人。随着年龄的增长，他的诗日益圆熟，但"痴念常恋万古愁"的"耶稣气质"始终没有淡化，执着近于迂的沉重感也没有消失。超脱飘逸的诗不能说没有，但为数寥寥。至于幽默和俏皮，除了仿萨克雷的《吴宓先生之烦恼》中有"钩得金鳌又脱钩"等句外，几近于无。"耶稣气质"同认真执着的风格相结合，构成吴宓文化个性的基础，是理解他全部人生的钥匙。

吴宓的这种文化个性，如果同当时反传统的文化潮流相结合，他就会成为陈独秀、鲁迅的忠实部下和冲锋陷阵的盟友。然而，诗人的天赋加上从小受到的良好的汉文化教育，及"幼多清福，无坎坷之患"的生活环境，使得那幼小的心灵心甘情愿地被华夏传统文化的精品——古典诗词的魅力所捕获。对传统的深爱几化为他的生命本体意识，以至于我们在他毕生的撰述中都很难找到一句对儒家文化的贬抑之词。但是，面对金瓯破碎、国弱民贫的现实，对传统的挚爱不能不转化为对传统所面临的危机的焦灼。这种危机感达到了相当悲观的程度，但他深压在心底，只是偶有流露：在15岁时写的《二月二日三原县城观放烟火》云："添花乍绽千层锦，结局终于一寸灰；莫便兴衰伤时事，虚空楼阁易崩溃。"[1] 这首诗令人想起《红楼梦》中除夕夜燃放爆竹时的薛宝钗等人的诗句。不知15岁的吴宓是否已读过红楼，但确已读过梁启超等人忧国启道的文字。同年所写的《陕西梦传奇》中竟有"金瓶残缺力难挽，警遒笔待将民梦唤，使自由文明灿烂"。将"自由文明"视为奋斗理想，显然已偏离传统轨道，而向西方文化倾斜。次年（1910）五月，他剪了辫子，这在地处僻隅的陕西可算激进，同年他还写下了"堪笑井蛙言大海，愿从赤骥走风尘"的豪句，这是赠给一位留日青年的诗，全诗表明他已准备跳出传统之"井"，走向世界的"大海"。也许正是这种愿望，促使他赴考清华留美预备学校。当他以优异成绩走进清华园后，他的诗反而不似过去那么昂扬，进清华前曰"雕虫非我愿"，进清华后却说"自愧学雕虫，于世更无补"。那种"问志敢请缨"的豪情逐渐被无可奈何的悲哀所代替。这种变化不是由于诗人的斗志衰颓，而是出于对自己所面临的艰巨任务有了比少年时代更为深刻的认识。正像哈姆雷特在父王死后意识到自己担负着"重整乾坤"的重任后所发出的哀叹一样。这不是英雄气短，而是走向深沉。一个饱受欺凌的民族往往有着格外敏感的自尊，而在这种自尊的底层又是深刻的自卑意识。将传统视为生命的吴宓无论如何不肯卷入激进民主派对传统文化的抨击，但又苦于找不到支柱以维系将倾的大厦，因此"热肠频潸伤时泪，妙手难施救国方"。也就是说，

---

[1] 吴宓：《吴宓诗集》卷一，第2页。

他也意识到，单凭传统文化已难于救国，而将其摒弃又绝不甘心。这种两难处境煎熬着青年吴宓的心灵。

　　几乎是意外的惊喜。吴宓的两难心态在美国哈佛得到解脱。来到西方的吴宓发现："西方古典文化的处境并不比中国好。"资本主义经济的发展导致人的急剧商品化，道德沦丧，人欲横流，文化衰颓，灵魂孤苦，"譬之栋折榱崩，石飞瓦散，而风雨飘摇，栖身无所"①；而在此"危机一发"的艰难时刻，作为蜚声欧美的新人文主义大师白璧德高度肯定中国传统文化的主体——孔子学说，并把它视为拯救挪亚方舟沉落的一剂良药。几乎被本国激进派扫进垃圾堆里的孔儒学说却被西方慧眼发现了价值，吴宓的惊喜是难以用语言形容的。他在一篇文章中曾表示对白璧德大师"心悦诚服"②，其实这四个字很难把吴宓的心情道尽。这犹如在狂涛怒吼的茫茫大海上，两只即将倾覆的孤舟之间的相互发现：白璧德发现了东方的孔子，而东方的吴宓发现西方的白璧德。吴宓慨叹说："中西文化在今实有共休戚，同存亡之形势矣！"一种中西文化之间"同病相怜"或者说"同仇敌忾"的心态使吴宓对中西文化不取褒一贬一的态度，而希望两只危舟携手救亡，共力图存。这种内在情感力量一直隐秘地支配着吴宓的理性思考，在学昭老师保存的吴宓先生《文学与人生》的讲稿中，我们看到这样一张简图，这张简图精要地概括了人类古代文化的主要精华，并且揭示了被高山大川阻隔开来的民族独立创造的文化之间的内在联系，在宗教与道德、理想与实行、仁与智、诚与明之间的互补。这四大宗传犹如四根支柱撑起世界文明大厦。中国的孔子学说是这一大厦不可缺少的支柱，而离开其他支柱它又无力独撑。这一潜心研究的成果帮助吴宓克服了少年时代就隐遁于内心的对汉文化的危机感，同时又使自己的文化观从民族的提升为世界的，从世界大文化的系统中重新发现了孔子学说的价值。

---

① 吴宓：《英诗浅释》，《学衡》杂志第 14 期，中华书局，1923 年。
② 白璧德撰，胡先骕译：《白璧德中西人文教育谈》，《学衡》杂志第 3 期，中华书局，1922 年。

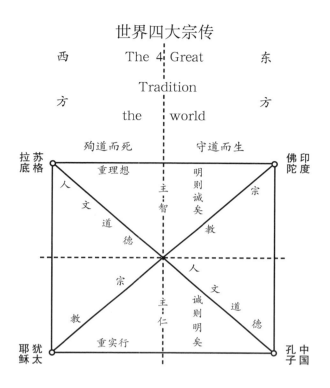

世界四大宗传
The 4 Great
Tradition
the world

众所周知，在中西文化史上历来都有"片面掘进派"，他们认为文化的发展必须以彻底否定现存文化为新文化开路，如西方浪漫派对新古典主义，中国"五四"时代激进派对传统文化的彻底否定态度。吴宓通过对文化发展历史的宏观研究，提出如下看法："孟子曰，天下之生久矣，一治一乱，斯宾塞谓世事如钟摆。古语云物极必反，而西国史家谓一部西洋史只是自由与权威的（或解放与规律）二者相互循环替代之过程。按文学史上实迹亦正如此。一国之文学枯燥平淡无生气，久之，必来解放发扬之运动。其弊则流于粗犷散乱紊乱无归，于此而整理收束之运动又不得不起。此二种运动方向相反如寒来与暑往，形迹上似此推彼倒，互相破坏，实则相资相成，去其瑕垢而存其精华。读史者放眼千古，统计其全盘因果，则谓二者同为深宏之建树，其事业与成绩皆长赫然存立而不磨。"（《马勒尔白逝世三百周年纪念》，载于《大公报》副刊）这段论述揭示了文化发展长河中乱与治、破与立、创造与模仿、积累与更新之间的辩证关系。文化发展规律同政治斗争规律有所不同，政治斗争往往是一个阶级吃掉一个阶级或两败俱伤，同归于尽，而文化斗争则是各种文化流派在相激相荡中相融相汇。在历史发展的一定时期内，"片面的激进"是历史的必然。但历史用片面性为自己开路之后又无情地抛弃它们。吴宓在 20 世纪 30 年代写下的这段论述，较之 20 年代初的《论新文化运动》显得视野开阔，避免了单纯强调模仿、治、立而反对创造、破、乱的偏执。这种对文化发展历史规律的深刻把握使他在三四十年代的教学和研究工作中善于在相互对立的思潮、流派中发现它们的互补，审慎地吸取各自的有用之物，做到"一"与"多"的辩证统一。

　　然而刚从哈佛归国时的青年吴宓却没有这么成熟。"若炼金丹经九转，偶冯凤慧照深幽。"自认为已经掌握了救世金丹的吴宓在当时可以说是雄心勃勃、信心百倍的。他担任《学衡》的主编，同梅光迪、胡先骕等树起"论究学术，阐求真理，昌明国粹，融化新知"的大旗，但是，刊物没出几期就遭到猛烈抨击。这里涉及吴宓本人的主要是对文言文的态度问题，但就情感层次而言，是民族自尊意识与自卑意识的混合行动。正像他后来所述及的："文言之堕废乃吾侪所认为国家民族全体永久最不幸之事，亦宓个人情感中最悲伤最痛苦之事。"（《空轩诗话》，见《吴宓诗集》卷末）就观点而言，吴宓的偏激是显然的。胡适、鲁迅都曾指出过古代汉语语法的不严密及其对中国人思维的非科学性的消极影响，"五四"时代提倡的白话文无疑对于解放思想有巨大意义。但是，如果我们再回到理论层面上，吴宓的观点又是值得注意的。当代的许多汉语专家都指出，古汉语不仅具有直观性、形象性的特点，而且它的"非逻辑性"正为人类的模糊意识即"不可言说性"提供了一种表意工具。特别是古汉语在古典诗词中所显示出来的优点，几乎是无可替代的，因此，古汉语不可废止。另外，吴宓对于白话文也不是一概贬抑的态度，《学衡》杂志曾发表过白话文小说。吴宓同新诗人徐志摩两情甚笃，徐去世时，吴宓的挽诗中还有"依新依旧共诗神"之句和"异道同悲"的慨叹。然而所有这些，在富有感情色彩的论战过程中都变得模糊不清。吴宓等人的失败是惨重的。这不仅是由于教育界和广大学生的支持使白话文繁盛起来，而且是从此吴宓被抛出反帝反封建的文化主流之外。吴宓的脸上被对方抹上一层喜剧性的油彩，成了一个食古不化、阻遏新知的冬烘形象。

吴宓曾经不无悲哀地解释说："世之毁宓誉宓者，恒指宓为儒教孔子之徒，以维护中国旧礼教为职志，不知宓所资感发和奋斗力量，实来自西方。质言之，宓爱读柏拉图语录及新约圣经，宓看明希腊哲学和基督教为西洋文化之二大源泉，及西洋一切理想事业之原动力。而宓亲受白璧德师及穆尔先生，亦可云宓曾直接继承西洋之道统，而吸收其中心精神。宓持此所得区区以归，故更能了解中国文化之优点与孔子之崇高中正。"①

近来，有些学者并无贬义地将吴宓列入"文化保守主义"行列。这似不确。按照史华慈（B.Schwarz）的提法，保守主义的特征之一是民族主义，是以民族传统文化为中心。吴宓尽管具有强烈的民族自尊感和对传统文化的"捍卫意识"，但仔细检视他的文化思想体系就会发现，他对中国传统文化的认同多在与西方文化相通的部分和表述形式方面。就其内涵而言，更多的是西方古典主义和 19 世纪浪漫主义，在这二者之间又以古典主义为理性支撑，以浪漫主义为情感补充。

吴宓在进行世界各种不同文化之间的整合时，存在着一个事实上的筛选过程。但涉及对儒学说的筛选时，他顽强地保持口头上的缄默而在实际上悄悄进行。例如，作为中国儒学之核心的"三纲"（君为臣纲，父为子纲，夫为妻纲）在吴宓的"世界大文化"体系中就没有位置，而且可以用吴宓全部撰述证明他的思想是同"三纲"相悖的，但他却绝不公开讨伐"三纲"。更有意味的是在整合过程中的"偷换"——就像但丁的《神曲》在基督教"三界"框架中悄悄塞入人本主义内容一样——吴宓在使用儒家学说的用语时置换了它们的部分内容。例如，儒家主张"修身"，作为"内圣"之学它服于"外王"（封建主义的治国平天下）即维护封建的国家统治。据此要求提出的"修身"内容则是具有封建之"礼"等压抑人性的内容，甚至"存天理，灭人欲"。显然，儒家的"修身"是没有个体的独立位置的，吴宓高举"修身"的旗帜，但其"修身"的内容却不同："凡古

---

① 吴宓：《吴宓诗集》卷末，第 162 页。

今中外之人，其生活及事业，皆有外阳（功业，道德，思想，责任）和内阴（生活，婚姻，恋爱，情感）之二方面，而诗人文人尤为显著。表里如一乃为真诚。性智相融乃为正道。阴阳合济乃为幸福。窥此二者文全，乃为真知。由此二方面竭力帮助，乃为真爱。"在这里，重要的不仅在于其修身的内容与儒家有所不同，而且在于其修身的出发点不是某种外在的需要，而在于人自身，在于人的幸福和至爱，在于人的全面健康发展，这种关于"人"的理想显然更接近西方启蒙时代的模式。吴宓的思想是以人为主体的思想，他认为在艺术中"表现自我是唯一之要事"。诗歌可以抒发"浪漫之情感"和"现代人心理"，如枯索悲苦，迷离惝恍，想象沉湎，意志僵萎，摧挫凝沮，萎靡颓废，均应表现。总之，人自身内心世界的丰富性都是文字驰骋的领域，吴宓认为，个体的自由、健康、全面的发展是第一位的，是立国治邦之本。

但吴宓反对西方的放荡恣肆的个人主义和非理性主义。他接受白璧德的人性二重性，认为人有两个"自我"：粗浅暴戾、任性纵情、类似动物原人之"自我"，与深思明辨、笃志力行之道德"自我"。人需要"克己复礼"，以后一"自我"克服前一"自我"，才能达到崇伟之"仁"的境界。这里的"仁"不仅是儒家的"泛爱众"，而且推广为与宇宙精神相往来而不傲睨于万物的至为博大精妙的宗教境界。吴宓把人生观由低到高分为三界：物界（动物本能）、人界（自我意识）、天界（天人合一）。这一界说与黑格尔关于人的精神生活发展的三个阶段类似。黑格尔认为，第一阶段是"自然存在"，其性本恶与禽兽无异；第二阶段是"超自然存在"，人只顾追求一己私欲或殊相而离开"共体"成为个体的人；第三阶段是超出小我的个别性而达到与普遍性的统一，即与自然界复归为一。将吴宓的"物、人、天"与黑格尔的"三个阶段"作一比较，可以明显看出它们的相似之点。而经过吴宓筛选和创造性转化了的孔儒学说注进了西方血液，从而显露出了新的生机。

吴宓文化体系中的西方特质，突出表现在对宗教和女人的态度上。应该说，中国古典主义文化和西方古典文化在对待国家、民族、君主的忠诚意识，在人际关系上的道德主义和在形式（包括礼仪）方面对典雅、严整的要求上有许多相似之处，把它们截然分开是不可能的。但在对待宗教和女人的态度上却鲜明地反映出中西古典文化的差别。这种差别是如此之大，以至于一位日本学者认为，理解西方人对待宗教和女人的态度是了解西方文化的两个不可逾越的鸿沟。在中国的传统文化中，宗教观念淡薄，至于儒家更是"不语焉鬼神"，而西方有长达千年之久的基督教统治的历史，宗教崇拜直到今日还是西方文化的重要特质。由对圣母玛利亚的崇拜而发展起来的女性崇拜又是宗教崇拜中不可分离的一部分。宗教崇拜、女性崇拜和艺术崇拜，在西方文化中是同一件事情。应该说，在近代中国数以百万计的学者中间真正领悟这一西方文化精髓的人是为数不多的，吴宓却是其中的一个。他自称"笃信上帝"，但"上帝"不是中世纪的耶和华，而是更近于爱因斯坦所崇拜的那种对宇宙力量的神秘体验。爱因斯坦说："我们认识到有某种我们不能洞察的东西存在，感觉到那种只能以其最原始的形式为我们感受到的最深奥的理性和最灿烂的美——正是这种认识和这种感情构成了真正的宗教感情：在这个意义上，而且也只有在这个意义上，我才是个具有深挚宗教感情的人。"由于吴宓研究过佛数，在他的诗歌里常使用佛教语汇来表述他的宗教感情，在这些诗歌里常流露出"色即是空"的虚无主义思想。但在另外一些献给他所尊崇的女性，并别是写给他所深爱的女子"东方海伦"的情诗里，表现出强烈的女性崇拜意识。在这些诗里，"东方海伦"之具体"所指"已变得不重要，重要的在于这一符号的"能指"。吴宓明确地说："以所爱女子为理想寄托。""宇宙一玄谜，呜呼海伦身。"（《海伦曲》，《吴宓诗集》卷十三）吴宓诗中的"东方海伦"还不只是一个姣好的女子，而是宇宙中无限美好与神秘的一个象征。她是同"上帝"合而为一的，就像但丁心目中的"贝德丽采"或彼特拉克诗中的"圣母劳拉"。

在阅读吴宓那些献给女人的诗时，人们会觉得有"两个吴宓"：在思想文化观念上非常"守旧"与"古板"的吴宓和在情感生活中非常"浪漫"的吴宓。这似乎是一种性格上的不和谐。这种"不和谐"使我们联想到一位欧洲的文化伟人，那就是写作《浮士德》时的歌德。其时的歌德似乎也是矛盾的、分裂的：政治上对封建王朝的屈从；思想上对启蒙理性的崇拜；文学上对感伤的浪漫主义的否定；个人感情生活中的自由放任——年过花甲依然向青年女子献上一首首求爱的诗。这种"分裂"，一方面反映了歌德在思想气质方面的对立因素（如恩格斯早已揭示过的），另一方面也表现了资产阶级启蒙时代对于理性与情感这对矛盾的态度。18世纪的启蒙学者，如狄德罗等都是既尊崇理性又重视情感的。具有严正的理性的社会、道德秩序和情感、意志的充分自由的有机结合成为资产阶级启蒙运动所追求的人文思想。而吴宓在思想主张与个人情感生活上的"矛盾"，如果从西方启蒙思想的角度来审视，它们不仅不矛盾，而且是不可分割的两个方面。友人徐际恒诗中称吴宓"道心重系千钧发，情网柔牵万缕丝"，可谓准确地勾勒出吴宓内心世界的主要之点和理想追求。在吴宓看来，"道"与"情"是不可分割的两方面。他对所钟爱、所友善的女人表达的那些情感是美好的，无可非议的。

在中国漫长的封建时代里占统治地位的文化观念是不承认女子的平等地位，也不承认男女相爱的天赋权利的。女人的最高品质是三从四德，从一而终；男人可以三妻六妾，但又提倡糟糠之妻不下堂。作为这种没有爱情基础的家庭的补充是卖淫，即使当时被视为品德高贵的文人（如白居易）也以狎妓为雅。中国古典诗歌中，献给爱妻的情诗极少，赠给青楼女子的艳词却很丰富。这种畸形的男女关系，由于年深日久已沉淀于中国人的文化心理结构的深层。"五四"时代的先进智识者曾为女性的独立和在爱情的基础上建立家庭而呐喊，对封建传统发动猛烈抨击，关于"娜拉及其出走"的讨论是启蒙运动的重要内容，但令人深思的是，当需要采取实际行动时，这些勇敢的先驱者们都是相当谨慎的：胡适同他那包办成婚的小脚妻子过了一辈子，鲁迅在同许广平结合后迟迟不解除与朱姓妇女的婚约，他们都深知，爱情与婚姻是人类情感领域最敏感的"致命点"，它凝聚着人类一切情感关系和道德关系，一着失慎就可能误入"雷区"：导致一系列的情感痛苦和道德上的身败名裂。而吴宓却踩上了这个"地雷"。尽管他写给女性的诗比但丁、彼特拉克的不知谨慎多少倍，却依然惹起纷纷扬扬的大波。吴宓被作为一个醉心于向女性献媚的浪漫诗人成了小报上的热门话题，连那些经常出入妓院的文人墨客都认为自己有权利嘲笑几声。吴宓在《新爱篇》中慨叹自己的处境曰："恋爱自由行者众，几人一贯明体用；美德尽作口头禅，真情翻遭掌中弄。"在中国，事业上的失败者有人同情，"道德上"的反叛者却要粉身碎骨。如果吴宓不去公开发表他的爱情诗也无妨，吴宓的"迂"就在于他的座右铭："真诚不苟。"（见《大公报》）他认为："道德乃真切之情志，恋爱亦人格之表现。予于德业，少有成就。于恋爱生活尤感痛苦失败空虚，然予力主真诚，绝恶伪善，自能负责，不恤人言。"竟将自己平生所遇女子，按情感性质、程度分类，列出清单公之于世。这种做法，在当时可谓绝无仅有，在西方则与写《忏悔录》时的卢梭庶几相近。哲学家休谟谈到卢梭的惊人的坦诚时说："他好像这样一个人：这人不仅剥掉了衣服，而且剥掉皮肤，在这种情况下被赶出去和猛烈的暴风雨进行搏斗。"（参见罗素：《西方哲学史》下）当一个社会走向没落和崩溃时，伪善是一种不可缺少的面具。西方的许多思想家和艺术家，从卢梭到拜伦，从普希金到托尔斯泰，都是以不计毁誉的坦诚来撕破这层沉重的面纱，以暴露出社会本体的丑陋。这是以名誉为武器和代价的战斗，是对付伪善的唯一有效的战法。别林斯基说："击中伪善这多头毒蛇的人是伟大的。"而以自己的名誉作牺牲去拼搏的人更是伟大的。金克木先生在《次韵奉和吴雨僧先生独游西山灵光寺》中叹曰："不辞毁谤入风尘，如此京华曾几人。"对吴宓情感生活的道德评价尽可不同，但这种坦诚的本身就具有反封建的启蒙意义。

这一道喜剧油彩比上一道抹得更滑稽。然而这些油彩就像抹在堂吉诃德身上的油彩一样，"它越是令人发笑，就越使人难过"。因为恰恰是"这位英雄是主持正义的"（英诗人拜伦语）。这位学者兼诗人，回顾自己从15岁起下决心："填海苦效精卫志，感时血泪化杜鹃。"二十多年来未有一时一刻敢懈怠，对人但有爱恕，对事黾勉竭力，对一己之享乐则牺牲无怨，但结果却是"情道两伤余谤毁""鹃血啼干人共笑"，更深悲者是至亲至友都不予理解，以至"愁极竟无人可语"。极度的孤独感使吴宓从古典主义的蜗壳里将触角伸向现代主义。吴宓曾说有三首诗足以代表他的人生观，其一为《操舟》，诗曰："操舟入海苦难航，云雾波涛没晓光；右转左倾失路准，前推后挽许身藏。回头未必即逢岸，触石斯须便覆亡；万里行来仍旧处，圆天低盖水中央。"这个"操舟人"使我们联想起存在主义者加缪所阐释的西西弗斯：一个推石上山，一个操舟下海；一个将巨石推上山复又滚回原来处，一个摇小舟荡波万里又归回旧地。历史循环论分别得到不同的形象表现，不同的形象表现同样揭示了人生的荒诞，对"存在"的意义提出质询。吴宓对西方最富孤独感的诗人安诺德作过深入研究并自沉道："我是东方安诺德。"但他与安诺德不同处在于，吴宓在中国佛道文化的虚静境界中获得暂时的解脱，表现这种解脱的《孤危》是吴宓诗中最富形而上色彩的好诗之一："孤危渐觉天心近，寂寞才窥人事真；动植飞潜各有性，悲欢得失自从因。尽施无极成痴爱，食苦味甘成皆仁；闻道已迟行日短，办事何意迹同泯。"①或在老庄相对主义中获得慰解："成败等齐观，苦乐共欣赏。"

　　但是，正像吴宓先生常自诩为《红楼梦》中的妙玉那样："云空未必空。"爱情，友情，对待传统文化与华夏热土的深情，情情不泯。他不可能在虚静中流连忘返，也不会像周作人那样用自嘲来求得解脱。他只能像恩·卡西尔说的那样，做一个"文化动物"——在学习和创造文化的活动中感受自我的存在。在振奋时，他"埋头书卷寻真道"；颓唐时，"慰我生涯幸有书"，文化化为血肉之躯、生命的最高意义。在1949年以后，他曾极其真挚地批判"封建主义文化和西方资产阶级文化"对自己的影响，表示要"彻底决裂"。但当毛主席的《关于正确处理人民内部矛盾的问题》发表时，他又情不自禁地执笔为文，着重阐述毛泽东思想与中国传统文化之间的联系。在指出毛主席讲话中广征博引古代名著的特点后，他热情洋溢地写道："这类千百部的旧书皆是中华民族遗产之精华，我人民祖先丰富的经验与智慧之宝库，是人人所当吸收利用的，而若不读书，但凭个人生活之直接体验，断不能十分了解中国人民的心理和其潜在的能力。"还说："我认为：马列主义的原理（根本义）在中国的旧书和西洋古典哲学中，亦可寻找得出，要当披沙拣金，好好地采集融炼，好好地结合。"（《重庆日报》1957年5月24日）笔者不准备在这里剖析上述观点的是非，使人

---

① 吴宓：《吴宓诗集》卷十三，第13页。

感到兴趣的是：二三十年代吴宓所宣传的对古典文化的尊崇、不同形态的文化的可继承性、可融合性等观点，到了 50 年代，经过"思想改造"运动的"批判""决裂"之后，又几乎全部复活了。吴宓在 50 年代初对自己的"批判"是绝对真诚的，但只是理性的批判，沉积于意识底层的"生命本体"几乎没有触动，一旦受到毛主席讲话的诱发，又淋漓酣畅地表现出来了。当文化一旦转化为生命意识本身，它就与生命同在，只要生命一息尚存，文化就活着，当"四人帮"如一匹匹驽马在文化园圃里肆意践踏时，已被迫害致残的吴宓忍无可忍。在他们抛出"批孔"阴谋时，吴宓宣称："宁可杀头，也不批孔。"因此而被戴上"现行反革命"帽子也傲然无悔。一种文化的存在价值往往是要人们用鲜血和生命来论证的，而只有那些视文化如同生命的人，才肯为文化抛出自己的头颅。据说，在当时，全国文化界只有三个人公开反对批孔。他们是孤独的，然而正如易卜生所曾说过的："世界最强有力的就是那个最孤独的人。"

"而立之年"的吴宓就已两鬓斑白，在这一年他曾痛心疾首地写下如下文字："苦吾中华古国，竟不能比于希腊罗马之以学术文艺影响全世后来，且不能经于意大利爱尔兰之得其道以复兴，此其摧心丧志真无穷也。"这段肺腑之言道出了吴宓毕生的雄心壮志，正像欧洲人在古希腊文明中注入人文主义血液而创造了灿烂的文艺复兴一样，吴宓力求在中国传统文化中注入"新来之俊思"而创造东方的文艺复兴。当然，正像我们前面已经论到的，吴宓的思想并没有超出资产阶级的范畴。在思想观念上同时代之间的错位，是吴宓之悲剧的根本所在。但作为《学衡》主编和大学教授，他毕竟在反帝反封建的文化斗争中做了大量的启蒙工作。由于这些工作属于整个世界反对资本主义物化和非理性化斗争的一部分，因而具有世界性意义。吴宓和他的同道们对于人和自然、人和社会、人和人、仁和智、理想和情感等方面的辩证论述，较其他非理性的学派，更接近马克思主义关于未来人的理想。过去，我们习惯于骄傲地宣称，我们已经全部超越了传统，一切旧文化似已成庸赘之物。但是，"文革"浩劫之后，我们终于看到了文化大厦栋折榱崩的苦涩。在现代化大潮冲击下，失去理想的人们正在被拜金主义浪潮席卷而去。我们从来没有像今天这样痛苦地意识到：对文化的彻底否定就意味着民族的灭亡，意味着人倒退为畜。对于猪来说，粪便里的珍珠并不比粪便可贵。而对于人来说，只有把全人类一切有用的文化瑰宝——摄取过来，才能拯救人类自己。而这摄取又是一个多么艰辛的再创造的过程。正是在这样的反省中，几被历史埋没的这位孤独的启蒙学者才重新引起人们的注视。

吴宓：会通派与解释学 ①

　　吴宓，这个沉湮了半个世纪之久的名字，进入 90 年代以后又重新被海内外学人所道及，关于吴宓学术与人品的研究成了一个热门的题目，学界前辈冯至、季羡林、李赋宁、周辅成及李慎之诸先生先后有力作问世，陕西三届吴宓讨论会实绩荦荦。作为《吴宓集》的编者，只想就吴先生对中国现代学术史的意义探究一二，算是对先生百周年诞辰的一个迟到的纪念。

　　纵观世界近现代学术发展历程，可见有两种不同的学术理路，一曰"摧毁"式，一曰"解释"式。

　　"摧毁"式主要存在于西方，欧洲文艺复兴以降，学界的主流是以"两极对抗"为指导思想，每当一种新说崛起，必有另一种学说起而摧之，双方以己为是攻对方为非，"片面掘进"，只求学说卓然特立，不求完美无缺，造成整个近现代西方学术如浪花奔涌，于相激相荡之中相汇相融。

　　"解释"式主要存在于中国。西汉"独尊儒术"以来，学界多以"中庸"为指导思想，作为主流派的儒家，对异质文化求同存异或取融通态度予以吸纳，以消除对抗、丰富自身。"道"的分歧往往以对元典的不

---

① 本文原载《清华大学学报》，1995 年第 4 期。原题《吴宓与会通派》。

同解释或文本之争的形态表现出来。整个学术史表现为不断返回"原点"（儒家元典）的循环性阐释。每一个循环都意味着对元典的修正、丰富和发展。回顾整个历程如一以贯之、起伏绵延的山脉，沉稳而少变化。

到了19世纪末，中国的学术理路发生了根本性变化。这种变化主要是由于西学的冲击引起的，在《清代学术概论》中，梁启超对抗晚清学人的心态有如下一段生动的描绘："学者若生息于漆室之中，不知室外更何所有，忽穴一牖外窥，则粲然者皆昔所未睹也。还顾室中，则皆沉黑积秽。于是对外求索之欲日炽，对内厌弃之情日烈。欲破壁以自拔于此黑暗，不得不先对于旧政治而试奋斗。于是以其极幼稚之'西学'知识，与清初启蒙期所谓'经世之学'者相结合，别树一派，向于正统派公然举叛旗矣。"①冲出"漆室"之欲构成了从康有为《新学伪经考》的疑古旋风到新文化运动"重估一切价值"的心理动因。"公然举起叛旗"的结果是整个中国学术史的转向。在此之前，由于学者缺少对道统质疑的权利和勇气，便格外热心地发展"术"。"道"成了"术"的附庸，材料的地位高于思想。新文化运动使肯定性的学术前提变成了质疑的主要对象，不同的"道"之间的斗争成为现代学术思想史的主要内容。以"评判"（胡适语）为特征的学风和逻辑的、实证的方法同传统的训诂、释义方法相撞相融。从思想到方法构成一套崭新的学术分科和话语符号系统，从而把中国的学术发展全面推进到一个新的历史阶段。

新文化运动之"重新估定一切价值"的主旨不可避免地把西方"摧毁"式理路作为自己的开路武器。激进派的"片面掘进"式的战法把本派以外的几乎所有学人都置于传统即将毁灭的恐惧之中。其中有些人既深惧传统的断裂将导致民族的灭亡，又清醒地认识到传统文化的孱弱与不足，在两难之中他们企图重操旧法，以"中庸"为指导，吸纳西方之长以补中国之短，于是就有了"会通派"的诞生。

较早而又较有影响的"会通派"代表是张之洞。由于张拘守于封建制

---

① 梁启超著，朱维铮校注：《梁启超论清学史二种》，第59页。

度及道德的本体，对西方文化的吸纳几乎仅限于技巧层面，《劝学篇》一出即遭到激进派的抨击，连梁启超都对其予以指斥。康、梁较张进了一步，将会通的层面扩及社会政治经济体制及某些社会伦理范畴，但仍属于实用层面上的会通，未能触及文化的深层结构。由于对西方文化缺乏系统的全面的研究，使最早举起会通旗帜的那些人不可能沿着这一理路获得重大建树，更不足以同"摧毁派"并驾齐驱。直到20世纪20年代初，一批在美国系统研修西方文化而主张"中西会通"的学人返国后，"会通派"的阵容有了重大的变化。吴宓就是这批学人中的一个。

吴宓于1894年出生于陕西泾阳。1911年以优异成绩考入清华留美预备学校，1917年赴美留学，先后就学于弗吉尼亚大学和哈佛大学，获哈佛大学比较文学硕士。1921年返国就任东南大学西洋文学系教授，并同梅光迪、胡先骕、柳诒徵等人共同创办《学衡》杂志。杂志创刊伊始，就刊发了胡先骕、梅光迪、吴宓等人抨击新文化运动及胡适的长篇论文，鲁迅撰《估"学衡"》予以反击。而后的一般现代文学史著作就把《学衡》定位为新文化运动的反对派。

学术界颇感兴趣的一个问题是，吴宓与胡适同是从清华留美预备学校赴美留学的。同在美国的学习环境里，为何形成了不同的文化信仰？陕西青年学者张世民在《吴宓和胡适：家族、地域文化及在新文化问题上的争议》①一文中试图作出回答。他指出，胡适虽出身仕宦，但家族颇重经商和实用，绩溪的地域文化亦有利于突破保守主义藩篱，选择自由主义和实证主义；吴宓所在之三原地区系北宋张载以来之"关学"重镇。吴宓家谱上虽无名儒，但其父及姑父均拜儒学大师刘古愚门下，关学那种强调个人主观修养，通过"诚正自省"来建立道德、伦理精神的传统和以中庸为尺度的审慎人生态度，通过家族的养成教育，构成吴宓精神气质的重要因素，对其文化信仰乃至人生道路的选择有着不可低估的作用。

周辅成教授则提出进一步的解释。他认为，胡适与吴宓的不同选择同

① 参见《第一届吴宓学术讨论会论文选集》，陕西人民教育出版社1990年版。

当时美国文化界的思潮及不同大学的学风有关。胡适所在的哥伦比亚大学重实用、重现实，轻视传统与理想，胡适的《文学改良刍议》多半来自当时美国风行的自由主义派理论。而吴宓所在的哈佛大学"重古典、重保守、但决不是中国所谓的'复古'"①。吴宓正是在这所大学里确立了他的文化信仰和终生奋斗目标，成为他的精神导师的，就是现代保守主义的群伦之首白璧德教授和穆尔先生。

白璧德是哈佛大学文学教授、著名文学批评家，精通西洋古今文学，熟娴梵文与巴利文，通晓政术哲理，蔚然独成一派。面对欧战后道德沦落、物欲横流的西方，白璧德断然宣布：自文艺复兴以降，整个西方步入歧途。其原因盖出于培根的科学功利主义和卢梭的个人放纵主义。这两派共同的错误是混淆了"物质之律"与"人事之律"，以对物质世界的追求和动物性欲望取代了对精神世界的追求，欧战这场"人对人的厮杀"正是几百年来走入歧途的总恶果。矫正这一历史性大错误的当务之急是重新倡导自古以来长期智慧的结晶——"人事之律"，博采东西，实施人文教育，用"一切时代共通的智慧"丰富自己，克制物欲，提升自我。

白璧德是一位世界古典主义者，他热烈赞扬孔子及其学说，认为孔子同柏拉图、亚里士多德、东方释迦一样，是"人"的最高典范，孔子学说所规定的道德准则及实现道德的途径具有重要的现代价值，它不仅属于中国而且属于世界。白璧德使吴宓从西方文化视角重新认识了孔子。吴宓后来说："世之誉宓毁宓者，恒指宓为儒教孔子徒，以维护中国旧礼教为职志，不知宓所资感发和奋斗之力量，实来自西方。质言之，宓最爱读柏拉图语录及新约圣经，宓看明（一）希腊哲学（二）基督教，为西洋文化之二大源泉，及西洋一切理想事业之原动力，而客亲受教于白璧德及穆尔先生，亦可云宓曾间接承继西洋之道统，而吸收其中心精神。宓持此所得之区区以归，故更能了解中国文化之优点与孔子崇高中正。"②

吴宓在哈佛期间，不仅全面系统地研修了西方文化，而且在同西方

---

① 《学衡杂志的贡献》，《第一届吴宓学术讨论会论文选集》，第 270 页。
② 《吴宓诗集》卷末，第 162 页。

的比较中对中国传统文化的不足有深刻的反省。《吴宓与陈寅恪》中披露：1919 年吴宓与陈寅恪有一场重要谈话，广泛论及中西文化。陈说："中国古人，素擅长政治及实践伦理学。与罗马人最相似。其言道德，惟重实用，不究虚理。其长处短处均在此。长处即修齐治平之旨；短处即实事之利害得失，观察过明，而乏精深远大之思。""中国之哲学美术，远不如希腊。不特科学为逊泰西也。""而救国经世，尤必以精神之学问（谓形而上之学）为根基。乃吾国留学生不知研究，且鄙弃之。不自伤其愚陋，皆由偏重实用积习未改之故。"陈预见到由于中国人擅长实用，实业易发达，俟可成"世界之富商"，但在"精神之学问"上胜人，"则决难必也"。[1] 吴深服膺陈的上述见解。综合白、陈的观点加之吴宓个人对西方的观察、研究所得，吴发现自己处于文化上的两难境地：不仅西方文化是两重的，中国文化也是两重的，简单的扬中抑西或扬西抑中都于事无补，只有将中西文化在精神层面上互补会通，才能拯救沦落的世界。由于陈吴将"中西会通"提高到"精神之学问（形而上学）"的层面，这就使他不仅超越了张之洞，而且超越了康、梁。由于吴不是单人，而拥有一个学术团体和一个颇有影响的学术刊物，从而为中西会通的研究开拓了新的局面。应该说，在我国现代学术史上，真正从文化的意义上展开对"中西会通"的全面系统研究，是从吴宓和"学衡派"开始的。

吴宓反对"摧毁"派而坚主"会通"，不仅出于对中西文化两重性及其会通之可能的认识，而且有更深一层的策略考虑。在 1919 年那场重要的谈话中，陈出于对"以夷复夏"的忧虑，主张"援西入中"。他援引宋儒程、朱"援佛入儒"的成功经验说："宋儒若程若朱，皆深通佛教者，既喜其义理之高明详尽，足以救中国之缺失，而又忧其用夷复夏也。乃求得而两全之法：避其名而居其实，取其珠而还其椟，采佛理之精粹以之注解四书五经，名为阐明古学，实则吸收异教。声言尊孔避佛，实则佛之义理，已浸渍濡染。与儒教之宗传，合而为一。此先儒爱国济世之

---

[1] 吴学昭：《吴宓与陈寅恪》，第 9 页。

苦心，至可尊敬而曲谅之者也。"①陈、吴都视传统文化为一个民族的生命，传统的断裂就意味着民族的灭亡。因此，明知传统本身有致命之弱点，也只能用"补药"以强身，而不能用"泻药"以伤身，更不能杀鸡取卵。陈、吴的这番良苦用心也是出于爱国济世，是"至可尊敬而曲谅之者也"。

吴宓的中西会通式的解释学实践是从他所喜爱的文学领域开始的。早在清华学校读书时，于1915年到1916年间发表在《清华周刊》上的《余生随笔》中，他采用了中西诗歌互相参照、互相发明的方法对王安石、李商隐、莎士比亚、海涅等人的作品进行了颇有特色的阐释，堪称中国比较诗学的早期文献之一。而后在哈佛大学进行比较文学的系统研修期间所做的《红楼梦新谈》之讲演（后发表在《民心周报》1920年第17、18期），是吴宓以西方文学视角重新阐释中国文化的力作，它不仅是20世纪红学史上一个不容回避的存在，而且在现代学术史上也有重要意义。

吴宓深受从亚里士多德到但丁的史诗理论影响，善于将作品中的人物命运同社会之升降、国家之兴衰乃至宇宙之神秘规律联系起来。他从麦戈迪纳尔评价小说之六条标准出发，提出《红楼梦》的"四义说"：一、通过贾宝玉的际遇，揭示富于想象力情感的诗人均不可避免悲剧性命运，说明以理制欲的必要；二、通过钗、黛二人命运的对比揭示直道而行者常败的社会原因；三、以王熙凤等人的所作所为喻古今亡国之历史必然规律；四、以惜春、刘姥姥等人物晓喻世人物质进化而精神快乐不增的现实及返璞归真的道理。是宓以"西方文学之格律"（吴宓语）审视这部中国古典作品，较之琐碎、狭隘的旧红学视角要开阔得多。在吴之前，王国维曾以西方哲学家叔本华的悲剧思想阐述红楼梦，亦属振聋发聩之作。王、吴各有千秋。王国维的阐释侧重于人的内省，吴则由人的命运扩展到社会；王的批评属于心理学与人生哲学范围，吴则是社会学、哲学、政治学与美学相结合的多视角的文化批评。而后撰写的《石头记评赞》和《贾宝玉之性格》中，吴把贾宝玉同堂吉诃德、卢梭、雪莱等相比较，看来突兀，其实

---

① 吴学昭：《吴宓与陈寅恪》，第9页。

是在更深的层次上打通了中西文化的内在联系。这种阐释的结果，大大丰富和提升了《红楼梦》的内涵和价值，得出"其入世之深，构思之精，行文之妙，即求之西国小说中亦罕见其匹"的结论。以解释学的方法，"援西入中"，达到丰富和弘扬传统的目的，《红楼梦新谈》成功体现了吴宓的这一学术理路。

在文学领域中，吴宓的解释学实践的另一些重要成果是《诗学总论》《英诗浅释》《论诗之创作——答方玮德书》等论文以及他长期在大学里开设的"中西诗比较""文学与人生"等课程，这些成果使他成为中国比较诗学的鼻祖。在《诗学总论》中，吴宓通过对古今中外大量诗歌作品的剖析和分类归纳，提出了自己关于诗的本质特征与创作的理论，其中关于当代诗歌宜取"旧形式—新材料"一说备受攻击，直到1987年还有人说它是"封建遗老遗少们"对"诗歌革命和新诗的猛烈攻击"。① 但进入90年代后似乎已经没有人再提。倒是有的学者从中国新诗未能走向世界破题，重新提出新诗如何继承中国旧诗传统（包括格律）的问题，并且指责胡适、陈独秀的独断论大大损害了中国新诗的发展。越来越多的学者认识到，西方文化有些是可以直接"拿来"为我所用的。但更多的部分则要筛选并同民族形式结合。比较文学的研究应该是多向的，其中运用西方的先进思想理论重新阐释中国的文学传统使之再生则是一项极有意义的工作。

吴宓没有让自己沉湎于自己所喜爱的文学领域里。相反，返国伊始，他就将更强烈的焦灼、更紧张的思考倾注于整个社会的文化。伦理道德方面的浮沉特别是新文化运动，给中国带来巨大的精神震荡。

对于中国当时正在兴起的新文化运动，吴的导师白璧德警告他的中国学生说，在泼掉洗澡水的时候不要连同澡盆中的婴儿一起泼掉。"在力攻旧形式之非"的时候，"必须审慎保存其伟大旧文明之精魂也，否则，中国所得于西方者，止不过打字机、电话、汽车等机器，或且因新式机器之精美，中国人亦以此眼光观察西方之文学而膜拜卢梭以下之狂徒"。为了

---

① 参见祝宽：《五四新诗史》，陕西师范大学出版社1987年版。

挽狂澜于既倒，他努力在中国留学生中物色对象、培养传人。他希望中国至少有百人潜心研究西洋文化之渊源，在中国的大学里讲孔子的《论语》与亚里士多德之伦理学。同时，在美国大学里，也应"聘任中国教员，讲授中国历史与道德哲学"。还应研究巴利文以求佛教之精义，只有这样才能"使东西学问联为一体"，共同臻于"人文国际"的理想境界^①。受尊师的庄严使命感所鼓舞，梅光迪、吴宓等人于1921年返国联合柳诒徵等硕儒创办了学术性杂志《学衡》，吴宓自任主编。

《学衡》创刊伊始，以"论究学术，阐求其理，昌明国粹，融化新知"为宗旨，以"平心而言""不激不随"的学风自励，介绍西洋古典文化，阐释中国传统学术，探求中西文化的会通。吴宓除主持编务外，以宣扬白璧德主义、介绍古希腊文学、研究中西诗学的内在规律为职志。柳诒徵在《送吴雨生之奉天序》中曰："宣城梅子迪生，首张美儒白璧德之说，以明其真。吴子和之，益溯源于希腊之教之自有其本原，而震城于晚近浮薄怪谬之说者所得其甚浅也。梅子吴子同办杂志曰《学衡》以诏世。"（参见《吴宓诗集·卷六》）《希腊文学史·荷马史诗》可窥吴宓介绍西洋文化之一斑。全面、系统地向中国读者介绍西方文学，且行文详尽准确，当时无出其右者。

《学衡》初始，同人勠力抨击新文化运动。吴宓撰有《论新文化运动》长文，从物质之律与人事之律有别立论，反对新文化派将进化论应用于人文领域，指出"新"未必如"旧"，"旧"未必不如"新"，反对激进派之"灭旧立新"和自由派之"弃旧图新"，主张"存旧立新"。论文认为，文化无论中西，均有精、糟两分，宜全面系统研究后以审慎态度择取。"中国之文化，以孔教为中枢，以佛教为辅翼。西洋之文化，以希腊罗马之文章哲理与耶教融合孕育而成。今欲造成新文化，则当先通知旧有之文化。""西洋真正之文化，与吾国之国粹实多互相发明、互相裨益之处，甚可兼蓄并收，相得益彰。"关于世界四大文化宗传之相互关联，吴宓后来有更细密的阐明，其中有一简图如下：

---

① 本段引文均见《白璧德中西人文教育谈》，《学衡》杂志第3期。

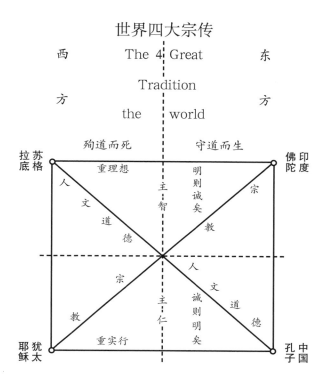

这张图精要地概括了人类古代文化的主要精华，并且揭示了被高山大川阻隔开来的民族分别独立创造的文化之间的内在联系，在宗教与道德、理想与实行、仁与智、诚与明、守道与殉道之间的互补。这四大宗传犹如四根支柱撑起世界文明大厦，中国的孔子学说则是这一大厦不可缺少的支柱，而离开其他支柱它又无力支撑。这一世界文化大系统构成吴宓中西会通观的理论基石。

从上图可以看出，吴宓所要会通的是世界古典文化，未包括近现代化。《论新文化运动》一文对新文化派介绍到中国的自19世纪以来的浪漫主义、写实主义、自然主义多所抨击，单从《论新文化运动》来看，吴宓并未走出白璧德主义的圈子，统观《学衡》，可以说仍属现代保守主义范畴，但就吴个人而言，并未受此局限，特别是在进入20世纪30年代以后，思想有了进一步的发展和突破，在学术上也表现出新的趋向。

人们在理论上的选择，其最深刻的动因往往隐藏在情感里，陈寅恪曾谓昔在美国初识吴宓时即知其本性浪漫，唯为旧礼教、旧道德所拘系，感情不得发舒，其实一语中的。1930 年写的《徐志摩与雪莱》一文中，吴说他在追随白璧德的同时"沉酣于雪莱诗集中"，而雪莱正是一位卢梭式的浪漫主义者，吴承认"我一生处处感觉 Love（所欲为）与 Duty（所当为）的冲突，使我十分痛苦"。这种冲突从本质上讲就是古典主义与浪漫主义、传统与现代的冲突。结果使吴宓终于在某种程度上突破了白璧德，从保守主义走向传统与现代的兼容和会通。

首先是历史观的变化。文化保守主义的历史观是渐进的，反对突变。吴宓在《论新文化运动》中承认文化发展历程中有"精约之世"与"博放之世"的对立，但把"博放之世"视为消极的历史因素。但在同时期写的《我之人生观》中我们看到了黑格尔辩证法对吴有深刻影响。到 1929 年，在《马勒尔白逝世三百周年纪念》中，吴开始用"正、反、合"的历史辩证法考察文学史，并承认"正"与"反"同具进步因素："孟子曰，天下之生久矣，一治一乱。斯宾塞谓世事如钟摆。古语云物极必反。而西国史家谓一部西洋史，只是自由与权威（或解放与规律）二者相互循环替代之过程。按文学史上之实绩亦正如此。一国之文学，枯燥平淡无生气，久之必来解放发扬之运动。其弊则流为粗犷散漫紊乱无归，于此而整理收束之运动又不得不起。此二种运动方向相反，如寒来与暑往。形迹上似此推彼倒，互相破坏，实则相资相成，去其瑕垢而存其精华。读史者放眼千古，统计其全盘之因果，则谓二者同为深宏之建树，其事业与成绩皆长赫然存立而不磨。"① 这段论述显然是专论西洋文学史，但不妨认为是吴对文化发展长河中乱与治、破与立、创造与模仿、积累与更新之间的辩证关系的一般性描述，它肯定了"乱"乃历史发展的必要环节，它同"治"形似"互相破坏，实则相资相成"，"二者同为深宏之建树"。由此可以合乎逻辑地导出新文化运动对传统的破坏乃是历史发展的必要的、积极的环节。在吴宓一贯专注的道德问题上，他也肯定了"革命"的历史不可避免性，在《文学与人生》中有如下两个简表：

---

① 载天津《大公报·文学副刊》，1928 年 10 月 15 日。

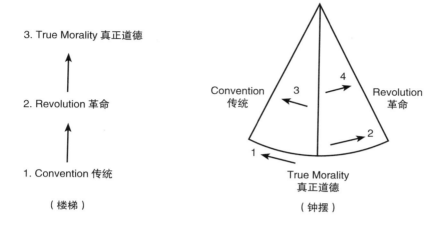

吴宓在该书中，明确地将"传统—革命—真正道德"描述为"正、反、合"。作为道德的重建者，吴认为自己的使命是"执两用中"，即从"传统"与"革命"的两个阶段中吸取合理成分，以上升到第三阶段——建立"真正道德"。由上观之，进入20世纪30年代以后，吴宓的文化史观已不能简单地用"渐进"来概括。对历史辩证法的认识使吴宓更加明确了自己的历史角色并且将研究的视角转向传统与现代的"会通"。

王瑶认为五四新文化运动有三个层次，即"语言的现代化""思想现代化"与"人的现代"。第三个层次的核心是"人的解放，觉悟与改造"。①初期特别表现为情感解放与传统道德的冲突。20世纪20年代初的吴宓承认"理"与"欲"的冲突，但他坚信人性是二元的，"善"能抑"恶"，依靠儒家的"自省"功夫，人可以臻于理想境界。在《我的人生观》中，"欲"扮演的是"恶"的角色，是被压抑的对象。作为一种调和，吴认为可以允许情感在文学（诗）领域中自由驰骋（参见《安诺德之诗》）。但于1935年写成的《文学与人生》提纲中，"欲"被"情"所置换，讨论的主要对象变为"情"与"理"间的"会通"问题，吴宓在卷首写道："我之知行标准或鹄的：（一）真情（二）至理。"情感取得了和理性并列的位置。在引用巴斯卡的名言"人是一根能思想的芦苇"时，他修正了它，补充说："理

---

① 王瑶：《润华集》，中国社会科学出版社1992年版，第111页。

性（加上激情）使人高于动物。"在吴看来，只有思想还不能成为"万物之灵"，必须有"激情"。在《我的人生观》中，"道德"是一种约定俗成的社会规范，带有不言而喻的强制性，但在《文学与人生》中，"道德＝爱＋义务"。在论及道德之重建时，还说"由情入道"，即无"情"者无缘论"道"。不懂得"爱"的人根本没有资格侈言道德。这就把那些虚伪冰冷的道德说教者从道德家的队伍中剔除出去了。

"极高明而道中庸"是吴宓在学术研究中追求的至高境界，因此，必须使理想变得现实可行。这一动机迫使吴宓去寻求古典文化与现实生活的调和统一。它寻找到的一个重要思想武器就是"一多并在"。因为，古典主义与浪漫主义的一个重要区别是对逻各斯中心主义的态度。古典主义大多坚信存在着统一、恒常的宇宙和社会秩序。柏拉图、基督教认为这一秩序存在于人的经验感觉之外，而中国儒家则认为存在于人心之中。确认一元化的理想与秩序的存在则是中西古典文化的共同特征。相反，浪漫主义则强调"每个人都是一个独立自足的个体"，强调人和事物的特殊性。可以简单地说，古典主义强调"一"，浪漫主义强调"多"。吴在《文学与人生》的卷首写道："我之人生态度：（一）一多并在（二）情智双修。"他引用柏拉图的话说："给我一个能将'一''多'结合的人，我就会跟随他的脚步甚至像跟随一位神人的脚步一样。""谁把事物合起来观看，他就是真正的辩证论者。"吴把"一多并在"视为宇宙和人构成之基本公式，并推演出下列：

[甲　　行]		[乙　　行]	
一	One	多	Many
在	Being	成	Becoming
定	Fixing;Continuity	变	Change
静	Rest	动	Motion
绝对	Absolute	相对	Relative
通（普遍）	Universal	专（特殊）	Particular
合	Unity	分	Diversity
久	Permanent	暂	Transitory
质	Quality	量	Quantity

实在（真如）	Reality	浮象（幻觉）	Illusion;Appearance
体（原理）	Principle	用（应用）	Application
本	Fundamental	末	Peripheral
精神	Spirit	物质	Matter
内质	Essence	外形	External From
真理	Truth	意见	Opinion
综合	Synthesis	分析	Analysis
领悟	Comprehension	观察	Observation
信仰	Faith	知识	Knowledge
等等	Etc.	等等	Etc.

吴宓认为"一"与"多"的对立、矛盾是随处可见的，但可以"从对立与矛盾中引导出统一与和谐"。根本的信心在于"多"中有"一"，"一"即包含于"多"之内，人有多种欲望但都有"向上"之心，向"上"即向着"一"（理念世界）。"执两用中"，"两"并不是"多"中之"两"，而是"一""多"两极。如果抛弃了"一"而在"多"中之二种事物中寻求"中"，就是低级、庸俗的"乡愿主义者"，反之，抛弃"多"，拘执于"一"，完全不顾多样的感觉世界，也是不足与论道的。吴宓承认自己是一个"道德主义者"或"理想主义者"，但他又是"现实主义的道德家"，他的道德观念是"现在的道德"。

传统与现代在道德观念上的冲突时常突出地表现为对待女性的态度，因为妇女是传统社会中受压抑最深的层面。自西方文艺复兴到中国五四新文化运动，历次思想解放运动大多把妇女解放作为重要课题。在这个问题上，吴宓的思想突破了中国传统，表现出很强的现代性。在哈佛时代，他接受陈寅恪的观点，认为中国传统文化所缺乏的是"精神的学问"。而进入 20 世纪 30 年代，他进一步指出中国传统中缺乏对情感的容纳。他说："在中国文学与社会中，（i）对上帝之爱与（ii）对妇女的爱与尊敬都不存在；因此，也缺乏理想主义与浪漫主义。中国社会＝罗马（和法国）社会，≠英国或美国社会。我们的传统的对于妇女的尊敬是社会性的，而不是个人的；如贤母良妻，而不是作为才女、智媛、美人、巧匠、交际家（因此，'女子无才便是德'）。"① 因此，"必须求助于西方"。"西方文明之精神实际上表现于（i）对上帝之爱（ii）对妇女之爱心与尊重。'基督教君子人'之理想＝圣徒＋骑士。这是'实际生活中理想的人'。"② 熟悉西方文学的人都知道，吴宓指出的这两种爱，不只是中世纪的文明，而且是近现代浪漫主义的精神源泉，在此意义上，浪漫主义正是以"返回中世纪"为自己的旗帜的，在吴宓看来，道德理想主义、宗教精神、浪漫主义都是相通的："他（指吴宓自己——本文作者注）的浪漫主义＝他的道德理想主义（殉情即是殉道）。"他在批判"夫为妻纲"时反对以男性作为女性的对立面来考察女性问题。他认为，"男"是"多"，"女"也是"多"，在两个"多"之间寻求"度"是无意义的。正确的视角应该是在对女性的爱（多）与对上帝的（理想）的爱（一）之间寻求统一。因此，吴指称自己说："他的爱情＝宗教精神。"

吴宓从世界古典文化的会通走向传统与现代的会通，就学术理路而言，是从"两极对抗"转向中庸辩证法。被吴宓视为"中庸学说之主要权威"的张其昀在《中国与中道》中写道："中国人可谓极富弹性，其处世接物守中而不趋极，有节而不过度。不得谓之尚武，亦不得谓之文弱。不得谓之易治，亦不得谓之顽固。而诸多似不相容之理论及制度皆能巧于运用、调和焉以冶于一炉。"（载《学衡》杂志第41期）。白璧德主义产生于西方，是在同文艺复兴以降所有新思潮的对抗中产生的，是"两极对抗"的产物。吴宓等中国学者接受白璧德主义也是在同新文化运动相对抗的情境之中。但深受中国传统文化影响的吴宓，在学术理路上是崇仰中庸的。这种学术理路与学术主张上的矛盾，吴本人并没有意识到，但却在治学的过程中不断调正，从对抗走向"调和焉以冶于一炉"。于是西方的白璧德主义在东方的中国发生了变形，变成了东方的白璧德主义。经过中庸处理了的吴宓思想较之白璧德的理论内涵更加丰富、更加具有弹性，而白璧德主义的主旨，即反对物对人的役使、追求健康和美好的精神理想并没有改

---

① 吴宓：《文学与人生》，第49—50页。
② 同上书，第47页。

变，也可以说把它中国化了。

20 世纪的西方，是实用主义、非理性主义不断排挤古典主义、理性主义的时代。作为 20 世纪的精神象征，白璧德的名字永远是一种荣誉，但它对社会生活的影响日趋衰微，到今日几被人们遗忘。但他的中国弟子吴宓却于 20 世纪 90 年代重新成为学术界的热点人物，这不仅因为中国的具体环境不同于西方，而且同吴宓对白璧德主义的丰富与发展密切相关。"文革"浩劫之后，在现代商品经济大潮冲击之下，一元化的社会、道德、理想追求与多样化的现实生活之间的冲突凸现出来，而且人们明白，不可能以断然消灭对抗的某一方来解决冲突，在这种情境下，吴宓以"一多并在"沟通传统与现代的思考，使人们感到新鲜而富于智慧，其中的一些话就像针对今天写下的预言一样，给我们以有益的启示。

吴宓在打通传统与现代的努力中，进一步发展了解释学的技巧，例如：（一）在传统文化与现代文化的择取上坚持"执两用中"，摒弃两种文化中的极端部分（如中国传统中的"三纲"和西方近现代文化中的个人放纵主义）而综合其间的有用部分。（二）通过解释开掘传统文化中的"潜意义"，特别是形而上的意义，如孔子讲"士"字乃"以一抬十"即男性孔武有力"任重而道远"之谓；吴解释为"士"（知识分子）应能正确处理"一"与"十"（多）的关系，这种解释似不搭界，但以"任重道远"而论，正确处理各种关系又可为其潜在的精神条件。又如"克己复礼"之"礼"，吴解释为"适宜之谓"，这就将"礼"从社会制度、伦理、礼仪的层面提到了形而上的层面，"克己复礼"也就有了现代价值。（三）转换生成。对传统中不适于现代的部分不作正面否定，而以转换命题予以生成新的意义，如"义利之辨"，传统解释中"义"与"利"是对立的（"君子喻于义，小人喻于利"），吴说，义、利不是一对矛盾，义不与义、利与不利才是矛盾，君子应义、利并在，这就从传统的义利说中转换出现代意义。（四）率直承认传统的缺失，将西洋文化中有用部分取"拿来主义"，如西方对宗教之爱和对女性之爱，等等。

吴宓以中西会通为目标的解释学思想不仅体现在他的学术研究里，而且体现在培养人的教育实践中。如果说，由于社会的原因，吴在学术界遭

到冷淡的话，在大学里他的境遇要好得多。在吴先生开始执教的 20 世纪
20 年代，中国的大学教育还是相当封闭的。即使如蔡元培主持的北京大
学，其国学院也是摒西方文化于国学门外的。1925 年吴宓应母校邀请出
任清华国学院主任，在开学日的讲话中，他就明确指出，办国学院的宗旨
之一就是将西学融入国学，他强调应对西学进行精深之研究。以便"采择
适当，融化无碍"。"而研究之道，尤注重正确精密之方法（即时人所谓科
学方法）并取材于欧美学者研究东方语言及中国文化之成绩，此又本校研
究院之异于国内之研究国学者也。"在延聘教师时清华国学院专请中西贯
通之大家如王国维、梁启超、陈寅恪、赵元任等，不仅为清华而且为全国
开拓了中西贯通、融西入中的教育传统。而后吴宓多次代理外文系主任、
亦求培养"博雅之士"，"汇通东西之精神思想，而可为介绍播布"，"以创
造今世之中国文学"。为此，他要求外文系的同学需同时具有深厚的中国
文学根基："本系对学生选修他系之学科，特重中国文学系，盖中国文学
与西洋文学关系至密，本系学生毕业后，其任教员或作高深之专门研究
者，固有其人，而若个人目的在于：（1）创造中国之新文学，以西洋文学
为圭臬，或（2）编译书籍，以西洋之文明精神及其文艺思想介绍播布于
中国，又或（3）以西文著述而播布中国之文明精神及文艺于西洋，则中
国文学、史学之知识修养，均不可不丰厚。故本系注重与中国文学系联络
共济，惟其联络不在形式，即谓本系全体课程皆为与中国文学系相辅以行
者可也。"中西会通的教育思想加上中西会通的大师，势必培养出中西会
通的博雅之士。从东南大学时的向达、浦江清、吕叔湘，清华国学院的学
生王力、刘盼遂、吴其昌到外文系的贺麟、陈铨、罗念生、钱锺书、曹
禺、李健吾、季羡林、李赋宁、吴达元、盛澄华等，都是这一方沃土培育
出的花朵。周辅成教授说："没有清华国学院培养出的新型国学人才，近
半个世纪中国著名大学的国学水平将不知降落到何种程度。"同样，没有
清华外文系培养出的这一批中西贯通的外国文学专家，近半个世纪中国大
学里的外国文学教学也不知将降落到何种程度。"吴先生虽只是两个机构

中的重要成员之一，但功不可没。"①当我们看到《谈艺录》和《管锥编》在当代世界文化之林巍然矗立的时候，我们不能不联想到作者的尊师。钱锺书在给吴先生的女儿吴学昭女士的信中说，自己"本毕业于美国教会中学，于英美文学浅喜一二。及闻先师于课程规划倡"博雅之说"，心眼大开，稍记新乡，今代美国时流所记 DWEMS，正不才宿秉师说，拳拳勿失者也"②。

李觐高先生在《泾阳吴宓》中谈到一件趣事：深夜行于昆明街道上，受到哨兵喝问时，吴先生大声回答说："我是泾阳教授吴宓。""文革"后期先生饱受迫害时也不断地说："我要喝水，我要吃饭……我是吴宓教授……""教授"二字于先生不是一种荣誉，而是他存在的意义之所在，是他的人格与尊严的标记。

中国传统学术讲究道德文章并在，学术内化为人格，人格外化为学术。吴先生的学术成果不仅给我们心理性的启发，而且隐含着精神的魅力，这种魅力突出地表现在一个"诚"字上。

吴先生多次申明，自己做人与做学问的宗旨是"真诚不苟"。先生把"诚"字拆解为"言 + 成"。这不仅包含言行一致的意思，而且言与行都要忠于自己的心灵。在《文学与人生》的开头，先生写下了那句有名的箴言："Self-knowledge（认识你自己）。"说先生"做"学问是不完全确切的。他其实是在解剖自己，不仅是他的诗、散文，还包括他的理论文章。他对《红楼梦》的研究几乎是"身不由己"的，他激赏旧评《红楼》中的一句话："石头记伊谁之作，何以言之？曰语语自我心中爬剔而出。"他对贾宝玉的分析具有强烈的个性化色彩。他将宝玉同堂吉诃德、卢梭相比较都是以自我心灵为中介的，这种个性化并没有使批评拘囿反而获得了一般人难以达到的深度与厚度。《论紫鹃》则更是坦率的心灵独白。在《文学与人生》这部哲理性很强的著述的前言里，他写道："以我一生之所长给与学生——即从我所读过的书及所听所闻者；我曾思考过及感觉过者；从我的直接与

---

① 《第一届吴宓学术讨论会论文选集》，第 275 页。
② 钱锺书：《序言》，引自吴宓：《吴宓日记》，生活·读书·新知三联书店，1998 年。

间接生活经验得来者。"①先生说到做到，书中多处以个人经验为例。我不知道现在有哪位教授肯于在课堂坦率直言个人恋爱生活里的失败与痛苦，以论证情感与道德的关系。对个人经验的深沉思索往往凝结出异彩纷呈的思想露珠。如："经历过很多欢乐与痛苦使人善良而软弱（不活跃）"，"善与恶的知识使人聪明而悲伤（头脑清醒）"。②这类警句比比皆是，今天读起来仍感独到而新鲜。

　　白璧德把卢梭宣布为最可恶的敌人，而他的好学生吴宓却是中国罕见的有卢梭式坦诚气质的人。他从不惮于谈论个人的私生活，竟然将自己所喜爱的女性一一公之于端，在《徐志摩与雪莱》一文中，他公开承认自己艳羡雪莱的感情生活。《宇宙风》的主编林语堂接到此文后，深为吴之不谙世风所感叹。他知此文一发，"城中刻薄鬼，乡下闲谈婆闻之，自必如拾至宝，搬嘴弄舌诟诼之以为乐"。但林语堂说："吾深知雨僧，宁可使其真坦白，不可使其为假雨僧。"正是这种对个人心灵世界的忠诚无畏使吴宓有可能突破文化保守主义的拘囿，创造出新的天地。对那些"城中刻薄鬼""乡下闲谈婆"，我们也可以模仿卢梭质问他们：你们可敢把你们的内心世界也通通坦露出来？！你们又有谁敢说自己比吴先生更高尚呢？

　　对于吴宓来说，文化即生命本体。只要自己一息尚存，文化就活着。在情道两分、惟余毁谤的境遇下，吴宓坚持自己的信仰，走自己的路。当"四人帮"如一匹匹驽马在文化园地肆意践踏时，已被迫害致残的吴宓忍无可忍。在"批孔"阴谋出笼时，吴宓宣称："宁可杀头，也不批孔。"因而被戴上"现行反革命"的帽子，但先生傲然无悔。一种文化的存在价值往往要用鲜血和生命来论证，而只有那些把文化作为信仰的人，才肯为文化抛出自己的头颅。据说，在当时，全国文化界只有三个人公开反对批孔。他们是孤独的，然而正如易卜生所说的："世界上最强有力的就是那个最孤独的人。"吴先生不惜牺牲个人的名誉、利益乃至生命来捍卫学术主张的精神使今天的学人敬佩不已。在很大程度上是这种把学术当作信仰

---

① 吴宓：《文学与人生》，第 10 页。
② 同上书，第 23 页。

的精神使今人重新审视那已被人淡忘的"学衡派"。至于当年以学问阿谀世风的"学者",尽管春风得意于一时,死后都很难辨认出他们的学术性状,就像摊在地上的一堆稀泥,派不上什么用场了。

现代中国的学术发展史可以用若干个"正""反""合"的过程来描述。几千年的传统文化是为"正",与其相异质的文化是为"反",两者之综合是为"合"。历史让吴宓和《学衡》在最初的正反合中扮演了一个重要角色。他把"会通"全面地提升到精神层面,特别在文学、道德两个领域里为打通中、西与今、古作出了自己的贡献。但吴在把自己的研究提升到精神层面的同时又把自己拘囿在这一层面,对历史唯物论的偏见使他不能深刻认识经济、政治同精神文明之间的内在联系。对于科技与人文之间的对立这一重大课题也未从"会通"的视角考察,仍停在白璧德主义的壁垒之中。继之而起的"正反合"不可避免地对吴的思想予以扬弃。吴宓和《学衡》派只是历史发展链条中的一环,但却又是不可缺少的一环。可以想见,随着对现代中国学术史研究的深入,他的学术价值和局限会更加凸显出来。因而,吴宓的名字也会被人们长久地谈论。

冯友兰的释古说

　　中国是一个哲学土壤贫瘠的国度。冯友兰则是 20 世纪为数不多的哲学头脑之一。他在学术上的黄金时代几乎全部在清华大学（包括西南联大时期）度过的。他在《三松堂自序》中写道："我们是靠着北伐军的余威进入清华的。……使我满意的是，这是个中国人办的学校，可以作为我的安身立命之地，值得我为之'献身'，所以就呆下去了，一呆就呆了二十多年，一直到 1952 年院系调整才被调整到北大。"[1] 冯从 1928 年到清华执教，这 24 年中间有 18 年担任文学院院长，对清华人文、社会科学学科的发展、共同学术风格的形成起了重要的枢纽性作用。最近，沉湮半个世纪之久的"清华学派"重新成为学术界关注的一个话题。它给我们打开了一扇新的窗户，让我们从一个新的视角进一步认识冯先生在学术史上的地位和价值。

　　在 20 世纪的中国学术史上，清华占有一个特殊的位置。它一诞生就带着民族耻辱的印记。美国一些当权者用庚子赔款余额办这所留美预备学校，其本意是培养追随美国精神的文化买办，但大多数学生却与其愿望相反："借助于他们的机械来创造我们的新文学。"（杨振声、朱自清：《中国文学系课程总说明》）即借用西方先进思想和科学方法论来创造我们自己

---

① 冯友兰：《三松堂自序》，第 74 页。

民族的新文化。这条学术道路既区别于信守传统、拒斥外来文化的乾嘉遗风，也区别于全盘否定传统、主张西化的民族虚无主义，在"中外兼通"的基础上重新阐释传统，建设中国特有的近代新文化，构成清华大学迥异于其他某些大学的学术追求。冯友兰认为："清华大学的成长，是中国近代学术独立自主的发展过程的标志。"①

"清华学派"的旧事重提，起于王瑶教授。1988 年，清华大学举行纪念朱自清先生逝世 40 周年座谈会。王先生的话题是从清华中文系于 1952 年被取消说起的："为什么清华中文系就该取消呢？应该看到，清华中文系不仅是大学的一个系，而且有一个有鲜明特色的学派。"他引用朱自清先生的话概括这一学派的学术风格："朱先生在日记中提到要把清华中文系的学风培养成兼有京派海派之长。用现在流行的话来说，就是微观与宏观相结合：既要视野开阔，又不要大而空；既要立论谨严，又不要钻牛角尖。""清华中文系的许多学者都强调时代色彩，都力求对历史作出合理的解释，而不仅仅停留在考据上，这个学派是有全国影响的，在社会上发生了很大的作用。"②

接着，王瑶先生指出，这种学术风格并不是中文系独有的，它"大体上贯穿于清华文科各系的"③。而且，朱先生关于清华学风的这些看法是和当时的院长冯友兰先生讨论过的：

> 他曾和冯友兰先生讨论过学风问题，冯先生认为清朝人研究古代文化是"信古"，要求遵守家法；"五四"以后的学者是"疑古"，他们要重新估定价值，喜作翻案文章；我们应该采取第三种观点，要在"释古"上用功夫，作出合理的符合当时情况的解释。研究者的见解或观点尽管可以有所不同，但都应该对某一历史现象找出它之所以如此的时代和社会的原因，解释它为什么是这样的。④

---

① 冯友兰：《三松堂自序》，第 334 页。
② 王瑶：《我的欣慰与期待》，载《文艺报》1988 年 12 月 6 日。
③ 同上。
④ 同上。

按照王瑶对于清华学派的介绍，我们可以将这一学派的核心思想概括为"释古"二字，即对中国的传统学术，不取两极对抗（全盘肯定或全盘否定）的模式，也不靠"精华""精粕"的两分法，而是通过解释学的方法，实现其创造性转化，解释的主要武器是西方近现代的思想和方法论。在操作过程中要求既严格符合历史的真实又要有新鲜的时代感，既要以思想指导学术又要寓思想于学术之中；在风格上既严谨又不拘囿，既宏阔又不空疏；在方法上则强调包括训诂在内的实证方法。这种学术思想与学术风格，从纵的方面看，它兼融了"汉""宋"两学之长；从横的方面看，它为吸收一切外来的优秀文化提供了一条切实可行的途径。无疑，较之"信古"和"疑古"，或简单地将传统分为"精华"与"糟粕"，它具有更多的科学性和辩证性。

应该说，这种清华文科共同的学术风格，在冯来清华前就已具雏形。1925 年国学院成立伊始，就追求在两个极端之间"允厥而执中"，既注意吸收西方思想之精华以改造国学，又要保持严谨治学的科学学风[①]。导师王（国维）、梁（启超）、陈（寅恪）、赵（元任）及特别讲师李济均为此作出斐然实绩。1926 年后，中文系、外文系、历史系、哲学系、社会学系相继成立，大体上承袭国学院传统，兼重中西，并讲究科学、严谨的治学方术。这种学术风格与当时国内其他大学（如北京大学）迥然有别，卓然独成一家。但截止到冯友兰随罗家伦来清华之前，这种学风并未得到有意张扬，集团性优势尚不显著，作为一个学派只能说尚处幼年。

冯因是罗家伦的同学，来清华即担任校秘书长，属实权派。但冯加盟于"清华学派"是凭借他的力作《中国哲学史》。此书的写作肇始于燕京而终稿于清华。作者在自序中写道："吾于写此哲学史时，对于中国古代史亦往往有自己之见解。积之既久，乃知前人对于古代事物之传统的说法，亦不能尽谓为完全错误。官僚查案报告中，常有'事出有因，查无实据'之语。前人对于古代事物之传统的说法，近人皆知其多为'查无实据'

---

① 参见国学院主任吴宓在开学日上的讲演，载清华大学校史研究室《清华大学史料选编》第一卷，第 374 页。

者，然其同时亦多为'事出有因'，则吾所须注意者也。"这段话已包括所谓"信""疑""释"，即尽信传统者为"信古"，起而"辨伪"指出"查无实据"者为"疑古"，而冯则要究出"事出有因"之"因"，即所谓"释古"。

该书的学术指导思想得到清华一些权威教授的认同。当此书被列为"清华大学丛书"时，曾由陈寅恪、金岳霖两位专家审查。陈在审查报告中写道："窃查此书，取材谨严，持论述精确……今此书作者，取西洋哲学观念，以阐明紫阳之学，宜其成系统而多新解。"（《审查报告》，见冯著《中国哲学史·附录》）一语道出了冯书的特点。在冯之前，胡适曾有《中国哲学史大纲》，开"疑古"之新风，对中国哲学史的重建功不可没，但缺点是科学性较差，陈、金在评价冯书的同时都点名或不点名地批评了胡适的哲学史著作及"疑古"之风："胡适之先生的《中国哲学史大纲》就是根据于一种哲学的主张而写出来的，我们看那本书的时候，难免一种奇怪的印象，简直觉得那本书的作者是一个研究中国思想的美国人。胡先生于不知不觉间所流露出来的成见是多数美国人的成见。"（金岳霖：《审查报告》，见冯著《中国哲学史·附录》）"今日之墨学者，任何古书古字，绝无依据，亦可随其一时偶然兴会，而为之改移，几若善博者能呼卢成卢，喝雉成雉之比；此近日中国号称整理国故之普通状况，诚可为长叹息者也。"（陈寅恪：《审查报告》，见冯著《中国哲学史·附录》）陈又说："今欲求一中国哲学史，能矫附会之恶习，而具了解之同情者，则冯君此作庶几近之；所以宜加以表扬，为之流布者，其理由实在于是。"（出处同上）冯先生的《中国哲学史》是中国近代释古学派的扛鼎之作。它的问世是在哲学史研究领域里，疑古派让位于释古派的标志。冯到清华执教和该书列为"清华大学丛书"出版，无疑张扬了清华学派的声威。冯1934年被任命为清华文学院院长，从学术上讲，也同这部书有密切的关联。

如前所述，冯的释古思想早在20世纪20年代就已初步形成，但明提出"疑古、信古、释古"的说法还是担任清华文学院院长以后。

1934年在布拉格召开的第八次国际哲学会议上，冯友兰作了题为《中国现代哲学》的发言，发言中把50年来中国哲学的发展概括为三个时期：第一时期为1898年戊戌变法时期，主要哲学代表为康有为、谭嗣同；第二时期为 1919 年高涨的新文化运动时期，其正反两方面的代表为胡适和梁漱溟；第三时期为 1926 年以来的新时期。这一新时期与第一、二时期的主要区别点为："我们现在所关注的不是像第一二两个时期的知识分子那样，用一种文化批评另一种文化，而是用一种文化来阐明另一种文化，因而就能更好地理解这两种文化。我们现在所注意的是东西文化的相互阐明，而不是它们的相互批评，应该看到这两种文化都说明了人类发展的共同趋势和人性的共同原则，所以东西文化不仅是相互联系的，而且是相互统一的。"①

上面的讲演清楚地阐明了冯把自己的释古思想看作时代的合乎逻辑的发展结果。1935 年冯的讲演《近年史学界对于中国古史的看法》进一步明确提出释古学派的主张。他指出，现代史学研究可分为三个时期，或三个倾向，即信古、疑古和释古。释古"是与信古、疑古两者迥不相同的，同时也是研究史学的态度进步到第三阶段"。他以诸子是否出于王官论为例，说明信、疑、释是"正、反、合"的过程，"释古"包含了前两阶段的合理因素，"比较有科学精神"，是古典文化研究的更高阶段。

20 世纪三四十年代的冯友兰是雄心勃勃的。他是当时中国少数几个出色地掌握了西方唯理主义和逻辑方法的学者之一。在《新理学》中他抉出程朱理学中"理、气、道体及大全"四个观念予以重新解释，通过严谨的逐步推理，构造出一个纯形式纯逻辑的形而上体系，与前人熊十力、梁漱溟不同，他的形而上王国完全是靠理知来把握而摒弃感觉和经验。在冯以前的中国，没有人靠理知和逻辑来建立形而上的精神世界，冯赋予了中国传统以现代哲学的科学性格和理性精神。但正是由于这个"理世界"完全脱离了现实的物质世界，面对错综复杂的社会矛盾常显得苍白无用。冯友兰对中国传统哲学的理性解释，其光彩处不在于他的结论本身而在于论证过程。作者对一些本来很模糊的概念予以科学的辨析，将零散的思想碎片整理成逻辑体系的能力使后人惊赞不已，这一点对中国现代释古学有广泛而深远的影响。

---

① 冯友兰：《三松堂学术文集》，第 289 页。

冯友兰不仅在办院方针上强调他的阐释学方略，而且同一些系主任、教授之间时有关于学风问题的切磋。如朱自清先生的日记中就曾提到：

芝生（即冯友兰——本文作者注）谓余等之研究工作兼有京派海派之风，其言甚是；惟望能兼有二者之长。[1]

这里的"京派""海派"与时下所论略异，它不是专指北京、上海的城市文化特征，而是学术流派的代称。京派上接汉学，下承乾嘉，注重字、词、句的考据；海派则更近宋学、注重义理的阐发。京派严谨而失于拘囿，海派宏阔而失于空疏。"兼有京派海派之长"，即希望兼融汉宋，既严谨又宏阔，既重字词的考据又重义理的阐发，既符合历史的真实又具新鲜的时代感。这一要求道出了"清华学派"的历史渊源和现实追求。

在冯友兰掌院期间，各系的著名学者都在中西学术互相发明、互相阐释方面作出不少实绩。在哲学系较突出的是横切面的哲学问题研究，如金岳霖的《逻辑》；历史系承袭国学院"新史学"遗风，频结硕果，如陈寅恪的《唐代政治史述编》和《隋唐制度渊源略稿》、张荫麟的上古史研究、雷海宗的通史研究、吴晗的明史研究都在学术界具有较大影响。外文系的突出成绩是开拓了比较文学的教学与研究的先河，吴宓的"中西诗之比较"、瑞恰慈的"文学批评""比较文学"等课程都对中国比较文学研究具有里程碑意义；中文系系主任朱自清与冯友兰时相过从，对于建设清华新学风更是有意为之，他的《诗言志辨》等学术论文被冯友兰赞为"兼取京派、海派之长"，具有宏观上的开阔与微观上的谨严。闻一多的古典学术研究既大胆又绵密，他对《诗经》、上古神话、庄子、楚辞的研究既富于历史感又有鲜明的时代感；其他如杨树达的汉字研究、俞平伯的红楼梦研究、许维遹的管子和尚书研究都显示出开阔与谨严相结合的特色。可以说，在20世纪三四十年代，清华文学院形成了一种大体一致的学术思想与学术风格，有一支实力雄厚的学术队伍，并在这统一的思想、风格和规范下产

---

[1] 郭良夫编：《完美的人格》，第54页。

生出一批善于运用先进的科学的思想和严格的方法重新阐释中国传统的优秀学生，他们成为下半个世纪中国学术得以延续和发展的重要骨干，如王瑶、林庚、季羡林、钱锺书等。

　　20 世纪 30 年代中期，冯友兰从东欧返国后，曾表现出由新实在论向唯物史观转变的趋向。但在严酷的政治环境下，生性谨慎的冯友兰没有实现这一转变。新中国成立以后，冯先生试图用唯物史观重新阐发他的"释古"思想，却又遭受到来自极"左"方面的严厉批评。"抽象继承"的提法尽管有些不准确，但它确实击中了当时颇为猖獗的极"左"思想，关于经典文本中的语句具有双重（甚或多重）意义的提法显然比简单地把传统分为精华与糟粕要更富于哲学智慧，它同冯关于古代例证具有"双面刃"品格的提法一样，为传统的创造性转化开拓了宽阔的道路。这是那些被极"左"思想箍住头脑的批评家们所不能了解的。

闻一多：对母体文化的自卫与超越 [1]

　　闻一多在 1944 年发表的《复古的空气》一文中写道："历史在转向，转向时的心理是不会有平静。转得愈急，波动愈大……一面近代化的呼声最高，一面复古的空气也最浓厚。"如果我们不从单纯的贬意上去理解"复古"二字，应该说闻一多道出了中国近百年文化史上一个带有规律性的现象。从鸦片战争到现在，中国历史一直处在一个大转折时期，表现在文化上则是现代化的呼声与民族传统意识相激相荡，中国的传统文化与外国文化（主要是西方文化）相撞相融，对母体文化的否定与肯定、保存与超越的思想搏斗时断时续，时而缓和，时而激烈。生活在这一旋涡中的知识分子不能不处于智慧的痛苦之中。这种痛苦像一个"情结"纠缠着一代又一代爱国学者的灵魂，至今依然影响着学术界关于文化问题的讨论。

　　作为一个爱国的诗人、严肃的学者、民主的斗士，闻一多在对待中国传统文化上也走过了一个曲折甚至痛苦的心灵历程。总起来说，他一直在探索中西文化结合，创造民族新文化的道路，但相应于"诗人、学者、斗士"三个阶段，他的心灵轨迹又各有不同。每个阶段都呈现为一个复杂的甚至相互矛盾的综合体：在第一（诗人）阶段，他对传统文化的心态是自卫心理与忧患意识的综合，在西方文化的挑战面前，往往表现出强烈的自

① 本文系与吕维合著，原载《清华大学学报》1986 年第 1 期。

卫心理，但面对传统文化造就的中国社会现实又情不自禁地产生巨大的忧患与怀疑。在第二（学者）阶段，他的心态是自卫心理与反省意识的综合，对中国古典文化的探幽发微，有相当一部分是借助西方文化观念戳破中国封建传统文化特别是儒家"点化的迷雾"，而这种严肃的反省意识却又是在寻找民族文化本源——本土文化的形式下进行的，因而又带有民族文化自卫的色彩。第三（斗士）阶段，闻一多实现了对母体文化的超越，站在"世界文化时代"的高度上，对儒、道等传统文化进行了过激的批判，但不是全面否定。他对新文化的呼唤，包含着民族优良传统的改造与再生，因此，又可以说是更高层次上的民族文化自卫。下面，我们想就闻一多对传统文化所走过的心灵历程作一些简单的剖析，谈一些不成熟的看法。

一

在上面提到的那篇《复古的空气》一文中，闻一多分析了出现复古思潮的四种原因。其中首先讲到的就是对传统文化实行自卫的心理机能在起作用，他说："一般的说来，复古倾向是一种心理上的自卫机能。自从与外人接触，在物质生活方面，发现事事不如人，这种发现所给予民族精神生活的担负，实在太重了。少数先天脆弱的心灵确乎给它压瘪了，压死了。多数人在这时，自卫机能便发生了作用。"对于本民族处于相对落后时刻的这种自卫机能，闻一多认为它有坏与好两方面的历史作用，"说破了，这是'鱼处于陆，相濡以湿，相濡以沫'的自慰的办法。说好了，人就全靠这点不肯绝望的刚强性，才能够活下去，活着奋斗下去"。

中国近代知识分子，多数是在传统文化的母体中孕育、成长的，面对民族饱受屈厚，民族文化差落的社会现实，往往表现出强烈的忧患与痛苦。国学大师陈寅恪在《王观堂先生挽词并序》中说："凡一种文化值衰落之时，为此文化所化之人，必感苦痛，其表现此文化之程量愈宏，则其所受之苦痛亦愈甚；迨既达极深之度，殆非出于自杀无以求一己之心安而义尽也。"王国维为何自杀是个有争议的问题，但陈寅恪在此描绘的心态无疑是具有某种典型性的。

闻一多与王国维不同。他虽然从小受过很深的中国传统文化熏陶，但少年时代，在清华学校的环境中，大量接触西方文化，产生了革命意识。这种革命意识的具体表现之一就是 20 世纪 20 年代他所写的《女神之时代精神》一文。在现代文学史上颇有价值的这篇评论中指出：20 世纪的时代精神是"动"，是"反抗""自由""科学""革命流血"，是扫除"冷酷如铁""黑暗如漆""腥秽如血"的黑暗宇宙。如果将闻一多在这篇评论中对时代精神的提法同当时的思想文化先驱陈独秀的《敬告青年》作一比较，就会发现青年闻一多在这一点上，同激进的民主主义者相当接近。在给家人的一封信中，他还曾愤愤地写道："凶年兵燹，频乘洊臻，乡民将何以为生啊！不知人心是怨天呢，还是怨人？天灾诚无法可救，至于人祸，若在欧美，这辈封狐长蛇，早被斫作百块了！美国革命如此，法国底革命如此，俄国底革命亦如此。"（闻一多：《给家人》）

但是，这仅是闻一多思想的一个方面，他朦胧地感到中国需要一场如美、法、俄那样的革命，却又没有当时的先驱者那样明确而坚定的认识，特别是在对待传统文化是否需要改造的问题上。

闻一多关于《女神》还有另一篇极为重要的评论，即《女神之地方色彩》。文中批评了《女神》从思想到形式过于欧化的缺陷，提出新诗应是"中西艺术结婚后产生的宁馨儿"，"一切的艺术应该是时代的经线，同地方纬线所编织成的一匹锦"（"地方"意指民族——本文作者注）。这些无疑都是具有远见卓识的看法。但是，如果我们对这篇评论作进一步的剖析，就会发现作者的思想与他在《女神之时代精神》一文中阐述的观点有明显的抵牾，他说："我的本意是要指出《女神》的作者（指郭沫若——本文作者注）对于中国，只看见他的坏处，看不见他的好处。他并不是不爱中国，而他确是不爱中国的文化。我个人同《女神》底作者态度不同之处是在：'我爱中国固因他是我的祖国，而尤因他是有他那种可敬爱的文化的国家……'，"我们只能够并且应当在旧的基础上建设新的房屋……我们更应了解我们东方底文化。东方的文化是绝对的美的，是韵雅的。东方的文化而且又是人类所有的最彻底的文化。哦！我们不要被叫嚣犷野的西人吓倒了！"仅凭《女神》断言青年郭沫若在理智上不爱中国文化，显然是失之偏颇。但问题更本质的方面是作者那种对中国传统文化的不加分析的崇拜，他那朦胧的革命情绪中显然不包括对旧文化的批判与改造。在这一点上，闻一多与当时的激进民主主义者是存在着差别的。众所周知，五四新文化运动的一个重要口号是"打倒孔家店"，是对封建文化的全面否定。鲁迅、陈独秀、李大钊等人都发表过不少现在看来未必恰当的过激见解。但是，历史总是以过激的形式为自己开辟道路，然后再断然地抛弃它。"五四"时期，中国面临着反帝反封建的历史任务，批判封建传统文化是时代的必需。站在这一历史潮头的，首先是看来有些片面性的鲁迅、陈独秀、李大钊、郭沫若，而不是闻一多。

闻一多对中国传统文化的热爱是自幼萌发的，但像《女神之地方色彩》中表现的那种不加分析的赞美与崇拜，却是他到美国以后更加强化的。

20世纪20年代的美国，虽然社会矛盾重重，但倚仗科学的发达、经济军事的强大，普遍歧视"支那人"。种族主义的猖獗造成强大的逆反心理，激起每一个具有民族尊严感的中国人种族自卫的意识。闻一多在《给父母亲》的信中写道："一个有思想之中国青年留居美国之滋味，非笔墨所能形容。俟后年年底我归家度岁时当与家人围炉絮谈，痛哭流涕，以泄余之积愤。我乃有国之民，我有五千年历史与文化，我有何不若美人者？将谓吾人不能制杀人之枪炮遂不若彼之光明磊落乎？总之，彼之视贱吾国人者一言难尽。"这些充满激愤之情的信饱含着对西方种族主义的厌恶和对自己祖国的热爱，但也表现出青年闻一多缺乏对祖国落后、民族衰微之原因的深刻反思。在西方种族主义猖獗的情况下，对五千年的历史与文化激起更加强烈、也更带有盲目性的自尊。再加上当时西方知识界普遍存在危机感与没落感，其中一部分人反转过来求助于东方文化，倡导所谓"东方文化主义"，使闻一多更深地陷入了对中国传统文化的盲目崇拜。这种崇拜导致对外来文化潮流的畏惧感与排斥意向。闻一多在给友人的信中说："我国前途之危险不独政治、经济有被人征服之虑，且有文化被人征服之祸患。文化之征服甚于他方面之征服百千倍。杜渐防微之责，舍我辈其谁堪任之？"（闻一多：《给梁实秋》）看到当时确实存在的文化侵略危险，无疑是对的。但是，被狭隘民族主义的文化自卫心理激荡着的青年闻一多，对西方文化也缺乏分析，不能准确地区分西方资产阶级文化的精华与糟粕，而且对来自西方的马克思主义真理缺少认识，采取排斥态度。狭隘的民族文化自卫心理使他一度被裹胁入反苏反共的国家主义逆流。珍珠与鱼目总是分得清的，赤诚爱国的闻一多与青年党的反动头子在政治上泾渭分明，但毋庸讳言，作为历史，这不能不是一个杰出爱国主义者在纷繁复杂的思想斗争旋涡中的失足。

当然，如果我们由此而断言闻一多在青年时代对外来文化一概排斥，显然是既不公正也不符合实际的，就在他被这种文化自卫心理所支配的时期，也还在研究西方诗歌艺术，努力培育"中西艺术结婚后产生的宁馨儿"。他在诸如新诗格律等方面的探索在现代文学史上早有定论，毋庸赘述。需要进一步指出的是：由于对传统文化的自卫机能，他在吸收西方艺术的精神时总是小心地避开那些具有鲜明革命倾向的诗人，而趋附于着重感觉、意象等超现实的艺术家。如对郭沫若早期影响最大的诗人是雪莱、歌德和惠特曼，他们的共同特点是具有较鲜明的资产阶级民主主义意识，而对闻一多影响最大的则是感觉主义者济慈以及意象派诗人丁尼生等。郭沫若从西方接受的首先是它的叛逆、反抗精神、高扬进取的人生态度和磅礴粗粝的风格；而闻一多诗中的西方影响却更多地表现为"以丑为美"的现代美学观念，对感觉、色彩、音律的追求和多意象、多层次、朦胧的艺术表现方法。郭沫若偏重于思想，闻一多偏重于艺术；郭沫若的《女神》第二部分充满着狂暴、紧张的动荡感，而闻一多却希望追求一个静穆和美的理想境界。在他看来，在这个理想境界里，东方的庄子与西方的济慈是心有灵犀一点通的，也就是说在这个境界里中西方的艺术达到了高度的一致。这种对虚无的理想境界的追求，不仅表现了闻一多对艺术美的理解，而且潜藏着闻一多内心的苦闷与悲沉，一种面对无法改变的社会现实而企图把幻想当作真实。在精神世界里虚构宁静世界的自我麻醉心理。这是当时相当一部分爱国知识分子的病态心理，也是老庄哲学得以流行的原因之一。但是，现实与理想的冲突，丑的世界与美的追求是那样不和谐地搅混在一起，使诗人在沉入"神秘的静夜"与"浑圆的和平"时，不能不听到"战争的喧嚣""四邻的呻吟",看见"寡妇孤儿抖颤的身影"和"各种惨剧在生活的磨子下"。因此,他不能像他所礼赞的庄子那样超然,那样"假作真来真亦假,无为有处有还无";也不能像波德莱尔那样"从丑中发现美"(西方现代派在这一点上与中国庄子相通)。闻一多的人生观本质上是入世的而不是出世的,是"心中的火烧得我痛"而非"心如枯井"。他的《死水》在形式上很像《恶之花》,但实际上大相径庭。他吸收了现代派那种"丑美并存、互为表里"的思想,在诗歌里使丑以美的形式出现,从而表现了事物本身的相对性、多样性和多层次。而在内涵上却依然是对"丑"的强烈诅咒,至于迸着血泪喊出的"这不是我的中华,不对,不对",已经使我们感觉到了诗人内心对中国传统文化所造就的现实那种强烈的怀疑、失望和痛苦。在自卫心理掩盖下的深切忧患也许是这位杰出的爱国主义者的深层意识吧!

二

到 20 世纪 20 年代的后几年,充满了苦闷与失望的闻一多从诗歌领域转向了古典文献研究,进入朱自清先生所说的"学者"时期。这段时期,许多人误认为他是"沉埋于故纸堆",寻找心灵慰藉。事实上,这是一个同封建传统文化实行脐带断裂的时期,是寻找"失去的中华"即寻找他称之为"本土文化"的时期,这是充满了痛苦的探索过程。

几千年的传统文化既是历史的财富,又是历史的惰力,对民族文化进行自我批判是一件极其困难的事,巨大的心理障碍不仅来自帝王,也来自本民族的普通百姓,更来自具有强烈民族自尊意识的知识分子层。所以在近代文化史上,凡属改革时期两种不同文化的碰撞、交融,常取复古的形式。如欧洲文艺复兴时,资产阶级人文学者一般都是以讲解古希腊、古罗马文献和讲授拉丁文的形式宣扬人文哲学,向封建中世纪的神学发出挑战;中国戊戌变法时的康、梁采取的也是"托古改制",这种"托古改制"除了"述而不作"的经学传统外,另一点主要是出自一种民族的自卫心理。要吸收西方先进文化,但又要维持民族自尊,其良策莫过于在"古已有之"的旗帜下进行。

闻一多沉入古典文献的研究，开始也并非有什么伟大的目的。按他自己的话说，认为"向外发展的路既是不通，我就不能不转向内走"（《给饶孟侃先生》）。但当他经过十年的苦心探索与研究，进入中国文化的深层时，他惊喜地发现了那遥远古代的神秘与美丽，那降伏了他的横暴的威灵与一道金光，以及那原始的生命力。

他说，"经过十余年故纸堆中的生活，我有了把握，看清了我们这民族这文化的病症，我敢于开方了"（闻一多《给臧克家先生》），这时期闻一多已不再把"五千年华胄"当作一个整体来拥抱，而是把它分为两个阶段和两种文化，即以儒家为主的封建文化与他称之的"本土文化"。

此时期的闻一多一方面严肃认真、一丝不苟地开掘其"本土文化"，另一方面对传统文化转向背反。这种背反不是表现为用西方思想武器直接轰击中国传统文化，而是通过清理古籍，探幽发微。寻找被封建文化掩盖或压抑了的"本土文化"。这种寻找本身就是对封建传统文化的否定。

闻一多在开掘本土文化中，治学态度是十分严谨的，他继承了清代朴学大师们的"每个字里的意义都要追问透彻，不许存人丝毫疑惑"的求实精神，并辅之以近代西方的符号学、语义学、阐释学、统计学等科学方法，不避繁难，细密考证。郭沫若说："他（指闻一多——本文作者注）对于《周易》《诗经》《庄子》《楚辞》这四种古籍实实在在下了惊人的很大的功夫。就他所已成就的而言，我自己是这样感觉着，他那眼光的犀利，考虑的赅博，立说的新颖和翔实，不仅是前无古人，恐怕还要后无来者的。"（《闻一多全集·郭序》）后两句话或有些过誉，但闻一多在治学态度的严谨方面确实是堪称楷模的，从而他的学术成就能够经得住历史的检验。

先秦古籍是当时社会生活、思想、习俗的反映。由于年代久远，文字各异，简策错乱，加之大量的"假借字"，众说纷纭，往往陷读者于多歧亡羊的苦境，特别是"独尊儒术"后的传、注、疏、笺、解、章句等，往往把原意向着"儒家化"的方向导引，使其变为儒家学说的经典或宗教教义。闻一多说，读这些古典文献最大的障碍是"圣人们的点化"，戳破儒家点化的迷雾，对这些古籍进行训诂破译，是恢复古典文献真实原貌的艰苦劳动，而且成为"当代思想的十字路口"（P. 利科尔说：语言的问题和释义的问题，已经成为当代思想的十字路口）。

例如"螣蛇"，儒家认为是"双头蛇"——一种神物，但闻一多考证，古"牝"为"朕"声。朕声多有二意，引申起来，"北牡相交为之螣"。又如宋理学家朱熹对《诗·风·芣苢》篇释为"化行俗美，家室和平，妇人无事，相与采此芣苢，而赋其事从相乐也"（朱熹：《诗集传》），俨然是一幅农家乐图。另有儒者释"芣苢"为"恶臭之菜""麦、谷之类"等。闻一多在《古典新义》的《芣苢》篇、《匡斋尺牍·芣苢》篇等对"芣苢"二字下了大量的功夫。对"苢"的读音、功用、传说、形状及在这首诗里的含义作了缜密的考证与解释。从读音上，"芣苢"与"胚胎"同音同义；从功用上"芣苢"存"宜事的功用"；从形状上"芣苢"是一种草本植物，开紫色的花，叶与花茎都像玉。传说禹母吞"芣苢"而生禹，结论是："芣苢既是生命的仁子，那么采芣苢的习俗，便是性本能的演出，而《芣苢》这首诗便是那种本能的呐喊了。"（闻一多：《匡斋尺牍》）

又如《诗·风·侯人》篇朱熹释为记述"晋侯入曹之事"，是讽刺"远君子近小人"的。闻一多不客气地说："近小人"是谎话，"远君子"又是谎话中的废话。其诗不过是一个少女派人去迎接他所私恋的情人，没有迎到而已。

在《说鱼》《高唐神女传说之分析》《诗经新义》等篇里，对"鱼""饥""食"的训诂更使读者瞠目结舌。他除对这几字训诂外，还采集了数十首民歌来佐证其阐释。闻一多指出：鱼，以及和鱼经常组合而用的"饥""食"，均是"匹偶""情侣""合欢""结配"的隐语，这种隐语含义的运用在《诗经》中比比皆是。所以他讽刺那些道貌岸然的"君子"说："鱼既是男女互称其配偶的比喻，则为鱼而饥即等于为配偶而饥。试想这饥字若果指口腹之欲而言，那不是吓坏人吗？"（闻一多：《说鱼》）这种以鱼为象征的观念，不只是在我国古代，在埃及、西部亚洲以及希腊等民族亦然，至今闪族还以鱼为男性生殖器官的象征。这种生物本能的意识，在原始古老的民族那里是表现得十分充分的。闻一多说，由于文化的发展，这些作为"情侣""配偶"的意语被鸳鸯、蝴蝶、花之类所代替了，不过他说害这种"文化病"的只是上层社会，生活态度比较健康的下层社会则还固执着旧日的生物意识。

上述这些论断，在当时是惊世骇俗的，但他对这些儒学传统笺、注的背反，绝不是随心所欲的。

闻一多在西方期间，接受了一部分莫尔德（Mordell）的理论，同时也接受了一部分西方精神分析学派创始人弗洛伊德的理论。其核心是：人的心理能量贮存于人的内心深处，叫作"潜意识"。这种潜意识像一口本能和欲望沸腾的大锅，混沌弥漫，但被"自我"所控制和压抑。在这许多原始的冲动和压抑中尤以性欲为主，弗洛伊德的这种理论客观上是反对理性主义的人道主义对性的束缚，带有反理性的色彩。闻一多依据弗洛伊德的这种心理分析来研究和揭示原始社会人们对情欲的崇拜，但他和弗洛伊德不同，弗洛伊德把这种冲动归结为人的生物本能，闻一多认为除生物本能外，还要从社会学的角度去考察。如他对"芣苢"作了以上阐释后，又从社会学的角度解释说："宗法社会里没有'个人'的，一个人的存在是为他的种族而存在"，"你若想象得到一个妇人在做妻以后，做母以前的憧憬与恐怖，你便明白这采芣苢的风俗所含的意义是何等的严重与神圣"，"可不能把它和性欲冲突混杂起来"（闻一多：《匡斋尺牍》）。所以闻一多认为，这种情欲的崇拜出于一种种族的生存欲望和同自然作斗争的手段。进入农业社会的华夏诸族，在那遥远的古代，对自然灾害的抵御能力是极低的，所以靠提高繁殖能力使种族不致灭亡是重要手段之一。闻一多又说，用鱼来象征配偶，"这除了它的繁殖功能，似乎没有更好的解释"（闻一多：《说鱼》）。关于"伏羲是葫芦"的惊人发现，闻一多说："我想是因为瓜类多子，是子孙繁殖的最妙象征。"（闻一多：《伏羲考》）从以上解释可看出，闻一多利用弗洛伊德的理论是有其"限度"的，主要目的是揭露封建文化对"人欲"的灭绝，带有强烈的反封建色彩，更重要的是，他利用弗洛伊德的理论是和寻找民族原始生命力的目的联系在一起的，正如朱自清在《闻一多全集》序中指出的："他不但研究文化人类学，还研究佛罗依德的心理分析学来照明原始社会生活这个对象。"又说："为了探求这民族，'这文化'的源头，而这原始的文化是集体的力，也是集体的诗，他也许要借这原始的集体的力给后代的散漫和萎靡来个对症下药吧！"

对原始生命力的崇拜，是西方现代哲学、社会学与心理学的共同特征之一。从 19 世纪末、20 世纪初风行起来的"新人道主义"就是以"回归到人的原始的内在本质"为旗帜的。"新人道主义者"把西方古典的理性主义的人道主义斥为虚伪的人道主义，强调唤醒人们的种族记忆，恢复人类的原始生命本能。这种生命本能，在尼采哲学里被称为"冲创意志"（will to power），在柏格森的生命哲学里叫"生命冲动"。而精神分析学者阿德勒则认为这是一种"向上的内驱力"，使人追求征服，追求优越。这些西方现代观念都带有神秘的非理性特征，总体上说是唯心主义和极端个人主义的。它们突破了古典理性主义人道主义的框架，对人和社会的认识有所深化，反映了资本主义社会被异化的人追求复归的愿望，因而具有局部的不容忽视的合理性。闻一多对民族原始生命力的崇拜在他的著作中一再表现出来。早期，他说过，"文学是生命的表现"。在一篇不大为人注意的短文《说舞》中，他指出，原始歌舞是"以综合性的形态动员生命；以律动性的本质表现生命；以实用性的意义表现生命；以社会性的功能保障生命"。他以极大热情赞赏非洲布须曼人的摩科马舞（mokoma），他说："舞者跳到十分疲劳，浑身淌着大汗，口里还发出千万叫声，身体做着各种困难的动作，以至一个一个的跌倒在地上，浴在源源而出的鼻血泊中。因此，他们便叫这种舞做'摩科马'，意即血的舞。总之，原始舞是一种剧烈的、紧张的、疲劳性的动，因为只有这样他们才体会到最高限度的生命情调。"在《时代的鼓手》里，他赞扬诗人田间的诗歌像"那非洲土人的原始鼓，疯狂、野蛮、爆炸着生命的热与力"，闻一多对原始生命力的追求虽受了现代西方哲学、社会学心理学派的影响，但是他又与西方现代派有所不同，他抛弃了那种极端个人主义或"超人"的思想，追求一个民族"集体的力"，探寻民族不死的精神源泉。闻一多关于龙的研究就是一个有力的佐证。他在掌握了大量的史料之后，论证了华夏几个主要部族在跨入文明时代之前就逐步形成了一个共同的图腾——以蛇为主体的"龙"，并指出："龙族的诸夏文化，才是我们真正的本位文化。"（闻一多：《伏羲考》）这一发现不仅对我们了解中国古代史有极大的意义，更重要的是找到了民族精神的象征。黑格尔说："我们可以把狮身人面兽看作埃及精神特有的意义的象征。"（黑格尔：《美学》第二卷）那么，我们为什么不能把"龙"这一形象看作中华民族"精神特有的意义的象征"？远古的华夏主要部落，在同自然的长期斗争中，逐渐凝聚出一种超越自然力的束缚与获得自由的渴望，这种渴望升华成为一个腾云驾雾、呼风唤雨的神奇形象。这一形象的精神内涵就是种族团结、驾驭自然、取得自由，它是中国本土文化的最早表现，也是民族精神的主要特征。炎黄子孙无论飘落到哪里，都不会忘记自己是"龙的传人"。华夏诸族历尽万劫而始终团结奋斗不被灭亡，是同这种蕴育深厚的原始生命力大有关系的。我们还可以预言，在中华民族实现"腾飞"的过程中，这种"原始意象"将始终保持它特有的生命力。有的人把华夏民族传统简单地归结为封建传统文化，并由此得出结论：如果把封建文化传统说得一无是处，就是把民族精神说得一无是处。这是不符合实际的。事实上，即使在封建社会中，也存在着同封建文化互相渗透而又互相对立的另一种文化传统，它源于远古，以各种祭奠、礼仪、民俗、民歌的方式沉积在"种族记忆"之中，并且在斗争的关键时刻表现出神奇的伟力。

闻一多对于华夏民族"原始生命力"的探寻，具有重要的时代意义。20 世纪 40 年代的中国，大半国土沦于日本帝国主义之手，国民党政府腐败不堪，压制人民的抗战精神，民族濒于灭亡。在这种情况下，呼唤民族的原始生命力就是为了反抗国民党的压抑，唤醒人民的"种族记忆"，改造民族的"散漫和萎靡的病症"。他在《西南采风录》序中引用了许多反抗封建礼教和封建压迫的民歌后写道："你说这是原始，是野蛮，对了，如今我们需要的正是它。我们文明得太久了，如今人家逼得我们没有路走，我们须拿出人性中最后最神圣的一张牌来，让我们那在人性的幽暗角落里蛰伏了数千年的兽性跳出来反噬它一口。……如今是千载一时的机会，给我们试验自己血中是否还有那支狰狞的动物，如果没有，只好自认是个精神上的'天阉'的民族，休想在这地面上混下去了。"

对人类原始本能的呼唤，从形式上看是一种历史的倒退。因为封建社会取代奴隶社会和原始社会，是文明代替野蛮，这是历史的进步。但封建传统文化压抑人性，"使人不成其为人"，使民族落后、委顿，这又是历史的倒退。特别是在近代，民族饱受屈辱甚至濒临灭亡时，这种呼唤带有反帝反封建的进步意义。闻一多有限度地借助于西方现代主义的理论，目的都是摧毁西方（包括日本）对中国的侵略。这种对封建传统文化的背反恰是对民族自尊的捍卫。

三

　　一个对祖国富强具有强烈忧患意识的爱国主义者，在外来文化的冲击下，他终究要超越传统文化，吸融外来文化以图民族之自强。闻一多的思想发展到第三时期——朱自清先生谓之"斗士时期"，实现了对民族文化自卫心理的超越，标志是 1943 年发表的《文学的历史动向》。在这篇论文中，他对世界文化发展的历史长河作了宏观考察，论证了民族文化是一个历史范畴。它随着民族的产生而产生，而现时代"四个文化（指中国、印度、希腊、以色列）都慢慢起着变化，互相吸收、融合，以至总有那么一天，四个的个别性渐渐消失，于是文化只有一个世界文化。这是人类历史发展的必然路线，谁都不能改变，也不必改变"。

　　如果把闻一多的这段论述同《共产党宣言》中一段话作一比较："资产阶级，由于开拓了世界市场，使一切国家的生产和消费都成为世界性的了。不管反动派怎样惋惜，资产阶级还是抽掉了工业脚下的民族基础。……民族的片面性和局限性日益成为不可能，于是由许多民族的和地方的文学形成一种世界的文学。"（这里的"文学"泛指科学、艺术、哲学等）

　　我们有理由认为，闻一多的论述接近于马克思、恩格斯在《共产党宣言》中提出的观点。

　　闻一多在许多论文中，都从中国文化发展的历史，进一步论述了中国传统文化本身也不是单一的、凝固的，而是多元的，是在不断的同异族文化或外来文化相互交融的过程中形成和发展的。他指出："如果你站在东方，以夷（殷人及东夷）为本位，那便是夷吸收了夏。如果站在西方，以夏（夏周）为本位，那便是夏吸收了夷。但是这两个文化早已融合到一种程度，使得我们分辨不出谁是主，谁是客来。在血缘上，是与北方夷夏两族的关系，究竟如何，现在还不知道。无论如何，在文化上，直至战国，他们还是被视为外国人的。逐渐的这一支文化也被吸收了，到了汉朝，南北又成了一家，分不出主客来……从西周到战国，无疑是我们文化史上最光荣的一段。"（闻一多：《复古的空气》）在《文学的历史动向》一文中，又深刻地论证了如果没有印度佛教的传入，我国"本土形成的花开到极盛，必归于衰谢"。所以，闻一多得出结论说："文化史上每放一次光，都是受了外来的刺激，而不是因为死抓着自己固有的东西。不但中国如此，世界上多少文化都曾经因接触而交流，而放出异彩"，"民族主义我们是要的，而且深信是我们复兴的根本。但民族主不该是文化的闭关主义"（闻一多：《复古的空气》）。

闻一多对外来文化刺激的强调，不仅符合文化发展的历史本身而且符合马克思主义的唯物史观，过去我们片面强调经济、政治对文化的决定作用，看不到文化发展的相对独立性，这种观点首先就不符合马克思主义本身的发展历史。众所周知，马克思主义并不是自发工人运动的实践产物，而是导源于德国古典哲学、英国古典经济学和法国的空想社会主义，它本身就是几种民族文化的碰撞交融与批判改造。

闻一多进一步概括历史经验，指出对外来文化"怯于受"的民族都不免灭亡或文化转手，他说："历史给我们指示了方向——"受"的方向，如今要的只是勇气，更多的勇气啊！"（闻一多：《文学的历史动向》）

闻一多的这些看法，与前期认为新诗应是"中西艺术结婚后产下的宁馨儿"在思想观念上是一致的，但有质的飞跃。前期的思想只局限于对艺术规律的探讨，后期则是对文化发展历史的宏观概括；前者偏于感情，后者则建立在历史辩证法的科学基础之上。因而，前者不稳定，易受狭隘民族意识的干扰，而后者比较稳定，不易受干扰。这一时期，闻一多写了一些正面抨击封建传统文化的短文，如《什么是儒家》《儒、道、匪》《复古的空气》等，并自刻了一枚闲章，曰"叛徒"，这些是针对当时国民党反动派政府大肆鼓吹"新儒学"以维持统治的阴谋，着重从政治角度揭露封建传统文化的弊端。指出儒家是封建社会统治者与被统治者之间的"缓冲社会"，所谓中庸就是一种"缓冲机制"，其目的是维持封建社会的旧秩序；而道家则是逃避社会现实，"自己麻醉自己"，也麻醉别人，具有很大的消极作用。从现在的观点看，其中不无过激的否定之词。闻一多自己也知道这一点。他说："我的性格喜欢走极端"，"这种极端，也许是近廿年来钻进旧圈子（指钻研古籍——本文作者注）以后的彻底的反感，说不定过分了一点，但暂时我还愿意坚持我的意见。"（闻一多：《论文艺的民主问题》）"其实一个民族的'古'是在他们的血液里，像中国这样一个有悠久历史的民族，要取消它的'古'的成分，并不太容易。难的倒是怎样学习新的，因为在上文我们已经提过，文化是有惰性的，而愈老的文化，惰性也愈大，克服惰性是一件难事啊！"（闻一多：《复古的空气》）

读了闻一多这一时期那些猛烈抨击儒、道等传统文化的文章，我们是否可以得出结论说闻一多对中国传统文化持全面否定态度呢？不能。

众所周知，中西文化的重要区别是，西方文化重视个人的自然权利，而中国传统文化强调个人对家庭、社会、民族的义务。闻一多在反对中国传统文化扼杀个人自然权利的同时，明确反对西方的极端个人主义。他说："如果我们只追求更多的个人的自由，让我们藏的更深，那就离人民愈远。"（闻一多：《战后的文艺道路》）他还认为："我们的社会一定会发展成为 Society of Indivioual, Indivioual for Society（社会属于个人，个人为了社会）的。"（闻一多：《诗与批评》）

闻一多在其生命的最后几年里，特别礼赞屈原（关于屈原考证与评价，在学术界争论颇多，这里暂不讨论）。我们认为闻一多的有关屈原的文章，其意义首先不在于考证，而在于他所寄寓的理想——一个"人"的榜样。他将屈原的精神分为两个方面，一是"尽忠竭智，以事其君"的"时代"精神，一是"扬才露己，怨怼沉江"的个人精神，并且明确地说，他是更崇拜后者的。"扬才露己，怨怼沉江"包含对个人价值的肯定和尊重，含有西方传统价值观念的因素。但闻一多认为，这种"扬才露已"的个人精神与集体、社会并不是对立的，而是有更高更新的融合，也就是说屈原用人民的艺术形式喊出了人民的愤怒并为人民而自沉。这种观念是对中国传统文化"重集体、轻个人"的扬弃与升华。所以，我们可以说，闻一多在对新文化理想的呼唤中，包含着对传统文化的否定与肯定，这是更高层次的民族文化自卫，而且是弘扬民族文化的唯一通途。

从我国的实际出发，批判地吸收西方文化，彻底改造中国的传统文化，发展社会主义的新文化，已成为非解决不可的历史任务。此时此刻，重温闻一多对待中国传统文化所走过的心灵历程，无疑是有益的。

诗加朴学

——关于闻一多的学术个性（提纲）

闻一多一生划分为"诗人、学者、斗士"的"三阶段说"已成经典。但事实上，更准确的说法是否应是：学者型诗人→诗人型学者→诗人加学者型斗士。三阶段中有形式上的转换和质的连续性。

闻一多的稳定性格属艺术型，他从唯美主义路口走进人生。他感到的不适应同西方唯美主义者同。西方的唯美主义者提出"返回中世纪"的口号，以此对抗现代文明对人的压抑。闻则返回古代，去"拥抱那原始的野蛮的美丽"。所不同之点是，西方的唯美主义者直接利用古代材料营造个人的浪漫艺境；而闻则操起了朴学的武器。这是由中国文化传统的特殊性及闻自身的学养决定的。历代学者把古代诗情"政治化"（汉）、"伦理化"（宋）、"历史化"（清），所用的武器是广义的"训诂学"。"学术的堡垒必须用学术来摧毁"，只有操起朴学的武器才能解放被束缚在硬壳里的远古诗情（参见闻一多关于《诗经》的研究）。

传统的训诂学是一门严谨的操作型学术。它似乎绝对摒弃研究者的主观情感和想象，是"诗"的对立物，但这只是表象。古汉字本身的模糊性和多义性，给训诂学者以相当大的阐释自由（如闻对《诗经》中若干首诗的考证，关于《九歌》的研究）。古代经典文本中的字、词、句，就像一块块铁片，为闻的诗意想象连缀出坚不可摧的盔甲。朴学在闻一多那里成了诗意和想象力的保护神。

闻最初进入古典学术领域时并未想做"杀蠹的芸香"。只是当美的追求同现实的冲突变得无可避免时，他转向"斗士"。作为一个斗士，他的武器也依然是"学术"，而他的学术也依然洋溢着诗人的浪漫气质（如对屈原的研究）。

闻的古典学术研究，在学术史上属"疑古派"，对中国传统的创造性转化起了革命性的作用。它表明，传统的解释学（训诂）对于传统如何改变自身以适应现代社会仍具有"桥梁"价值。

1995 年 5 月于清华园

闻一多与浪漫释古学

　　20 世纪中国学术史可概分为两大流派：古典释古学与浪漫释古学。浪漫释古学的界定，与古典释古学的区别：贬儒或非儒倾向；重非理性因素；有较强的主观色彩；传释者具有诗人气质。浪漫释古学的代表：康有为、胡适、顾颉刚、闻一多。今人钱锺书亦带有浪漫释古学色彩。

　　闻明确表示，释古的目的是戳破"圣人们的点化"的迷雾。他在方法上承袭了朴学的严谨求实，但在指导思想上却更多借用西方（莫尔德、弗洛伊德等），挖掘民族内在"原始野蛮的力"，帮助"天阉"了的民族找到自己的生命创造活力，"给后代的散漫和萎靡来个对症下药"。因此，在传释的"十字路口上"，他不是把思想向"儒家化"方向导引，而是引向现代的浪漫主义，如闻对《芣苢》《候人》的考证，以及《说鱼》《高唐神女传说之分析》等。

　　但闻与西方非理性主义不同，他重视的不是个人情欲而是整个民族的活力。如关于龙的考证。这一倾向是同闻的爱国主义精神相一致的，具有强烈的进步意义。

　　闻在后期，写了一些具有强烈抨儒乃至抨击整个中国传统的文章。这些文章鲜明地标识出浪漫释古学反封建专制、反帝国主义侵略的进步价值，同时也显示了它的偏颇。但闻并不是传统的否定派，更不是"西化派"。他的"人民本位主义"是在更高的层次上将西方与中国传统的精华予以融合。

　　闻的释古，具有强烈的主观色彩，但同时又注重科学的方法，严守训诂的规则，不避繁难，细密考证，因而又经受得住时间的考验。在这方面，闻高于康有为或胡适。

1996 年 4 月 8 日

北京清华园

原父意识的补偿与升华[①]

——朱自清散文新释

　　传统的"父亲"观念，源于远古的父权制社会。在中国的传统文化中，"父亲"所占据的位置不亚于西方文化中的上帝。一个在人间，一个在天上，都是权力和爱的双重表征。经过几千年历史的积累，"父亲"观念已化为一种"情结"即"原父情结"，沉淀于中国人文化心理结构的深层，或隐或显地影响着现当代中国人的思想行为。破译这一情结，是重构中国文化的重要课题之一。在20世纪上半叶，有这样一位智者，他不仅以他超人的聪慧和丰富的文化知识思考过这一课题，而且以他全部的心灵去体验过，在强烈的情感痛苦中试图以自身来实现"原父情结"的转换与升华。正如鲁迅一样，他也把自己看作"历史的中间物"，他没有、也不可能把这一巨大的文化改造课题完成。但是，他以无比的坦诚和璀璨的才华成就的诗和散文，他以生命做最后一掷以求取完美人格的伟大追求，都使得他在20世纪中国文化史上占有辉煌的一页。在实现"原父情结"的转换与升华方面，他所留下的宝贵财富，是很少有人可以与之相比的。

　　这位智者就是朱自清。

---

① 本文原载《清华大学学报》1989 年第 4 期。

父爱：一种悲凉而崇高的体悟

现当代，大凡受过中等教育的中国人，有谁能忘记那身穿黑袍马褂、步履蹒跚的"背影"呢？

> ……他穿过铁道，要爬上那边月台，就不容易了。他用两手攀着上边，两脚在向上缩，他肥胖的身子向左微倾，显出努力的样子。这时我看见他的背影，我的泪很快流下来了。

赞誉或剖析这篇名作的论文，已经不可胜数。但还没有人注意研究以下事实：作为《背影》的主干情节——父亲送作者北上，跨越铁道去给他买橘子——是发生在1917年冬天的事，但作者把它写出、发表却已是1927年了。中间这十年里，作者写了大量作品，却没有触及深藏在自己记忆中的这段往事。这，难道是偶然的吗？

海德格尔说："'回忆'并不是去思能够被思的随便什么东西。回忆是对处处都要求思的那种东西的思的聚合。"那么，十年前的一段看来很平常的事，何以在此时此地却要求"思"它，并且激情喷涌，一发而成为不朽名篇呢？

这里面有一段颇不寻常的心灵历程。

朱自清生长在一个相当传统的"儒士"家庭。幼年时代，父亲做小官，不算豪富，却还优裕。由于两个兄长过早夭亡和本人的早慧，他格外得到父母的疼爱，被视若掌上珠，左耳总佩戴着一个金质钟形耳环。父母之爱在他幼小心灵中留下的印象是很深刻的，他对终日操劳的父亲也是十分敬重的。

然而，到《背影》里写的事发生那一年（即1917年），朱自清却在暗笑父亲的"迂"了（见《背影》）。这不仅因为他已成为一个20岁的具有个人独立意识的大学生，而且因为那个时代——新文化运动的先驱者们正在展开对中国传统的家族团体主义的猛烈抨击和对西方个性自由的大力弘扬。作为北京大学哲学系的学生，他不可能不受到这种新思潮的冲击，站在新世纪门槛上的青年，个个都像莎士比亚喜剧中的年轻人一样，具有充分的优越感和自信心，他们认为自己有权利笑谑"迂"的父辈。当父亲艰难地跨过铁轨去为他买橘子时，他的眼眶里确实涌出了泪水，但这突然涌出的"泪"意味着什么？在当时他并不深切理解，也来不及细细体味，作为"五四"时代的先进智识者，他的兴奋点绝不囿于家庭和父亲，他向往的是对情感自由的无限性道求。连王尔德所说"尝遍地球花园中的果子"都无法使年轻的朱自清满足，他渴望把有限的自己打得粉碎，"随风飏举，或飘茵席之上，或堕溷厕之中，或落在老鹰背上，或跳上珊瑚树的梢，或藏在爱人的鬂边，或站在关云长的胡子里……然后再收灰入掌，抟土成形，使有限的个体能够囊括无限的宇宙"（《海阔天空与古今中外》）。一个具有类似浮士德式追求的青年是很难理解父亲的拳拳之心中所包容的巨大而沉重的情感内涵的。

　　然而父母所给予他的爱并没有失落，而是深深地隐遁在心灵深处。否则我们就无法理解，在歌唱男女之爱为时尚的五四新文学时代，朱自清的处女作却是一首赞美"亲子之爱"的诗篇《睡吧，小小的人》：

　　　　睡吧，小小的人

　　　　夜底光，

　　　　花底香，

　　　　母底爱，

　　　　稳稳地笼罩着你

　　　　你静静地躺在自然底摇篮里

　　　　什么恶魔敢来扰你！

　　　　睡吧，小小的人，

　　　　……

　　诗本身是题咏一幅西洋画的，但是否渗透着作者对自己襁褓时代的幸福回忆？那"小小的人"就是作者自己，他同整个大自然保持着"脐带联系"，"夜底光""花底香""母底爱"回护着幼小的天使，整个大自然就像母亲的怀抱那样温暖和可靠。诗中赞美的是母爱，但注视着婴儿的是一双男性的慈爱眼睛，因此又是父爱（在发表这首诗时，朱自清已是一个6月婴儿的父亲了）。但这不纯是中国传统式的"父爱"。早在尧舜时代就逐步形成的"父亲"观念，是统治、隶属关系与血缘的骨肉之情的互渗，即后来概括为"尊尊"与"亲亲"两者的结合。而《睡吧，小小的人》却是打碎了"尊卑上下"而喷涌出来的"泛爱"暖流，从本质上说，她既是作者对自己享受到的父子之情的追忆，又是对封建"父权"观念的反叛，这种情感来源于比"父权"观念更为古老的、也更为纯真的远古时代，是建立在平等基础上的一种活泼泼的血缘情感。她同当时冰心所写的大量赞美母爱的诗篇——"人类在母亲的爱光之下，人人平等，个个自由"，是灵犀相通的。

朱自清这种"平等的父爱"观念终于同传统的父亲观念发生了冲突。这种冲突表现在他于1923年写的小说《笑的历史》中，小说带有很强的纪实性，主人公是以作者的前妻武钟谦女士为原型的。它描写了一个天真纯洁的少妇处在封建家庭的囚笼中，如何从爱笑—不敢笑—不会笑的悲惨过程。作者深切的爱显然是倾注在自己的爱妻身上，而父亲却扮演了摧残者群中的一个虽可理解但绝不能崇敬的角色。作为一家之长，他那句"少奶奶真不是东西！"和当面骂出的"不要发昏！"给予了孤苦无助的女人以致命一击，把她推落到"墙倒众人推"的可惨地位。她的早逝同家庭的压抑绝不是没有关系的。在小说中那个官场失意、生活潦倒的父亲身上，我们看到了父权的某种专横特征。

反抗父权，追求家庭成员中的平等关系，是西方文化的一个重要特征。西方文学中最早的一个"父亲"形象——"天神之父"宙斯就是专横淫逸的化身，希腊神话中有许多"反抗父亲"的故事。在中世纪，"须孝敬父母"虽为基督教"十诫"之一，但父母对子女的权威性远不如中国古代，子女对父母虽有义务但绝不能把父母当作崇拜对象。因为，父母也是凡人，都有"原罪"，可以崇拜的只有全能的上帝，值得以全部情感去爱的也只有上帝。至于人间的伦理学——照文艺复兴时期著名思想家蒙田的说法——只有两项："作战时勇往直前和热爱他们的妻子。"（蒙田：《论吃人肉的番民》）父权在伦理关系中所占地位远不如中国古代那么重要。文艺复兴以降，资产阶级的思想家和艺术家以弘扬个体独立和追求人与人的平等为武器，对封建伦理关系展开了猛烈的批判。到 19 世纪末，弗洛伊德把这一批判推向极端：他认为儿子仇恨父亲是生命的本体意识（即"俄狄浦斯情结"），儿辈对父辈的反叛与超越意识构成一股强大的思想潮流和文学潮流。从《睡吧，小小的人》到《笑的历史》，我们可以看到追求家庭成员之间平等的新观念，但《笑的历史》在沉痛控诉家庭对爱妻天性的压抑时，对压抑者特别是父亲表现出一种"怨而不怒"的宽容态度。如果把它同卡夫卡的《致父亲》相比，简直显得朱太"软弱"了。然而正像莎士比亚笔下哈姆雷特的"软弱"一样，作者的软弱不是先天的，而是包容着巨大而深沉的社会、心理内涵，从这个角度说，这种"软弱"是"深刻的软弱"。历史已经多次证明：调门唱得最高的人有时却是最肤浅的人。

　　朱自清对父权的"软弱"，带有时代的普遍性。"五四"时代的先进智识者，在言论上可以激烈地抨击家族团体主义，张扬个体家庭的反叛，但在个人对待父母、妻女的行为上又表现出明显的妥协和对旧道德的屈服，以致列文森（Joseph R.Levenson）认为他们在理知上面向未来（西方），情感上回顾传统（中国）（参见李泽厚：《中国现代思想史论》）。如果读一读鲁迅、郭沫若、胡适、闻一多等人的家书和日记，就不难发现这一点。当这些作家向中国的以"父权"为中心的封建制度发起进攻时，弗洛伊德的学说已经遍及欧洲，但如饥似渴地从西方文化中吸取营养的中国知识分子却对这种仇父观念表示淡漠。"五四"时代虽有过"我不认你作父亲"的反叛性口号，也出现不少反抗父母之命、争取婚姻自由的作品，但始终没有像西方现代文学那样发展成为一种表现父子相戕的潮流。以批判封建家庭制度为主题的代表性作品《激流三部曲》（巴金）尖锐地鞭挞了高老太爷、克定、克安等昏聩腐败的父辈形象，但"以兄代父"的觉新在作者和读者心目中都是一个怜爱对象。如果说高老太爷是行将崩溃的封建家长制的漫画式象征，而在觉新这个软弱的人身上我们真正感受到中国传统文化的深度和力度。

　　怎样解释"五四"时代先进智识者们的这种矛盾心态呢？许多学者都

指出：半殖民地半封建的社会经济基础是造成这种软弱性的根本原因。这无疑是正确的。我想从文化的角度指出这样一点，即中国传统的父子关系与西方中世纪不尽相同。西方文化是个体本位，父亲对儿子往往是专横有余、顾念不足，儿子对父亲的义务观念也就相应比较淡薄。中国从传说中的尧舜时代开始，就试图把父母与子女的"尊卑上下"同血缘情感扭结在一起，用天然的骨肉情润泽统治与隶属关系，也就是后来被称为"尊尊"与"亲亲"这两个形成整个封建伦理关系的基本原则的融合。春秋时代明确提出"父慈子孝"（《左传》隐公三年）。《礼记》还认为，在君臣关系中，应强调"尊尊"，而父母与子女的关系中应强调"亲亲"。父对子不仅有"威"，而且有"责"，"子不教，父之过"，父亲负有教养子女的责任。父亲的"威"体现为用封建的"礼"来规范子女的天性，因此构成对子女天然情感的压抑，而这种压抑的出发点又是至诚至善的"爱"。为了养育子女，中国的父亲往往表现出一种崇高的献身精神。早在《诗经》中就有对这种奉献精神的礼赞："哀哀父母，生我劳瘁……父兮生我，母兮鞠我，拊我畜我，长我育我，顾我复我，出入腹我，欲报之德，昊天罔极。"（《小雅·蓼莪》）对这种养育之恩的感激和报答，就构成了"孝"的感情基础。《论语·阳货》中，解释"三年之丧"的必要性时，提出的强劲理由也是这种情感上的相因关系："子生三年然后免于父母之怀"，"予也有三年之爱于其父母乎？"

决定人们行为的最强大的力量是情感。"五四"时代的先驱者们可以用激烈的言辞批判"家族团体主义"却斩不断自己同父母的血缘情感，鲁迅竟然遵从父命娶了一个自己并不爱的女人作妻，原因也在于此。朱自清对父亲的专横"怨而不怒"，在于他知道自己的父亲本性是仁慈的，是家境的衰颓使父亲变得烦躁。在华夏，大约从进入父系社会，父亲就具有双重意义：既享有一家之主的尊严，又有组织生产、维持生计的责任，当家里人不能不忍气吞声听着讨债人的诟骂时，作为一家之长他不能不感到羞愧。但责任不在他，他不是一个不愿尽责或是低能的父亲，而是不正直的社会不让一个正直的人成为好父亲。极度的羞愤和内心的自卑却以张扬"父道尊严"的形态发泄出来。作者意识到了，在父亲压抑着爱妻天性的背后有自身的压抑感。这是一种意识到自己对家庭的义务，而又为自己没有尽到义务而产生的悲哀。这种悲哀中渗透着父亲为家庭操劳的苦衷，作者无法面对这种苦衷来怒斥父亲的专横，因为他自己正是靠父亲的苦斗而被养大成人的。

西方现代著名心理学家 E. 弗洛姆认为，人为了获得生存的安全感需要两个条件：一是起码的稳定的物质生活保证；二是自身价值得到环境的某种确认。在物质生产水平低下的非工业化社会里，能使一个做父亲的满足这两个条件的最好处所是家庭。家庭从一诞生起，就为物资匮乏条件下人们能够"相濡以沫"提供血缘基础。而当自身价值得不到社会确认时，做父亲的往往可以在儿女的敬畏之中获得满足。

"五四"时代，由于中国尚处于以小农经济为基础的半封建半殖民地社会，国民普遍尚未觉醒，因此先驱者的孤独和寂寞显得格外难以忍受，也就是说他们的呐喊得不到社会的响应，自身的价值不被社会确认。朱自清外表看温和平顺，其实内心非常纤细敏感，他被孤独所苦时亟求"毁灭"，因此，当求毁灭不得时便渴望回到故乡，回到家庭：

> 我流离转徙，
> 我流离转徙，
> ……
> 亲亲的渺渺的
> 我的故乡——我的故乡
> 回去！回去！

（《毁灭》）

孤独者果然在家庭的巢穴里摆脱了孤独。在这个小天地里，他体验着两种快乐：对妻子的爱和对亲子（女）的爱。这是两种不同的爱：性爱和父爱。性爱是相互占有的快乐，而父爱是血缘在时间和空间上的延伸；性爱是生命本能的欲望燃烧，父爱带有强烈的责任感和清醒的义务感。性爱表现为占有另一自然杰作的狂喜，而父爱是对自己的创造物的自我欣赏。父辈个体未完成的追求可以期待在儿辈身上获得实现。由此，个体追求无限性与个体生命有限性的矛盾获得了解决，使有限的个体生命通过子女而绵延万代，生生不绝。正像莎士比亚劝告骚散普敦男爵娶妻生子时所说的：

> ……
> 于是你又变成你自己，
> 当你已经离开人间，
> 既然你的儿子保留着你的俊影。
>
> （《十四行诗·第十三首》）

在一段时间里，朱自清与挚友之间常话的课题之一就是如何教育子女，家庭的快乐有时竟成为他的唯一存在：

> 外边虽老是冬天，家里却老是春天。有一回我上街去，回来的时候，楼下厨房的大窗开着，并排地挨着她们母子三个，三张脸都带着天真微笑的望着我。似乎台州是空空的，只有我们四人；天地空空的，也只有我们四人。……无论怎么冷，大风大雪，想到这些，我心上总是温暖的。（《冬天》）

但孤独者在摒弃孤独的同时就失去自由。这不仅意味着自己必须背起养家糊口的沉重负担，而且个体心灵自由受到严重侵害——孩子们天性追求自由，使朱自清像《幸福的家庭》（鲁迅著）中的男主人公那样被孩子们干扰得无法写作，甚至无法正常生活。在极度苦闷时他甚至想自杀（《儿女》），但就家庭而言，作为五个孩子的父亲，他没有权利轻松地离开这个世界，而子女的活泼可爱又使他舍不得离开这个世界。在继续活下去又觉得无法忍耐时，竟也发起"父威"，野蛮地将孩子痛打一顿。《睡吧，小小的人》的作者怎么会想到自己会被孩子们折磨得几欲自杀，甚至偶尔也成为摧残儿童心灵的"野蛮的父亲"呢？当他神游于"海阔天空"与"古今中外"时，怎么会想到自己会被狭小的家庭囚笼拘得如此苦闷不堪呢？但是这没有办法，每个人都不能超越历史。在中国传统文化氛围中熏陶出来的朱自清不能像浮士德那样丢弃玛甘泪和自己的孩子而逃遁，也不能像卢梭那样把孩子统统送进育婴堂。社会生存条件和民族传统文化中得到保存较多的亲子之爱把父亲和儿子牢牢地捆绑在一起，用牺牲个体的自由去实现对子女的义务，用庄严的责任感填补失去自由的空虚，用天伦之乐消弭对人生的厌烦。这是一种崇高的悲凉，因为它在威严的"父亲"背后闪耀着一种为子女献身、为后代铺路的精神。

只有当自己开始用自己的血肉饲养子女时，才能真正理解用血肉饲养自己的父亲。当作者本人做了五个孩子的爸爸时，他才更深刻地理解了十年前那个"背影"，理解了自己突然涌出的泪水。

正像作者自己所说，写《背影》的直接冲动源于父亲的一封来信。老人在信中说，近来年迈体衰，"大约大去之期不远矣！"读到这句话，作者的眼眶里再次涌满了泪水，在晶莹的泪光中，十年前的背影突然出现了。他恍悟到父亲全部情感的沉重，意识到在《笑的历史》中对父亲的谴责是不该的，一股近乎忏悔的情感涌上心头：

> 他少年出外谋生，独力支持，做了许多大事。那知老境却如此颓唐！他触目伤怀，自然情不能自已。情郁于中，自然要发之于外；家庭琐事便往往触他之怒。他待我渐渐不同往日。但最近两年不见，他终于忘却我的不好，只是惦记着我，惦记着我的儿子。（《背影》）

至此，朱自清经历了父子关系上的亲密—疏离—亲密的否定之否定的心灵历程。但后一个复归并不是返回传统文化。从1917年的"背影"到1927年的"背影"，其中包含着文化筛选的过程，他淘汰了"原父意识"中的"尊卑"观念，引入了西方父子平等与尊重个体自由的新观念，从而使传统的父子亲亲之情在新的文化层面上再生。1927年的"背影"已不纯然是他父亲的背影，而且是他自己做了父亲的"背影"，它既是"哀哀父母，生我劳瘁"的传统情感的延续，又融汇着现代意识，这是一个超越性的回归，尽管这个超越还远远没有完成。

可以肯定，随着物质生产的发展，现代工业文明必将摧毁旧式家庭的经济基础，父辈与子辈相互承担的义务将逐步减轻，使每一代人的个体自由获得逐步扩展，子对父的超越意识将得到弘扬，《背影》中渗透的悲剧因素将在历史的发展中淡化。但西方伦理关系发展态势又从另一个角度提醒我们：在发展商品经济的过程中，是否必然导致父母与子女感情的疏离乃至异化，如加缪的《局外人》所描写的那样？一些学者的答案是肯定的。但美国著名家庭伦理学家 W. 古德却认为工业化与家庭解体不存在必然联系。最近非常偶然地读到一位在青年中颇有影响的台湾女作家的一篇散文，题名也叫《背影》，写的是她的丈夫猝死，自己几近疯狂时，父母像守望天使那样悄悄来到她的身边，默默地分担她的悲痛，给她以温暖，使她"热泪如倾"。她写道：

> 孩子真情流露的时候，好似总是背着你们。你们向我们显明最深的爱的时候，也好似恰巧都是一次又一次的背影。

"一次又一次的背影"，从 20 世纪 20 年代到 80 年代，从半封建半殖民地的中国到现代化的西方。这是否意味着朱自清先生所揭示的东方式的父爱仍具有绵延不绝的生命力？当代西方人本主义心理学的兴起和描写父子情深的《克雷默夫妇》等作品在观众（读者）中所引起的热烈反响是否表明西方人正在寻找他们失落了的父亲？莎士比亚早在《李尔王》中就揭示出这样一个真理：父爱的悲剧在于同权力的结合。当代中国家庭关系给社会发展带来的阻碍也在于父母以权力为子女谋私。一旦权力同爱解脱，爱就可以新生。《背影》所具有的长久性魅力，它的奥秘是否也在于此呢？

神爱：对"原父"的情感补偿

诚如上述，"原父意识"中包含着对权力与责任的双重体悟，它虽然可以获得某种情感上的满足，但同时又意味着自由的丧失。朱自清在《儿女》中曾引用胡适的话说：世界上许多伟大人物是不结婚的。又说，已经结了婚的自己，犹如"蜗牛背了壳"。人是不知满足的动物，人类的进步与堕落都包含在这种对于个体无限性的追求之中。家庭一旦变成囚笼，生命的本能就促使灵魂出逃，在肩负男子责任的同时，寻求家庭之外的情感满足。在西方，即使是在爱情基础建立的家庭，也常出现婚外恋，通奸和卖淫成为婚姻家庭两种不可缺少的补充。在中国，封建时代流行的一夫多妻（妾）和狎妓行为也是满足欲望的一种形式，甚至许多文人（如白居易）以狎妓为雅。"五四"时代的先进智识者，大都有着很高的情感追求，但满足这种追求的方式却很不相同，有的投身革命，在救国济民的伟大事业中获得情感的满足；有的效法西方，逃避做父亲的责任，对婚恋取自由主义态度；也有的在颓唐之时从酒和妓女中寻找刺激。青年时代的朱自清似与上述几种情况都不尽相同。

　　从十九岁就背上家庭沉重负担的朱自清在给好友俞平伯的信中坦率地承认自己情感上的苦闷，并说杭州游湖后"极感诱惑的力量，颓废底滋味与现代的懊恼"。在此时期写成的名篇《桨声灯影里的秦淮河》中，作者以温丽清雅的词句恰到好处地传达出内心深渊里萌动着的情欲苦闷，这种苦闷就像"从两重玻璃里映出的那辐射着的黄黄的散光，反晕出一片朦胧的烟霭，透过这烟霭，在黯黯的水波里又逗起缕缕的明漪"。作者精心选用的"晕"和"逗"使朦胧的烟霭有了生命，成为内心情欲的形象表征。果然，作者的幽思沉迷于对明朝末年"华灯映水，画舫凌波"的"艳迹"的遐想之中了。他进而问道："秦淮河的水碧阴阴的，看起来厚而不腻，或者是六朝金粉所凝么？"在整个心灵和肉体都沉入了往昔香歌艳舞的神往之时，又听到了河上歌妓们粗率不拘的歌声。回忆与现实重叠在一起，竟然使他那长久枯涩的心"疯狂似地不能自主了"。眼前的月亮幻化成晚妆才罢、盈盈登楼的少妇；柔软的柳丝变成美人的胳膊；而明亮的汽灯下，歌妓们的躯体竟然"纤毫毕见"了。作者在离船登岸时，心情惘然，"充满了幻灭的情思"。

　　对于非理性的情欲诱惑，人类自古以来都是采取三种办法，一是控制，二是化解，三是升华。在西方，它的武器是科学与宗教。科学以强有力的实证向人们揭示客观存在的规律，迫使人们确信非理性行为应纳入理性轨道；而宗教让人们确信有一个超验性的彼岸之存在，从而把自己的无限性个人欲望追求转化为对彼岸的追求。中国的传统文化，至少提供了两个有别于西方的武器：其一是儒家的伦理观念和规范，其二是老庄大力阐发的"天人合一"即把个体生命的有限同宇宙的无限交合为一，从而获得个体的无限。

在《桨声灯影里的秦淮河》中，作者坦诚地暴露了内心的苦闷，同时表现了对于非理性诱惑的不屈服。他和俞平伯都认为，点歌狎妓是对妇女的不尊重，毅然拒绝了歌妓们的要求。但怎样从"幻灭的情思"中救出自己呢？如前所述，从对子女尽责的家庭责任感中，他获得了道德与情感上的某种满足。另一个重要方面就是从大自然中获得心灵的和平与自由，在同宇宙万物的心灵交往中，化解内心的苦闷，体味"物我一体"的幸福和快乐。朱自清把这种体味称为"神爱"。他的许多抒写自然景色的名篇显示了在这方面得到的情感补偿。

在《荷塘月色》中作者说："我爱热闹，也爱冷静；爱群居，也爱独处。""热闹"和"群居"指的是家庭生活和社会交往；而"冷静"与"独处"则是在个人与自然宇宙之间的心灵交往。他还说："一个人在这苍茫的月下，什么都可以想，什么都可以不想，便觉是个自由的人。"

作为一个尽职的父亲，他的白天往往是属于他的家庭和他的工作的，是喧嚣的、不自由的。而夜晚，当妻女老小都已安息，整个世俗社会都进入梦乡之时，他的灵魂才能从家庭的躯壳与社会的义务中解脱出来获得自由。因此，白天是世俗的，夜晚是诗意的：

> 曲曲折折的荷塘上面，弥望的是田田的叶子。叶子出水很高，像亭亭的舞女的裙。层层的叶子中间，零星地点缀着些白花，有袅娜地开着的，有羞涩地打着朵儿的；正如一粒粒的明珠，又如碧天里的星星，又如刚出浴的美人。微风过处，送来缕缕清香，仿佛远处高楼上渺茫的歌声似的。这时候叶子与花也有一丝的颤动，像闪电般，霎时

传过荷塘的那边去了。叶子本是肩并肩密密地挨着，这便宛然有了一道凝碧的波痕。叶子底下是脉脉的流水，遮住了，不能见一些颜色；而叶子却更见风致了。

这是怎样的一个世界呵！宇宙万物都显示出了自己的神秘的生命，在轻纱般薄雾的笼罩下，峭愣愣如山鬼一般的灌木丛的护卫下的荷塘，有如被牛乳洗过的荷叶一株株变成了亭亭玉立的舞女，有的袅娜多姿，有的羞涩百态，镶嵌在宝石蓝的夜空中的星星则如出浴的美人；而从那神秘不可测的遥远处传送过来的一缕微风，有如女神的渺茫的歌声，使所有的舞女和美人都微微颤动了，印在荷塘上的斑驳不一的光和影一齐摇曳起来，奏出了一曲沁人心脾的小夜曲……沉浸于这像莎士比亚的"仲夏夜之梦"一般的仙境里，人们所获得的不是世俗的相对的乐趣，而是一种绝对的幸福。

卢梭说："世俗的和肉欲的杂念总是不断地分散和扰乱我们对生活在人间的甜美的感觉。""但是假设有这么一种状态，在那里心灵能够找到一个坚实的位置，整个儿地静息在那里，除了唯一感觉到我们的存在以外，再无贫乏或享受、快乐或痛苦的感觉，更无希冀或恐惧的感觉。我们自身的存在这唯一的感觉就能够把我们的心灵完全充实。只要这种状态存在一天，凡是处于这种状态的人就可以称自己是幸福的人。这种幸福并非来自那种不完全的、贫乏的、相对的幸福，就像我们在人生乐趣中所感到的那样。而是源于一种丰盈的完备的充实的幸福，它不给心灵留下半点空虚之感，使它需要填补。我在圣皮埃岛上有时躺在船上随水漂移，有时坐在山涧的湖水边，要么坐在景色秀丽的江边；或是水流穿经砾石潺潺作响的溪边独自遐想时，常常处于这种状态中。"卢梭在《漫步遐想录》中的这段话，似可以视为朱自清在《荷塘月色》中的幸福心态的哲学与心理学的注释。

这种在"天人合一"中摆脱世俗烦恼、寻找情感补偿的方法，可算是中国文人古已有之的传统，并且它所达到的"了无痕迹"的境界是西方艺术家所未能企及的。但朱自清所追求的意境却不全然是中国传统的抱朴与空灵，而是在虚空中渗透着西方的近代意识：即把自然界视为女性的化身而加以崇拜。在上面引述的《荷塘月色》中，仅此一小段就三处以女性喻自然：荷叶、星星、微风。文章结尾处，作者联想到的《采莲赋》，写的也是"荡着小船，唱着艳歌"的女子。在著名散文《绿》中，作者形容瀑布："她松松地皱缬着，像少妇拖着的裙幅；她轻轻摆弄着，像跳动的初恋的处女的心。"作者还满怀激情地呼喊道："我想张开两臂抱住她，但这是怎样一个妄想呀！""那醉人的绿呀！我若裁你以为带，我将赠给那轻盈的舞女，她必能临风飘举了；我若能挹你以为眼，我将赠给那善歌的盲妹，她必能明眸善睐了。我舍不得你，我怎么舍得你呢？我用手拍着你，抚摩着你，如同一个十二三岁的小姑娘。我又掬你入口，便是吻着她了。我送你一个名字：我从此叫你'女儿绿'好吗？"在怀念台州的《一封信》里，作者抒写茫茫的春之花海时，又以女性喻花草，深情地写道："谁知她的纤指会那样嫩，那样艳丽呢？""临风婀娜，真像嘻嘻哈哈的小姑娘，真像凝妆的少妇，像两颊又是双臂，像胭脂又像粉……我在他们下课的时候，又曾几度在楼头眺望；那丰姿更是撩人；云哟，霞哟，仙女哟！"中国古典的散文和诗中也不乏以女性喻山川草木的，但洋溢于朱自清作品中的这种对于女性的崇拜和爱恋，却反映了"五四"时代相当流行的一种西方观念。如果联系作者在《女人》一文中对"艺术的女人"的尊崇和赞美，就会对这种西方观念给予作者的影响看得更加清楚。中国古代的艺术精品中不乏对女性的同情和赞美，却很少找到这种对于女性的崇拜与爱恋交融的意识。剖析朱自清作品中对女性的看法，使我们联想到但丁笔下的贝雅特丽采，或彼特拉克诗中的圣母劳拉。只不过在朱自清内心宇宙里，"艺术""艺术的女人"和自然界的山川草木合而为一，成为一个扩及整个宇宙的自然女神。她是神，同时又是人；她既是作者赞美和崇拜的对象，又是作者潜意识中"现代性诱惑"的抒发与宣泄。她是源于远古时代把自然界的本体视为女性的观念的沉积与复现。她无所不在，给一颗做父亲的枯涩的心灵以润泽，使其恬静豁达，在精神上获得补偿，在心理上维持平衡。

从某种意义上我们可以说：《背影》的主宰是"原父意识"，是男性的；

而《荷塘月色》的主宰是女神崇拜，是女性的。《背影》更多地表现义务的庄严感；《荷塘月色》则侧重于心灵自由的追求。《背影》是现实的，《荷塘月色》是超俗的。《背影》是凝重的，《荷塘月色》是轻灵的。《背影》与《荷塘月色》展现了朱自清前半生心灵的两个侧面，而两个侧面源于一个根，即鲁迅先生所说的诗人之爱。这种爱，推己及人时表现为《背影》，推己及物时则升华为《荷塘月色》。

大爱：原父意识的升华

在《女人》一文中，作者写道："……此外本还有'仁爱'，便是'民胞物与'之怀；再进一步，'天地与我并生，万物与我为一'，便是'神爱''大爱'了。"在这段话里，朱先生并没有把"神爱"与"大爱"分开，都是"天人合一"之意。我却希望借助于"大爱"一词包容作者一生，特别是他后期作品中那种对民族、对人民、对国家的强烈之爱。如果说"神爱"是对"原父意识"的情感补偿，"大爱"便是"原父意识"的扩展和升华。

中国传统的父子关系，不仅是家庭伦理关系的轴心，而且是一个象征。它扩展为"忠君"（事君如事父）、"敬师"（一日为师终身为父）和"爱民"（爱民如子）等一整套伦理体系。这种以"父子"为轴心而辐射出整个伦理体系，是有其深刻的心理根据的，那便是前面提到的"推己及人"。

能够"推己及彼"是人类区别于动物的重要特征，只有人类具备这种能力。建立在血亲基础上的父子之情是一种天然情感。由此推出的整套伦理体系就由此获得了一个相当稳定的情感基础。"五四"时期，先驱者们对这套伦理体系的攻击，重在粉碎"尊尊"之礼，却在平等的基础上保留并发展了"亲亲"的血缘之爱，并使其成为"泛爱"的天然情感基础。朱自清在《儿女》中引用过周作人的一句话："我爱我的妻子，所以我爱一切女人；我爱自己的儿女，所以我爱天下的孩子。""由爱自己的儿女"到"爱天下的孩子"乃至扩展到爱自己的民族、人民和整个人类，这是"原父意识"的扩展。这种心理活动过程是中国历史上许多大诗人的共同特征。

朱自清的"原父意识"几乎从一开始就具有广泛的内涵。他说："我向来有种癖气：见了有趣的小孩总想和他亲热，做好同伴；若不能亲热，便随时亲近亲近也好。"（《白种人——上帝的骄子》）他把陌生的孩子视同自己的儿女，又把养育自己的儿女视为鲁迅所疾呼的"救救孩子"的一个组成部分（《儿女》）。在《生命的价格——七毛钱》中，当他看到那个素不相识、七毛钱就被卖掉的五岁女孩时，立即想到了自己的儿女：

> 我回到自己的饭桌上，看看阿九和阿菜，始终觉得和那个女孩没有什么不同！但是，我毕竟发现真理了！我们的孩子所以高贵，正因为我们不会出卖他们；而那个女孩所以低贱，正因为她是被出卖的，这就是她只值七毛钱的缘故了！呀，聪明的真理！
>
> 我因此想到自己孩子的命运，真是有些胆寒！钱世界里的生命市场存在一日，都是我们孩子的危险！都是我们孩子的侮辱！您有孩子的人呀，想想看，这是谁之罪呢？这是谁之责呢？

列宁说过，没有"人的情感"，永远不可能接近真理。正是这种深挚的父爱及其扩展，促使朱自清思索那"聪明的真理"，思索那"谁之罪"！情感与理性的结合，使他那清睿的目光越来越超出家庭四壁，瞩目于祖国和人民的苦难，将自己的爱施之于辗转在反动派枪弹之下的爱国学生。显然，朱自清对爱国学生的深切同情、支持，甚至不畏枪林弹雨，是出于广阔而深刻的社会历史原因，并有着坚实的思想基础。但沉积于心灵深层的"原父意识"也是一个不容忽视的心理动因。他是把这些可爱的青年都当作自己的儿女来看待并加以保护的。对于在斗争中被摧残的青年，他的哀伤也是父亲式的：

> 韦君现在一个人睡在刚秉庙的一间破屋里，等着他千里迢迢的老父，天气又是这样坏，韦君，你的魂也彷徨着吧！（《哀韦杰三君》）

　　在拒领美援面粉的宣言上签名，是民族气节与家庭义务的尖锐冲突。就家庭经济状况而言，他所面临的窘境比其父辞官返家后的局面更甚：一月薪水仅够买二三袋面粉，怎么养得活一个嗷嗷待哺的七口之家？但朱自清的精神境界远高于其父。饱受屈辱的华夏民族、患国忧民的文人传统、民主主义的时代精神把他从"家庭之父"升华为"民族之父"，果断地把民族气节置于家庭安危之上："此事每月须损失六百万法币，影响家中甚大，但余仍决定签名。"当他决心以生命作孤注一掷以表现民族精神之不死时，他对生活贫困的学生依然表现出父亲式的慈爱与关怀。他曾对自己的一个学生说："你们很困难，比不得我们，不要因为我不领而受影响。"对学生的体贴如此细致入微，是存有父母之心的人才能做到的。西方人说，耶稣受难的十字架所给予人的启示是：爱的实现总是同受难、牺牲联在一起。朱自清先生的行动同样可以使我们获得一个类似的启示：民族与个人的自由是用千万人的受难与牺牲为代价的。我们的民族没有"耶稣"，但却造就了千千万万以自己的血肉之躯饲养后代子孙、捍卫民族尊严与利益的"民族之父"。

　　打碎了"尊卑上下"而建立起来的平等父爱，一旦扩展到广大人民群众，就会泛出异彩。晚年的朱自清接受了民主主义的精华和历史唯物主义思想，在处理同青年学生这两代人之间的关系时，不仅不以"父辈"自恃，而且能够自觉意识到自己不如青年的地方。他说："我们年纪大的人也许走得没有年轻人那么快，但是，就是走得慢，也得走而且得赶着走。"（陈竹隐：《忆佩弦》）当他穿着红红绿绿的衣服、头上戴一朵大红花在学生里认真地学扭秧歌时，不仅表现了对一个新时代的热烈向往，而且无疑是意识到作为一个长者的弱点，甘愿向下一代学习。这是一个"新的父亲"的形象。当时有些长者对朱先生的行动表示骇异，这是因为他们不懂得：这是师与生的尊卑界限的消泯，是"父"与"子"的平等无间的融合，封建传统的"父父子子"的硬壳被打碎了，挤压在其中的"亲子之爱""父子之情"以最纯真的形式活泼地在两代人的关系中复活了。它的实质是人与人的相互尊重和爱。在这个意义上说，它也许是人对自然的（超越性）复归和对未来的父子、长幼关系的昭示吧！

历史总是在否定与肯定的辩证关系中发展。在我们往前迈步的路上，面前将永远有一个"背影"，那就是我们的父辈；我们将永远觉得他们"迂"，但同时又会深切感觉到我们同这个"背影"之间那种割舍不断的联系。认为"迂"，是对父辈的批判与超越；而割舍不断的思想情感又意味着历史的连续性。当你眼前的"背影"消逝时，你自己又成为下一代的"背影"，成为他们批判与思恋的对象。我们民族的历史车轮也许就这样生生不息地向前滚动吧！

1988 年 10 月至 11 月，即朱自清先生
忌辰 40 周年与诞辰 90 周年之间，于清华园

论贺麟的"质素"说

> 现在的问题是如何从旧礼教的破瓦颓垣里，去寻找出不可毁灭的永恒的基石。在这个基石上，重新建立起新人生、新社会的行为规范。
>
> ——贺麟：《五伦观念的新检讨》

贺麟新版《文化与人生》收先生抗战期间及稍后时期短论42篇。《五伦观念的新检讨》是其中之一。但先生对这篇论文情有独钟。"新版序言"共3000字，其中有两千多字是谈论此文的。这两千多字中绝大部分是引用台湾韦政通先生的评价。贺认为韦慧眼独具，对该文的褒奖是"空谷足音"，视韦为"海外知己"。这种激赏不无对大陆学术界的含蓄批评。《五伦观念的新检讨》或还有可以指摘之处，但其中在一些根本问题上表现出的远见卓识确是不该忽视或抹杀的。特别令人深思的是，先生当年讨论的如何对待传统伦理道德观念的问题，于道德滑坡的今日又重新提上文明建设的首席日程。而且越来越多的学者认识到，新起的一代正在成为"无根的一代"。旧传统大厦的倒塌是历史的必然、历史的进步，但如果我们不能在旧传统的"破瓦颓垣"中找到"永恒的基石"，中华五千年文明的陨落将不可避免，社会主义精神文明的建设也将成为一句空话。

贺麟不是文化保守主义者，早在清华求学时代，他就意识到不能走王国维、梁启超的老路。在《文化与人生》中我们间或还看到赞成在质的方面"彻底西化"的提法①，周辅成先生认为贺实际主张的是"化西"，即把西方文化精华有机地转化于中国的传统，以求推旧出新。在《五伦观念的新检讨》中他写道："我们要从检讨这旧的传统观念里，去发现最新的近代精神。从旧的里面去发现新的，这就叫做'推陈出新'。必定要旧中之新，有历史有渊源的新，才是真正的新。那种表面上五花八门，欺世骇俗，竞奇斗艳的新，只是一时的时髦，并不是真正的新。"②

贺先生是研究黑格尔的大家。"旧中求新，方为真新"听起来观念很旧，其实符合辩证法，贺麟在 20 世纪 40 年代所写的《黑格尔理则学简述》指出，任何对立的有机统一都只能经过辩证的自我否定和回复的运动（正、反、合）方可达到。后来，贺麟进一步强调黑格尔辩证法的否定性特征。按照上述观点，任何旧事物中都包含着其否定的另一方面，即新的方面，事物的运动就是旧事物被其内部（而不是外部）的对立面所否定，从而进入更高阶段。"旧中有新"当无疑问，而"旧中求新"正是事物自身运动的辩证要求。在运动中达到的"新"是"真新"。相反，处于旧事物外部的"新"，同这旧事物毫无关系，则不能成事物辩证运动的必然结果，而只能作为"偶然性"存在于运动过程之中。近十几年，有的人讽刺研究传统的人是"只会讲爸爸爸"的老话的"白痴"，而他们自己跟着时髦的潮流转，两三年一转向，把自己搞得晕头转向，十几年过去，回过头看看走过的路，发现是一片空白。求新是十分必要的，但离开历史甚至完全否定历史，其"新"必如漂萍，一阵风便吹得无影无踪。

贺主张"旧中求新"，即谓一切新的精神现象都不是从现实中直接生长出来的，它必有自己的历史渊源。这一点，应该说是对的，譬如马克思主义，正如列宁所说，它并不是从当时自发的工人运动中产生出来的，而是源自德国古典哲学、英国古典经济学和法国的空想社会主义理论。从马克思主义的眼光看这三种理论自然是"旧"，但它确实又是马克思主义这个

---

① 贺麟：《文化与人生》，商务印书馆 1988 年版，第 305 页。
② 同上书，第 51 页。

"新"的源头。这三个源头还可以上溯出更远的历史之源。马克思主义是从西方传统文化中脱胎出来的，它要在中国的土地上生根，还要同中国的传统会通。毛泽东区别于王明等人的地方就在于他把马克思主义中国化了。这个"中国化"不仅包括同中国的现实的结合，而且包括同中国传统文化的贯通。没有这种贯通，中国革命不可能胜利。当然，精神运动的后面还有物质运动，贺先生在 20 世纪 40 年代是位唯心主义者，他不可能看到精神运动背后的物质运动的决定性作用，看不到精神成果诞生所不可或缺的物质条件。这是贺的局限性。

贺在《五伦观念的新检讨》一文中所说的"旧"，主要指本民族的传统。但这并不意味着否定西方。贺先生的求"新"正是以西方近代的优秀文化为出发点，而以中西两大文化的"会通"为依归的，贺以黑格尔的"具体共相"论出发，认为：

> 哲学只有一个，无论中国哲学与西洋哲学都同是人最高表现；人类理性发挥其光辉，从理解宇宙人生到提高人类精神生活的努力，无论中国哲学、西洋哲学、甚至印度哲学，都是哲学的一支，代表整个哲学的一个方面。……如果对于中西方均有深切了解的话，不能说中西哲学间有无法沟通的隔阂，有天壤的差别。[1]

因此，贺的文化路线既区别于信古、复古，又区别于"全盘西化"，而是力图在中西文化之最深邃处找出其"共同的基础"。这个"共同的基础"，就是对中西两大传统的继承、扬弃和超越，就是历史为现代化与未来的精神文明提供的"永恒的基石"，即所谓"旧中之新"。

在论及如何"旧"中出"新"时，贺以对五伦的辨析为例，反对以下四种方法：第一，以弊端覆盖全体，如说"礼教杀人"，其实就弊端而言，"自由平等"何不杀人？第二，把中国之衰亡全归罪于文化。第三，把礼

---

① 贺麟:《中国哲学与西洋哲学》，转引自宋祖良、范进编:《会通集》，生活·读书·新知三联书店 1993 年版，第 26 页。

仪细节当作五伦的本质。第四，以经济基础的变化为推翻传统的依据。（以上参见《五伦观念的新检讨》一文）总之，以传统的局部效应作批评的依据是不当的。贺先生说："我并不是说五伦观念不应该批评，我是说，要批评需从本质着手。"旧事物中的这种本质，贺先生称之为"质素"，寻找旧传统中的"质素"就成为出"新"的关键。

贺对中国儒家传统中的基本观念，如"诚""仁"以及朱熹、王安石、王船山等学说都作过独特的阐述。而最令人感到惊奇的是他对"三纲"说的开掘。正如作者自己所说："最奇怪的是，而且使我自己都感到惊异的，就是我在中国特有的最陈腐、最为世人所诟病的旧礼教核心三纲说中，发现了与西洋正宗的高深的伦理思想和与西洋向前进展向外扩充的近代化精神相符合的地方。"①

在《五伦观念的新检讨》一文中，作者写道：

> 站在自由解放的思想运动的立场上去攻击三纲，说三纲如何来缚个性、阻碍进步，如何不合理，不合时代需要，等等，都是很自然的事。但是，要用哲学的观点，站在客观的文化思想史的立场，去说明三纲说发生的必然性及其意义所在，就比较困难了。②

作者从历史上说明从先秦的"五伦"发展到西汉的"三纲"是合乎逻辑的必然，因为先秦时代的五伦常是相对之爱，因而是无常的。君不君，臣就可以不臣；父不父，子可以不子；夫不夫，妇可以不妇。因此社会的基础仍不稳定，变乱随时可能发生，道德沦落亦不免。西汉要维持大一统，董仲舒总结先秦的历史经验，在五伦基础上提出"三纲"，从而把相对关系进展为绝对关系；将"五伦"的交互之爱、等差之爱进展为绝对之爱、片面之爱。"三纲"说要求臣、子、妇尽单方面的忠、孝、贞的绝对义务，以免陷入相对的循环报复、讨价还价的不稳定的关系之中。同时，

---

① 贺麟：《文化与人生》，第 60 页。
② 同上书，第 58 页。

贺指出五伦进展为三纲，还包括由五常之伦进展为五常之德的过程。五常之伦只是规定不同人伦关系之间应有等差之爱，而五常之德则为这关系确定了道德规范。有了五常之德，则"不论对方生死离合，不管对方的贤愚智不肖，我总是绝对尽我自己的位份，履行我自己的常德，尽我自己应尽的单方面的义务。不随环境而改变，不随对方为转移，以奠定维持人伦的基础，稳定社会的纲常"。① 贺认为，三纲说这种绝对的、单方面的道德要求，显然比五伦说来得深刻有力量。"举实例来说，三纲说认君为臣纲，是说君这个共相，君之理是为臣这个职位的纲纪。说君不仁臣不可以不忠，就是说为臣者或居于臣这个职务上的人，须尊重君之理，君之名，亦即是忠于事，忠于自己的职分的意思。完全是对名分、对理念尽忠，不是作暴君个人的奴隶。保证人都能在其分位内，单方面地尽他自己的绝对的义务，才可以维持社会人群的纲常。"②

贺麟认为，"三纲"说这种单方面的绝对的爱与尽义务之忠忱，同柏拉图的理念或范型、康德的"道德绝对命令"是一致的，而"西洋人之注意纯道德纯爱情的趋势，以及尽职守、忠位分的坚毅精神，举莫不包含有竭尽单方面的爱和单方面的义务之忠忱在内"。如近代西方浪漫主义骑士对女子之爱、西方近代革命对主义之忠、耶稣教徒忠于其信仰、竭尽单方面之爱的不图回报之精神都是同三纲之说的真精神相通的。至此，贺麟以披沙拣金之努力，揭示出三纲说的内在真谛，并在这深邃处实现了与西洋近代精神的会通，这就是"以常德为准而皆尽单方面的爱或单方面的义务"。贺麟认为这既是中国传统三纲的基本"质素"，也是西方近代伦理思想的"质素"。它是人类伦理道德关系的"永恒基石"，正是"在这基石上，重新建立起新人生、新社会的行为规范和准则"。③

但是，贺先生也注意到了传统三纲说内在的矛盾性。作为其真谛的"片面的绝对的爱"是一种情感，因此必须以实行者的意志自由和真情实感为前提。但旧规范的不合理与强制性恰恰在很多情况下扼杀了这种真情

---

① 贺麟：《文化与人生》，第 59 页。

② 同上书，第 60 页。

③ 同上书，第 62 页。

实感，从而把它变成了一个真谛失落的空壳。而这，正是中国传统三纲与西方近代伦理精神之区别："所不同者，三纲的真精神，为礼教的桎梏、权威的强制所掩蔽，未曾受过启蒙运动的净化，不过纯基于意志的自由和真情的不得已罢了。"[1]而今天，重建新的伦理道德，从根本上讲，就是寻求新的规范使其与意志自由、真情相一致，让人们的"单向的绝对之爱"确立在意志自由和真情的基础之上。事实证明，只有事业的正义性、主义的真理性、宗教的信仰和发自人性（如母爱、恻隐之心……）的至诚，才能导致"单向的绝对的爱"，离开上述的前提和基础，单向的爱不可能存在，单向尽义务的忠诚之心也不可能存在，道德的瓦解和沦落是必然的、不可避免的。贺麟不像文化保守主义那样诅咒五四新文化运动和欧风美雨的侵袭，他从黑格尔的辩证法出发，认为所有这些对旧传统的轰击，都只能"破坏和扫除儒家的僵化部分的躯壳的形式末节，及束缚个性的传统腐化部分"，从而使孔孟伦常的真精神更加显露出来，20世纪的历史也证明，正是对民族、人民和真理的"单向的绝对的爱"写下了我国历史上最辉煌的篇章。这种爱是对中国伦理传统的继承、扬弃和超越，它构成推动我国不断向现代化前进的最大精神动力，也是造就我国现代社会良好道德建构的钢筋铁骨。

寻找"质素"的努力，是贺麟前半生学术活动的集中点，贯穿于他对中外文化传统各个方面的审视之中。例如对非议甚多的宋明理学，对王安石、王船山的思想评价等，他都要求从形而下的、一时一地的效应之中，摒弃其表面的、非永恒的部分，而找到永恒的、合理的"质素"。对于西方传统文化，贺麟同作如是观。例如对基督教，贺认为，应把"教会的耶教"和"精神的耶教"加以区别，教会的耶教在历史上起过许多不好的作用，但精神的耶教却是西方的物质、精神、文化发展的原始推动力。对教会的耶教应予批判审视，而耶教精神却同中国儒教道德乃至共产主义相通，应予引进，发扬光大。贺的具体见解未必都很正确，但这种对旧学说层层剥笋、去皮见骨的方法，却为我们对传统的继承和超越提供了一种可

---

[1] 贺麟：《文化与人生》，第 62 页。

贵的理路。他从来不拘执于某一学说在一时一地所起的负面效应，善于从不合理中看到合理，从荒谬中看到必然。透过贺先生对一个个具体思想学说的剖析，我们感受到他从一切矛盾冲突中把握永恒至理的伟大气魄，这种气魄不仅源于对黑格尔辩证法的深刻把握，而且有一种更原始、更深邃的冲动存在：这就是对宇宙、自然、人类以及国家民族的斯宾诺莎式的爱，这种爱是贺麟思想的"质素"，正是这种爱推动着一个学者去做永恒的真理追求。

1996 年 11 月 20 日
北京清华园

王瑶与释古学派 ①

　　直到现在，先生对清华大学的那种深情，于我还是个谜。记得是在先生去世的前一年，北大和清华联合召开朱自清先生的纪念会。先生在会上做了长篇发言，如数家珍般地论述清华中文系的璀璨历史，直言不讳地批评院系调整时将清华中文系取消是"一大损失"，"因为它不是一个大学的一个系，而是一个富有鲜明特色的学派！"先生很有感情地说，"我常说，我是清华的，不是北大的"。后来钱理群兄告诉我：先生不止一次地说过这句话。我感到惊愕：先生桃红李艳，盖出自燕园，这是众所周知的。何以有"我是清华的"这一申明？是因为先生青年时代曾就读于清华，抑或他的两部开山力作（《中古文学史论》和《中国新文学史稿》上册）都完成于在清华授业、工作时期？抑或意味着某种精神、气质上的归属，学派风格上的师从？抑或还有埋藏更深的情感动因？我不敢肯定。先生在讲这句话时，眼神里分明闪烁着兴奋和感伤的色彩，它使我不敢做肤浅的妄测。后来，又有机会见到先生时，曾想贸然地提出这个问题，但终于没有出口。待到去年那寒冷的日子，先生的充满智慧的烟斗永远地熄灭之时，我意识到，只有在先生遗稿的字里行间去寻找那深邃的谜底了。

---

① 本文原载《王瑶先生纪念集》，天津人民出版社 1990 年版。原标题为《瑶华圣土——记王瑶先生与清华大学》。

可以肯定，先生对于清华的向往，是从中学就萌发了的，否则难以解释，1934 年先生负笈来京既考取了北大又考取了清华，何以在鱼和熊掌之间舍北大而就清华。究其原因却又只能做几分猜测：先生高考的那个年代，北京大学由于受到国民党政府镇压和控制，已从"五四"时代的先驱地位退落下来，政治上较为沉寂，学术上亦趋于保守。而清华大学，由于同美国的特殊关系及梅贻琦校长实行自由主义办校方针，使得进步的政治力量和学术力量得以部分地保存和发展。美国用庚款余额办清华，本意是培养追随西方的精神领袖，但其结果多与初衷相悖。学校与美国的紧密联系反倒使爱国师生较其他学校师生具有更为开阔的世界眼光。"中西贯通，古今融汇"成为清华中文系独具特色的办系方针，将西方文学和中国现代文学列为必修课为当时国内大学所罕见，以大师陈寅恪和著名学者闻一多、朱自清、王力等为骨干的教师队伍在学术上显示出一种既严谨缜密又富于开创性的生气勃勃的态势。作为一个在中学时代就已正式参加"左翼作家联盟"的文学青年，王瑶意识到自己才华的充盈，他渴望为自己找到一块足资生长的沃土和表现自己的舞台。而当时的清华就是这样的沃土和舞台。王瑶的选择，从实质上说，是对一种开放的、富于创造性的文化环境的选择。

然而，首先却是历史选择人。日军进逼、华北将亡的险恶形势把一切有良知的青年推向抗日救亡的前哨。王瑶于 1934 年 9 月入学（学号 2544，榜次第 89 名）后，即投身于政治活动，并在撰写时事评论方面以思想聪敏、倚马成章而崭露头角。次年 3 月因参加地下党组织的"现代座谈会"而第一次被捕。同年参加了震惊中外的"一二·九""一二·一六"的游行示威。1936 年 3 月，因参加抗议反动当局将中学生郭清迫害致死而举行的抬棺游行，二陷囹圄。两次铁窗磨难的直接结果是于 1936 年 6 月加入中国共产党，并于同年 10 月受命主编《清华周刊》第 45 卷。

逼人的社会问题可以使青年早熟。当我们面对这部半个多世纪以前的旧杂志合订本时，很难相信它的编撰者竟是一批 20 岁左右的"娃娃"。它厚达 1600 多页，总计约 200 万字，出版时间为 1936 年 11 月到 1937 年 1 月的 3 个月之间。每星期出一期（含副刊），一百三四十页，每期不仅有对国内外重大政治事件的述评，而且以绝大的篇幅介绍新文化、新思潮、新科学，从《周易的辩证观点》到《苏联的五年计划》；从《地球的冷却》到《同温层飞行》；从高尔基、爱因斯坦到弗洛伊德；从政治民主化到性道德；等等。它的学术论争常常惊扰社会上的"大人物"，早在第 272 期就曾刊载张君劢的文章而在全国引起一场关于"科学与玄学"论战的轩然大波。在王瑶主编的这一卷上，由于连续刊登批判叶青荒谬哲学观点的文章而逼得叶青站出来答辩：《哲学不会消灭吗？》（载第 9 期）显然，在《清华周刊》的编撰者看来，抗日救亡并不只是单纯的政治斗争，而是开启民智、提高人的素质的伟大的启蒙运动。事实上，这本周刊的影响也早已越出清华园而远播于社会，在全国的周刊中，它的影响仅次于《国闻周报》。当我们将这厚厚的合订本一页一页翻下去的时候不禁联想到"五四"时代北京大学学生创办的《新潮》杂志。

由于历史条件不同，我们不能把《清华周刊》的作用同《新潮》相比。然而当时的青年主编确是以《新潮》编者那样的使命感，要求自己，并认为《清华周刊》应超过《新潮》。在王瑶自撰的长文《一二·九与中国文化》中，他指出，如果说"五四"是对一切文化价值的重估，则"一二·九"的文化运动则是"对重估的重估"。这种重新审视一切的精神使整个刊物显示出一代青年"激扬文字，指点江山"的豪迈气概和比《新潮》更加成熟的风度。被这种使命感和自豪感所激励，青年主编的生活是异常忙碌的：早上起来一边准备时评稿子，一边用红笔为其他稿子画上"两栏""四号仿宋"。到吃中饭时，蹬上自行车先去浏览当天的日报，吃过饭再蹬车在校园里巡视一周，"怀着惟恐天下无事的心情"搜寻可发的新闻。下午则是频繁地打电话找各栏编辑，同时写了篇千把字的杂文。体育课逃课了，跑去催两个同学交稿。"晚上修书两封，读世界文学史纲一章，听两位同学辩论中国政府抗敌可能性问题约半小时。"（见王瑶《这一天》，《清华周刊》第 45 卷第 5 期）在主编 45 卷的 3 个月间，王瑶自撰文章 34 篇，其中时评 14 篇，文学（文化）论文 9 篇（包括翻译 1 篇），杂文、散文及其他 11 篇，总计约 7 万字。王瑶于 1987 年写的一篇《自我介绍》中说："在校时诸多平平，鲜为人知。惟斯时曾两系图圄，又一度主编《清华周刊》，或能为睽违已久之学友所忆及。"（载《清华十级校友纪念册》）可见先生直到暮年都未尝忘怀做主编的这段文采风流的愉快生活。

这一时期王瑶撰写最多的是时事评论，而且均以国内重大事件为题。其时是中国现代史上最为错综复杂的年代之一。由于日军进逼华北和"一二·九"运动的爆发，引起了国内各派政治力量之间极其微妙的变化。能否在事变刚刚露头时就及时准确地作出判断，成为写时事评论的最困难之点。例如，"西安事变"发生的第二天，《世界日报》用寥寥数语报道了蒋介石被张学良扣押的消息，语焉不详，全国舆论大哗，左派急盼杀蒋，右派则欲讨张，亲日派也乘机企图火中取栗。是日，王瑶写出《西安事变》的时评，提出如下的估计和意见：1. 张学良扣蒋非为个人争权，而为反对政府对日妥协的外交；2. 此次扣蒋有引发内战危险，这是人民最忧虑的；3. "此事宜和平处置"，以此为契机推动全国各派力量团结抗日。历史已经证明这些估计和意见的正确性。这种政治上的成熟，是同以刘少奇为首的北方局的领导分不开的，它是"一二·九"时代进步青年的集体财富。但我们同时又应该承认，从宏观上把握历史事变，透过错综复杂、散乱无序的表象把握事物本质的卓越能力是王瑶的才华之所在。在他把主要精力转向文学史的研究后，这种能力依然在他的学术撰述里熠熠闪光。

然而，王瑶在后来曾"检讨"过：写时评并非他所爱，写文论才是情之所钟。证据是，时评全用假名，而文论多署真名（王瑶或昭琛）。在这民族危亡的紧急关头，王瑶奋不顾身地投入了政治斗争，但同时又固执地保持着对文学的酷爱。他写出了许多出色的政论，但却不想当一个职业的革命家，内心对于文学的酷爱到了偏执的程度，差不多成为一个"情结"。他的文论同他的时评一样贯穿着鲜明的马列主义的历史观和辩证唯物主义的分析方法，他赞美鲁迅的方向和苏联的文学，推崇基希式的报告文学那种"拒绝对现实的逃避"的战斗精神，声称"遗弃了自己时代任务的角色，将也同样地被时代所遗弃"（《悼鲁迅先生》，《清华周刊》第45卷第4期）。但在文艺必须反映现实这一前提下，他强调创作主体的能动作用。他说："从客观的真实到艺术的真实这一长的过程上，作家对于现实的认识和作家的表现能力，构成了创作的最主要的因素，而表现能力却占着更重要的地位。"（《论作品中的真实》，《清华周刊》第 45 卷第 9 期）这一观点的正确性应该说是没有疑义的。但这种对于个人才华的肯定本身就隐藏着某种不幸，或者说其中隐藏着王瑶内心的"深层意识"——对于才华的自我钟爱。这种对才华的自我钟爱酿成了许多卓有才华的人的终生悲剧。

王瑶在一篇"检讨"中曾写道："我所想象的新社会是什么样子呢？用冯友兰先生的话说，就是一个下棋式的社会而不是一个打牌式的社会。我觉得一个人应该得到充分发展的机会，结果他被淘汰了，那是应该的，因为他能力不如别人。"这段话使我们想到了高尔基的另一段话："他们开始生活的时候，相信高度的精神发展完全能保证他们有相应的和独立的社会地位，保证思想和意志的自由。"

今天的读者如有机会重读王瑶发表在《清华周刊》上的文章，也许会对他有关鲁迅的文字怀有特殊兴趣。翻开 45 卷合订本，首先赫然入目的就是王瑶自撰的《悼鲁迅先生》。这不是一篇应景的祭文，而是怀着凝重的悲哀写出的对于"鲁迅精神"的阐释。其中关于鲁迅与时代，鲁迅一生爱护真理与追求真理的精神，鲁迅对人类的"憎"及从憎里发出的爱，在暴露黑暗中体现出的对光明的追求，等等，都表明作者对鲁迅的研究并非从写祭文之日始。没有对鲁迅精神的长期倾倒和认真思索，是不可能一发而有此卓见的。然而祭文却又是一个重要的标志：由于鲁迅的死而使一颗年轻的心灵沉入了更深的思考。它超越民族救亡的紧迫任务而表现为一种更为深刻的对于人生的体悟和对于人格的追求。在同一期里发表的论文《当前的文艺论争》则表现出王瑶对于鲁迅文艺思想的正确理解。关于"国防文学"与"民族革命战争中的大众文学"的论争，是 20 世纪 30 年代进步文艺界的一场相当激烈的冲突，它的余波一直延伸到"文化大革命"期间。令人惊讶的是，即使站在今天的高度上反观这篇由 22 岁的年轻人写出的文章，仍然不能不说它是正确的。它相当全面地阐述了两个口号的互补关系，既表现出对一切非卖国文艺的宽容、团结的胸怀，又坚持了进步文学不可动摇的创作原则。文章指出，这场论争产生的重要原因在于"争正统的宗派态度"，并且认为只有克服这种宗派情绪才能实现文化界在抗日基础上的统一战线。在王瑶这一时期发表的其他文学论文中也不难发现鲁迅思想的深刻烙印。当时，拥戴鲁迅的青年可谓成千上万，但真正理解鲁迅者并不多，王瑶可算寥寥者之一。由此而显示出的鲁迅对王瑶的深刻影响，几乎决定了王瑶今后一生的道路。

似乎有些偶然。正当王瑶回家省亲时，卢沟桥事变爆发了。如果当时他在校，也许会接受党组织的派遣去参加平西游击队或到大后方参加抗日宣传工作，或随学校南下。如果他同晋东南党组织能顺利地接上头，他也许会去根据地工作。然而，他却被困在哥哥的小杂货铺里长达3年之久。当他历尽艰辛、长途跋涉终于到达昆明西南联大时，已近而立之年，他决定不再继续青年评论家的政治生活而转向学术研究。

王瑶重返西南联大清华中文系时，正是朱自清先生披着马夫使用的毡披风去上课的艰苦年代。由于国民党政府的腐败，后方人感到抗战前景茫然，经济陷入凋敝，几乎所有教师生活都很窘迫，但整个中文系和文科研究所的研究空气却极为浓厚。"何妨一下楼"主人闻一多靠镌刻图章贴补生活，但整理《易经》《诗经》《楚辞》常至深夜不眠，成果惊人地丰硕。朱自清穿的旧夹袍纽扣都掉了，自己缀上些破布条系着。但"一日之中，除了三餐饭和午后的小睡以外，很少看见他离开座位。晚上还要到十二点以后才就寝"。此外如浦江清、许维遹、王了一、陈梦家、李嘉言、何善周等先生也都经常研究到深夜，成为习惯。物质上的匮乏与精神产品的丰富形成强烈对比，用今人的观点似乎难以理解。然而，从山西穷困落后的小县城来到这个文化环境中的王瑶一下子就选中了这种生活。经朱自清先生介绍，他先后到铭贤中学、天祥中学、五华中学兼课以维持生计。在此期间，他并没有中断参加进步的政治活动，在中学授课向学生推荐《新华日报》，在"三民主义"课中宣传共产党的政治主张。但从总体上看，他的兴趣中心已转向古典文学的学习与研究。在当时的清华中文系和文科研究所，如果在中国古典文学方面没有较高的造诣，就没有学术地位和发言权。王瑶有充分的自信，凭借自己的才华和努力，他能够取得这种地位和发言权。他深知自己具有老一辈学者所不具的优势：他懂得马列主义的辩证唯物论和历史唯物论，深通新的文艺理论。凭借这种优势，他能够在古典文学的研究中开拓出一片新的天地。

王瑶冷静地选择战略主攻目标，在补学大学本科课程的同时就把注意力转向魏晋时期的文学。他于 1943 年 7 月大学本科毕业时，毕业论文的题目就是《魏晋文论的发展》。这篇论文由朱自清、闻一多阅卷，一致批给了 85 分的优秀成绩。进入清华文科研究所学习后，他锲而不舍，继续从事汉魏六朝的研究。又经过 3 年的寒窗苦读，终于 1946 年 2 月以优秀成绩结束了自己的研究生学业。他的毕业考试及论文答辩都是非常郑重而严肃的。清华档案室还保存着闻一多所长为王瑶毕业初试及论文考试事给梅贻琦校长、潘光旦教务长的两封信函及梅贻琦敦聘汤锡予（用彤）、彭仲铎、冯芝生（友兰）、吴辰伯（晗）、朱佩弦（自清）、王了一（力）、浦江清、许骏斋、闻一多诸先生为王瑶论文考试委员会委员的聘书。

在他结束自己的研究生学业时，他在中古文学领域里已经登上了高峰。这不能不首先归功于导师朱自清。王瑶《中古文学史论》中的每一篇论文在发表前都由朱先生审阅、修改。但王瑶又在许多方面有所超越。朱先生关于中古文学的研究以考证细密、辨义清晰著称，并且能不露形迹地引入西方文论，博采精掇。王瑶继承朱的考证功夫，力求符合于"史"，但他从青年时代就锻炼出来的那种从宏观上把握历史和对扑朔迷离的现象进行条分缕析的能力，使得他从一开始就不把目光局限于一个诗人、一个概念或一种文体，而是从整体上梳理汉魏六朝的文学，探究当时的社会政治、文士心态同文学发展的关系，因而显出一种既严谨扎实又高屋建瓴的特色，较好地实现了"微观与宏观的结合"。这部《中古文学史论》具有鲜明的历史唯物主义思想，但不同于 1949 年后撰写的某些文学史论著那样把文学当作社会政治经济的插图。作为鲁迅最好的学生之一，王瑶继承并发展了鲁迅的研究方法，将"酒、药、女、佛"等文学典型现象作为中介，从而把社会政治经济同文士的心态衔接起来，避免了机械唯物论的弊端。他还注意吸收某些非马克思主义的美学理论之有益部分，如在《隶事·声律·宫体——论齐梁诗》一文中，应用弗洛伊德的宣泄说解释宫体诗产生的心理原因为"以使纵欲的要求升华一下，使由生理的满足提高为心理的满足"①。王瑶关于社会学视角与心理学视角相结合的尝试虽属初步，但确收到了相得益彰的效果。

如果说 1935 年、1936 年是先生政治上的黄金时代，那么，从 1942 年到 1952 年则是先生学术上的黄金时代。在这后十年里，先生不仅完成了《中古文学史论》，而且写成了我国最早的现代文学史专著之一——《中国新文学史稿》，为新文学史的研究与教学奠定了基本格局，从而在两大领域分别登上了高峰。为先生充盈的才华提供了沃土和舞台的就是清华大学。近几年，在纪念闻一多或朱自清的会上，先生 3 次提出并阐释"清华学派"，指出这一学派的主要特点是对传统文化不取笼统的"信"或"疑"的态度，而是在"释古"上用功夫，作出合理的符合当时情况的解释。为此，必须做到"中西贯通，古今融汇"，兼取京派与海派之长，做到微观与宏观结合。先生的这些思想实际上并不囿于清华，而是从历史的高度上总结了近年文化学术发展的经验教训，指出了一条发展学术的正确道路。先生总是说，这一概念是冯友兰先生提出的，推崇闻、朱是这一学派在文学方面的代表。事实上，它也是先生自己多年从事学术研究的心血所得，也可以说是他成功的诀窍。先生为"清华学派"系统开出了一个长长的名单，这个名单唯独"漏掉"了一个人，就是先生自己。事实正如王富仁同志所说："王瑶先生是清华学派当中的一位大师级学者。"

他在清华的最后一年（1952 年）是在知识分子"洗澡"运动中度过的。他终于成了一个重点帮助对象。现在，当我们回过头来翻检他的"检讨"时，究竟其中有几分真诚几分无奈，已是说不清楚。总之，"洗澡"之后，多了几分觉悟，也多了几分谨慎。当一个人每写一句话都要想想自己是否会为这句话受到批判时，他的写作生命就差不多终结了。在此之后，王瑶先生依然写文章，只是那种锐斧劈山的气势大为减弱。他的弟子们则说，得益于师泽多不在文章之内而是在客厅的沙发前，用王瑶先生常用的说法叫"亲聆音旨"。先生曾因爱陶渊明诗而受到严厉批评，其实检视《中古文学史论》，其中并无对陶的溢美之词。他的鲜明的唯物史观不容许在

---

① 王瑶：《中古文学史论》，北京大学出版社 1986 年版，第 273 页。

自己的文论中给陶渊明以太高评价。恰是在受了批评之后，先生的言谈里反而多了几分陶渊明，多了几分魏晋文士的清峻和通脱。先生在主编《清华周刊》时明确表示不赞成屠格涅夫的"冷静是世界上最可宝贵的东西"，而欣赏克鲁泡特金所说："对于革命者，最重要的还是热情。"并且郑重宣布说："我要冷静，更要热情。"（《冷静》，《清华周刊》第45卷第7期）然而到了华发满颠、牙齿转黑的"黑白颠倒"之年，上述宣言似乎也"颠倒"了。1989年夏旅居烟台时，先生录杜甫诗句云："飘飘何所似，天地一沙鸥。"

　　然而，我依然怀疑先生并不"通脱"，他的内心隐藏着过于沉重的痛苦和巨大的热情。在先生去世那年的3月，我和张正权同志曾去拜访先生，汇报我们关于举行"清华学派"讨论会的想法并请先生牵头。先生慨然应允，并且热情地谈了许多关于清华中文系应如何办的想法。我坐在柔软的沙发上，望着先生那由于兴奋而熠熠发光的眼睛，聆听着先生那充满机智和风趣的谈吐，内心感到一阵阵的温馨。我突然记起《九歌》中的一句诗："折疏麻兮瑶华。"先生的"瑶"是否出典于此？我不知道。洁白如玉的仙花，总是眷恋那养育自己的圣土的。当大司命从树干上将她折取下来时，她是否感到失去皈依的痛楚和行将枯萎的悲哀？她或许在为自己的痛苦和悲哀而歌唱，但那是一首无字的歌，是我辈永远无法听懂的。

"原父"：世界电影中的中国话语 [①]

　　恩格斯在《家庭、私有制和国家的起源》中说，母权制的被推翻是世界妇女在人类历史上一次有意义的失败。人类从母权社会过渡到父权社会无疑是历史的进步，但也意味着人类与女性的温柔及亲情的告别，进入一个以强权和暴力为特征的时期。这一点在西方历史上特别显著。作为追寻人类情感的艺术作品常为此表现出强烈的感伤和愤懑，从古希腊神话到现代的先锋派小说、戏剧，常有反抗父权的"弑父"主题出现。18世纪以来欧美的资产阶级革命，从文化的意义上讲就是反对一切形式的"父权"，还人以个人的自由。在推翻父权之后，西方人进入既无"母权"、也无"父权"的"无父无母"时代，人成了"孤独的一群"。但中国的情况有所不同，由于从传说中的尧舜时代起，就主张为父应兼具"尊尊"与"亲亲"两种意识（参见本书《原父意识的补偿与升华》），使得后辈在反抗父权时陷入两难境地。"五四"以来，抗父的文化浪潮以各种形态此起彼伏，但"尊父"与"恋父"的浪潮往往追随其后。至今泛父意识不仅存在于广大百姓中间，就是知识分子也有形无形地羁縻其间。如果对20世纪80年代以来的电影作一粗略的文化考察，不难发现这一有趣的现象。

[①] 本文系提交给香港浸会大学主办的首届华语电影国际研讨会的论文（部分）。

寻父：第一浪潮

　　"文革"中的红卫兵，凡出身于干部知识分子家庭，大抵都曾造过其父母的反，这种延伸到家族内部的"阶级斗争"，触动了中国几千年的文化根基，颠倒了伦理关系，既深深地伤害了父母，也伤害了作为红卫兵的儿女自身。20世纪80年代初有一篇题名《伤痕》的小说写的就是儿子（红卫兵）曾残酷地迫害自己母亲，待明白自己犯了多么严重的过失准备向母亲忏悔时，母亲已不再能听到他的声音。这篇小说风靡全国，造成了文学上的一个浪潮或流派即"伤痕文学"。这一浪潮的社会心理动因就是许多人感到了失去父母的痛苦。如果说母亲代表爱、父亲代表信仰的话，社会所失去的是"爱＋信仰"。寻找母爱和寻找父亲成为70年代末和80年代初文艺创作中的重要潮流。电影是这股浪潮中的佼佼者。充当中坚力量的是一批五六十年代成长起来的中年电影工作者，有些电影史专家称他们为"第四代"。

　　80年代诞生了一部优秀的电影诗——《巴山夜雨》（叶楠编剧），剧本描写了一艘在"文革"的凄风苦雨中航行的大船。这艘船本身就是当时的苦难中国的象征。主人公诗人秋石是一个"被缚的普罗米修斯"，作为一个被羁押的囚徒他依然关怀着船里的每一个受难者，尽自己所能给他们以光明和火。红卫兵运动逼得他骨肉离散。他与女儿同船却互不认识，作者在表现"文革"造成的伦理倒错时，将女儿描写得柔弱可怜，父亲崇高而悲凉，显示了编剧是站在"父亲"一边，有强烈的尊父情结。但编剧认为更强大的是人民本身，"被缚的普罗米修斯"感动了全船，甚至感动了押解他的刘文英，在"人民"的帮助下，秋石父女终于获救。在一个漆黑的夜晚，在众人的帮助下，秋石背着他的可怜的女儿向着茫茫的远方走去。这一结尾令人想起小说《约翰·克利斯朵夫》的结尾，克利斯朵夫涉江时问他肩上的孩子："你好重啊：你是谁呢？"他肩上的孩子回答说："我是即将来到的日子。"与此异曲同工的影片还有《陌生的朋友》和《大桥下面》。前者的故事发生在火车上，环境氛围不似《巴山夜雨》的船上那般凄凉，它表现了一个由于"失父"而孤独无助的姑娘，在遭到误解和诬陷的情况下，准备结束自己的生命，由于周围人的关怀和救助而走向新生。《大桥下面》中的"野孩子"，也是由于"失父"而陷入艰难境地，表面看来他的"失父"也是由于"文革"，但似有更深的意蕴应该挖掘，它使我们想到另一部很有影响的影片《牧马人》；在《大桥下面》中，"野孩子"的父亲抛弃了儿子和妻子到国外去了，而《牧马人》却表现了一个在国外发了大财的富商回国寻找他的儿子。作为一个被遗弃的孤儿，许灵均饱受苦难，他为自己那跑到国外的父亲受难，并被划为右派，但他却在敕勒川的大草原上找到了自己的爱（妻子李秀芝）和生活的活力的源泉，他接受了父亲的忏悔却拒绝父亲要他到国外继承遗产的打算，重新回到了草原。纷扰的社会只能给许灵均带来苦难，而古朴近乎自然的草原使他获得灵魂的归宿。导演谢晋在影片中充分展现了大草原神奇的魅力，揭示了"天地化育万物"的传统主题：只有"天"和"地"才是生命的本源、我们的生身父母。《血，总是热的》也是一个寻父的故事。女工宋巧珍从小失去了父亲，与病病沉重的母亲相依为命，她渴望有一个可以依靠的坚实的男性臂膀。当她在人间找不到时便挂上了十字架，将上帝视同父亲。电影的导演让她从天堂返回人间，在热血男子罗心刚那里找到了寄托。

　　我本人参与创作的《邻居》（1982 年，青年电影制片厂摄制，同年获金鸡奖及文化部优秀故事片奖）是这股寻父潮流中的一朵浪花。"文化大革命"的鞭子把一些素无关联的家庭驱赶到一个筒子楼里。在场景上，它有些像《夜店》（高尔基）、《上海屋檐下》（夏衍）、《七十二家房客》。但它不是"散漫的一群"，而是相濡以沫、相呴以湿。影片非常真实而细腻地讲述了一个既现代而又古老的故事，筒子楼里的各家之间没有血缘联系，却像一个古老的"部落"，而"部落"的"酋长"就是退休的老干部刘力行。与其说他像一只老母鸡呵护着受难的男男女女，不如说他像高尔基小说中的丹柯，掏出自己的心脏点燃为火把，引导着筒子楼里的人们向着光明前进。他关心热爱这一群人中的每一个，为他们操劳。把自己应得的一份让给他们，甚至把自己心爱的女人让给别人。这一父亲形象与传统父亲形象不同之处是他没有权力赋予的尊严，他只是一个退休的干部。这种不同表现了当时人们希望"父亲"与"权力"分离的意向，剥去了"尊尊"

灵光的刘力行具有耶稣那种受难与献身的气质。电影《邻居》是最早触及"特权"问题的社会电影。刚刚恢复了领导权力的袁亦方非常含蓄地图谋私利，并和刘力行发生了冲突。这种冲突不仅是社会层面的，也是文化层面的。影片悲剧性的结局似乎是一个预言：作为献身之父——刘力行死了，而"权力之父"——袁亦方活着；既然父权社会早已解体，高踞于社会之上的"父亲"也不应该存在。作为一个主创人员，我在创作时并未想到故事的这层"隐意义"，而后来的发展也证明，一种社会文化的终结远不像我们设想的那么简单。既然社会本身远未能使它的每个成员都成为独立自足的个体，那么，"父亲"就有存在的必要。

在《邻居》中，除了刘力行以外，其他人物都是永远长不大的孩子，包括与刘力行年龄相当的长者，甚至包括袁亦方本人，他们善良而软弱，个个都需要刘力行的扶助和指点。特别是影片中的青年人，不仅幼稚而且在"文革"中犯了罪（如冯卫东当红卫兵时打断了刘力行的腿），他们只有忏悔的权利，并靠刘力行宽恕的精神来照耀自己的前程。这种观念是80年代初的时尚，当时的文艺作品大多以受迫害的老干部、中老年知识分子、老工人为主人公，歌颂他们的高尚品德和献身精神。而年轻人的形象大都是幼稚、软弱有罪的，即使是"英雄"也是性情偏执，需要老年人的教诲。从历史发展的长河上看，这是一种不祥之兆。但是，中国的文艺浪潮并没有停留在这里。《邻居》反映了"文革"后，社会寻找"父亲"并且企图重塑"父亲"形象的努力，它是这股浪潮的一个高峰，也是它的一个终结。差不多与《邻居》同时出现的另一部热门影片《天云山传奇》显示了另一股潮流，即"审父"意识的崛起。

审父：新的觉醒

在1981年，上海电影制片厂拍出了一部颇为轰动、也颇有争议的影片，这部影片叫《天云山传奇》，写的是被错划的右派罗群的坎坷经历。当时，这一类反省1957年反右派斗争的作品还不多，这是影片引人注目的重要原因。但争议的焦点并不是在此。影片中作为领导者形象出现的吴遥不仅思想僵化、心胸狭窄，而且利用领导者的威信、"党组织"的名义迫使罗群未婚爱人宋薇同罗"划清界限"，而且将其占为己有。宋薇在心灵软弱、茫然无措时，将吴的"父亲般的关怀"当作安全的避风港而献身于吴。这也是一种"性错乱"。天神之父宙斯利用权威占有善良女人的意象在一个中共领导干部身上重复出现了，而这是最能刺痛观众内心隐秘情结的事。人们不会忘记莎士比亚笔下哈姆雷特出场时的那段独白：母亲被叔叔占有所引起的痛苦远甚于失去父王老哈姆雷特的痛苦。照人们看来，吴遥在占有宋薇上所表现出的卑鄙远甚于他对罗群的迫害。而在罗群孤苦无依、重病缠身的时候，他所能依靠的不是刘力行那样的好干部，而是另一个善良而坚强的女人——冯晴岚。她是圣母玛利亚。这个戴着近视眼镜的女人在风雪交加的日子，将生命垂危的罗群从破草屋里拖出放在爬犁上，于风雪中艰难地拖拽前行时，几乎所有的观众都流下了眼泪。

对于父辈的审视，必然带来对女性的崇扬。在 20 世纪 80 年代涌现出一大批电影表现女性的善良、坚强和智慧，如《女人的力量》《相思女子客店》《红衣少女》《芙蓉镇》等。老年的父辈形象作为领导者的高大形象越来越少。在不少影片中，男人是胆怯无用的（如《湘女潇潇》中的花狗），男人要靠女人呵护（《良家妇女》《湘女潇潇》中的小丈夫），男人弱于女人（《赤橙黄绿青蓝紫》中的刘斯佳、《红衣少女》中的父亲），还有的男人则是性无能和不能生育（如《芙蓉镇》中的老干部谷燕山、《末代皇帝》中的溥仪）。李大钊在"五四"前曾说过，父权社会总是离不开专横、暴虐、残忍和战争，未来的社会应由父权转向母权。经历了十年浩劫的中国人从内心深处憎厌专横和暴虐，而渴望女性温柔的甘霖，这是女性在电影中愈益光彩照人的深层社会心理动因。

1984 年，有一部影片的命运颇富戏剧性。这部电影的片名叫《不该发生的故事》。它是一部正面表现农村中党员和农民群众关系的政治片，艺术水准不很高，但由于它大胆披露了获得一定自主权的农民企图抛弃长期"领导"他们的共产党员而引起人们注意。在按照自愿重组互助组时，竟然谁也不肯接纳那些农村中很有"权威"的党员们，这个事实的尖锐性曾经使负责审查电影的部门犹疑，担心影片放映后的社会效果。但据说影片得到了中央领导人的赞赏，原因是影片不仅尖锐地揭露了党群关系的矛盾，而且描写了这些被群众抛弃的共产党员如何用自己的努力重新赢得群众的信任和拥护的过程。如果我们从文化的层面上分析这部影片，它也是一部"审父"电影。中国的传统观念是官民如父子，做官应"爱民如子"，而良民应视地方官同"生身父母"。影片中的党群关系上的裂变实质上是在社会经济基础转换时期对原有的党群关系异化为父母关系的叩询。影片尽管描绘了新型的党群关系应该如何，但这只是一种复归、观念的重复，没有提供新时期的范例。对这问题的真正有深度的探索是 90 年代的《秋菊打官司》。

叛父：西方意识的中国版本

人们需要母亲，是因为需要爱；需要父亲，则是需要一种安全感。只要人尚未发展到独立自足的水准，就永远需要保护神。于社会也是如此，原始初民借图腾来保护自己。进入封建社会、皇帝成了全民的父亲，在某一地区，地区的长官就是父亲。看起来，在中国，保护者都是某一个人，但实质上这个人只是某种权威的形象表征，它的内涵是"规范"，规范使人获得安全感，而行之有效的规范被人们世代相传，这就是"传统"。"文革"后的"寻父"实质是寻找某种丢失了的传统。"审父"则是对原有传统的批判性审视，它意味着对某种新理性、新规范的呼唤，到了 80 年代后半期，涌出一股似乎要摧毁一切理性和规范的热流，这股热流直接导源于西方的非理性主义思潮但又独具中国色彩。它与"审父"电影不同处，不仅在于它对原有的理性和秩序的批判带有摧毁性，而且在于它并不呼唤新的理性。这股新的电影浪潮初起时被一些人称为中国电影的"第五代"。

"第五代"是以北京电影学院 1982 年毕业生为主体的一批电影工作者。他们共同的经历是当过红卫兵。"文革"中的"红卫兵运动"具有两个最重要的特征：一是像原始人崇拜图腾一样崇拜毛泽东，真诚、狂热、幼稚、愚昧，带有强烈的非理性主义的特质；二是对一切他们所不熟悉的东西不是采取学习、了解、研究的态度，而是"统统打翻在地再踏上一双脚"。他们相信对现世界"造反有理",尤其是看来比较强大的东西更能激起他们的破坏性热情。他们的口号是"舍得一身剐,敢把皇帝拉下马"。"文革"后,图腾式崇拜彻底破灭,但破坏的激情依然存在。"文革"中的痛苦遭遇进一步强化了破坏的激情。在痛饮了西方非理性主义思潮的浓酒之后,他们毅然决然地选择了破坏传统、从一切现存文化上"踏过去"的路线。这种破坏传统秩序的激情同"五四"时期的新文化运动有某种相通之处,但它又是现代主义的,同古典主义美学观点迥然不同的。这种同传统决裂的姿态,近乎西方的"弑父"观念,但就其深层意识而言,又与西方不同。

"第五代"第一部引起轰动的影片是陈凯歌执导、张艺谋摄影的《黄土地》。作为影片"主角"的黄土高原令人想起"中华民族的摇篮","五千年的古老文化从你这儿发源"。但影片着力表现的不是它的富饶和美丽,而是它的凝重和枯索,几乎填满了整个画面的黄土地像一股巨大的压抑的力量,将"人"挤到画面的极小部分。通常作为希望之象征的孩子多少显得智力有些低下。同谢晋《牧马人》中对草原的赞美不同,在陈的影片中不是黄土养育了人,而是压抑了人,人在这里变得微不足道。这种观念让人联想到那幅把万里长城描绘成缠绕在中国大地上的锁链的油画。它显然同陈凯歌在西南边陲插队落户的经历有关。那个地方很穷,耕作过程与原始社会没有什么两样。有一次,他的一个伙伴在偶然的事件中被大树砸死了。死者的父亲、一个普通的工人,料理完儿子的后事,对活着的人们平平淡淡地说:"再砍树,要小心。"生与死、存在与毁灭,原本是如此平淡。陈凯歌突然发现,拥有五千年文明历史的中华民族,它的子民们的自身价值竟如此低廉。在陈凯歌的另一部作品《孩子王》中,这种哲理反思显得更加直露。知青老杆在乡村执教时发现学生们唯一的能力就是抄,抄报纸、抄字典、抄课文,毫无自己的独立人格。影片中的那永远在原地旋转的石碾子和学生们反复唱着的歌谣"从前有座山,山里有座庙……",是对中国历史的循环特征的严峻揭示。与此异曲同工的是张军钊拍摄的《弧光》。影片中一个精神失常的女性,在她的幻觉中总有一片冰湖,冰湖上则有一个被滑冰者滑出的象征性符号"8"。它是人生轨迹的象征,你无论从哪里起步，最后还是回到原点。当老杆被从校门逐出时，他留给孩子的唯一忠告是："以后什么都不要抄了！"不要照抄过去，而是要敢于对过去说"不"！就是要突破传统之网，把一切神圣的过去打翻在地，再踏上一双脚。这种突破传统之风，杀出一条新路来的冲动，是第五代崛起之时的共同特征。

　　无论《黄土地》《孩子王》还是《弧光》，在本土都是知音者寥寥。直到《红高粱》的一声呐喊，"第五代"才被我国人刮目相看。《红高粱》不像上几部影片那样作冷峻的哲理反思，它充分调动电影手段，赞美了一种痛快淋漓的人生态度，而这种生命狂流的舒展与辉煌展示，就是对理性和传统的摧毁与戏弑。张艺谋在总结《红高粱》的创作时说："现今大家都在谈关于文化的各类学问，文学和电影也争相表现历史和文化的反思，但总的来看，理性太强，人物形象干瘪，有激情和有生命力作品不多。一些人把各种事儿都拼命从理论上往明白里整……学问越做越大，人变得越中性化，精神状态越萎靡。"（见《中国电影年鉴·1988》）"传统和理性阉割了人的生命"，张认为这是中国人的"大毛病"，"为了某种理念的认同而冲淡了对生命本身的体察"。如果说《黄土地》《孩子王》表达了突破传统之网的意愿的话，《红高粱》则把它变成了银幕上的现实。影片中那充满活力的红高粱地、狂放豁达的男男女女和充满着所有画面的鲜红色彩，都是对生命的礼赞，表现出一种随心所欲地做人的自在和欢乐。海内外都有人批评《红高粱》是展示中国人的丑陋以取媚洋人。这种批评至少与张艺谋的初衷不合。张在谈到为什么拍《红高粱》时讲："咱们跟洋人比，只不过个头儿低点儿，穿着差点儿，可要让洋人觉得咱们中国人气质挺棒，挺有魅力。""我之所以把它拍得轰轰烈烈，张张扬扬，就是想展现一种痛快淋漓的人生态度，表达人活一口气、树活一张皮这样一个拙直浅显的道理。对于当今的中国人来讲，这种生命态度是很需要的。老百姓过日子，每日里长长短短，恐怕还是要争这口气。只有这样，民性才会激扬发展，国力才会强盛不衰。"就《红高粱》批评张"不爱国"似乎缺少根据。闻一多是个伟大的爱国主义者，但闻对传统的摧毁性批判及寻找"原始野蛮的美丽"，都是爱国主义情怀的表现。《红高粱》的美学追求应该说同闻一多是一脉相承的。

但从文化的视角上说，无论闻还是张，对传统的一概贬斥和对原始野蛮的赞颂都不能说是完全正确的。尽管现实不尽如人意，人们也不愿回到钻木取火或四足走路的时代。如果说《红高粱》留给国人的主要是惊喜的话，《菊豆》和《大红灯笼高高挂》则主要是迷惑和反感。两部电影讲的都是中国故事，但却像是源于西方的"原型"。《大红灯笼高高挂》中未出场的淫欲、专横的"父亲"和四个妻妾的纠葛，像是演绎古希腊天神之父宙斯与天性忌妒的赫拉等各种女人之间的故事；《菊豆》中乱伦的故事在中国过去的文学中可以找到类似的原型，但如《菊豆》那样把父辈形象刻画得如此残暴可憎，必欲杀而后快，却又是属于西方的。弑父意识在这个影片中达到了极致。唯因到了极致，它同现代中国人内心积淀的传统意识之间的冲突也就更加明显地暴露出来。西方世界对这两部影片较之中国本土更为青睐，也表明了它的文化内涵更靠近西方。

无父：精神流浪者

20 世纪 80 年代的最后两年流荡着一股"王朔热"。王朔的小说大量被改编成电影电视。王朔作品中有些主人公既不"审父"，也不"弑父"，他们根本不承认自己有"父亲"，他们是一群不知自己从何处来、也不知该往何处去的精神流浪儿。在《顽主》中，老年人都是呆头呆脑、智力低下的被嘲笑对象，一切严肃的事情在影片中都被滑稽化了。《轮回》中，石岜的父亲已死，留下来作为父辈象征的就是那所空荡荡的大房子。石岜的心灵像这所房子一样空虚。他每天和一些心灵同样空虚的朋友在这所房子里"侃大山"不止，让语言的碎片消逝在四壁之间。石岜没有信仰，没有理想，没有责任感，他玩弄社会，社会也玩弄了他。他活得不耐烦便去做生意，生意亏了本，被债主用电钻在他腿上打了洞。漂亮的女孩于晶爱上他，愿为他去酒吧伴舞挣钱，但于晶挽救不了石岜的精神痼疾，他在绝望中坠楼自尽。《顽主》中的于观、杨重、马青看起来比石岜乐观，其实也是无信仰主义者。他们办"三 T"（替人解难、替人排忧、替人受过）公司，纯是由于被精神空虚所折磨，找事做以逃避这种精神苦难；但他们所做的事又都是空虚的，如替人谈恋爱，满足作家获奖欲望，替丈夫回家挨骂等，都是无价值、无聊的事。"三 T"公司停业后，门前排起的长长的队伍，象征着人们的某种精神期待，而期待的背后又是虚无。

姜文执导的《阳光灿烂的日子》也是据王朔作品改编的，但与《轮回》《顽主》有所不同。它所表现的也是一群"无父"的孩子。这些孩子生活在军区大院中，他们的父亲并没有受迫害，但却被"文革"扭曲，丧失了做父亲的职能。在整个影片中，我们没有看到一个"长者"出现，也感觉不到父辈对这些主人公们的影响和约束。他们是没有信仰、没有规范的精神流浪儿，在百无聊赖中消耗着自己的生命能量。但影片在表现这种"无父"的精神流浪状态的同时又流露出强烈的追求情感慰藉的倾向。这种对于爱的追求构成了这部影片中照耀整个生活的"阳光"。尽管追求而未得到，但这追求的过程本身是十分美丽的。比《阳光灿烂的日子》稍早拍出的《本命年》也是一部同类的影片。主人公李慧泉是一个没爹没妈的孤儿，他凭着感觉和冲动生活，为了哥们儿义气"栽"进了公安局。劳改期满释放回来后，依然凭本能活着，但常久久地凝视着母亲的遗像，邻居罗大妈处处关心他，像慈母一般使他感到温馨。他当了个贩卖服装的个体户，结识了业余歌手赵雅秋，赵成了照亮他那贫瘠、黑暗的精神深渊的一缕微光，但这缕微光很快又黯淡下去，由于赵的成名，李慧泉呵护这位"生活女神"的权利逐渐被其他有钱有势的小伙子所取代。失去了赵雅秋的李慧泉比没有被爱温暖过之前更加感到生活的寒冷和绝望，仿佛是很偶然，在一次同抢劫犯打斗中，他结束了自己的生命。

这些"无父"的作品具有一个共同的特点，即失去父亲之后的孩子会变得萎靡、软弱、无聊、沮丧、绝望，没有一点阳刚之气。这同西方的情况很不相同。从古希腊神话到 20 世纪"垮掉的一代"等叛离父辈的作品并非如此，即使如《在路上》等充满绝望色彩的小说中也依然涌动着一种反抗的强力。中国的孩子似乎不能没有父亲，一旦无父就要寻母。90 年代中国对于母爱的饥渴在一部电视连续剧中获得了充分的表现。《渴望》中那为一个不相识的孩子而牺牲了自己的爱情、生活和事业的刘慧芳、宋大成成了中国北方的圣母和基督，一般市民对于刘、宋的崇拜和热爱，正是代表了中国传统文化对"审父""弑父""无父"等异质文化的回应，预示了 90 年代传统将在某种意义上回归。

重塑父亲的两难困境

不管电影的创作者们是否承认，八九十年代中国电影的发展是同文化浪潮的起伏紧密联系着的。90 年代初，关于中国现代化道路的讨论对中国文学艺术的发展具有深刻的影响。许多学者指出，中国的现代化将走一条与西方不同的道路。西方的现代化是以农村庄园经济破产、农民大批流入城市为代价的，作为封建的农村经济和工业的城市经济成二元对抗、后者取代前者的激烈斗争过程，反映在文化上，不可避免地有一场持久的对封建经济的生产关系、生产方式的摧毁性批判。但在 20 世纪的中国，现代化的工业经济不是在农村经济的废墟上建立，而是并行不悖地同时发展。农村广泛存在的家长制在土地改革等一系列运动中曾遭到严重的批判，但熟悉中国农村的人都知道，这种家长制依然在相当范围内以不同形态存在着；在农村现代化的过程中它们并不像在西方那样只能充当被摧毁的角色，恰恰相反，现代化的工业在许多乡村里是由"家长们"领导和建立起来的。家长们在这个过程中起着阻碍与促进的二元作用。这种状况不仅引起了理论家们的兴趣，而且吸引了艺术家们的注意。

《秋菊打官司》正是农村这一复杂而深刻的社会变革中的产物。秋菊所在村的村长是一位典型的"家长"，他是全村人的"父亲"，他可以随意训斥、打骂村民，村民们也心甘或不心甘地接受着这个"父亲"，但在秋菊的丈夫被这位"父亲"踢伤下体之后，作为一个新式妇女的秋菊决定反抗这个"父亲"，公然到城里去告官。这种法治意识的现代性是毋庸置疑的。但当秋菊的诉讼行将胜利时，一件在农村是很平常的事情发生了：秋菊临产的危难之际，正是这位专横的"父亲"凭借着他在村里至高无上的威望将小伙子们组织起来于深夜沿着崎岖险峻的山路将秋菊抬到医院，使她母子平安。对村长深怀感激之情的秋菊要请老人家来吃喜酒时，却听说县里来人把村长抓走了，而抓走的原因自然是秋菊的胜诉。秋菊后悔万分，一直追赶着抓走村长的汽车，直到汽车看不见为止，站在山坡上的秋菊陷入了深深的两难之中。这种两难正是中国的"父亲"的两重性决定的。这种两重性注定中国消灭家长制的过程远比西方复杂而漫长。血缘关系将在中国现代化进程中长期存在，如何消除负面影响、发挥积极作用是一个独具中国特色的社会课题。

去年，受到党和政府肯定与推崇的影片《被告山杠爷》表现了与《秋菊打官司》类似的主题。影片所表现的小山村是长治久安、多年不发生一件刑事案件的"模范治安村"，但这个村的治安恰恰是靠一个独断的党支部书记山杠爷用体罚、专横等侵犯人身权利和违反法制的办法来实现的。山杠爷藐视一切法律，凭借着传统的好人规范训诫村民，维持道德风化。一个村妇虐待公婆，被山杠爷给游了街，村妇不堪忍受侮辱，自缢而死，山杠爷由此触犯了刑律。影片意味深长地告诉我们，村民们尽管多人受到山杠爷的辱骂责打，但却没有去告他，这不仅因为他的权威，而且在于他的凛然正气，村民深信山杠爷所为都是正确的。小孩子的一篇作文成了诉状，这件事似乎预示着新的一代将成为法制的捍卫者，未来属于法制的时代。但当山杠爷被公安局押走时，观众感到他的背影仍然是高大的，恰恰是这个独断的"父亲"代表了正义、道德和纯洁。人们不难预感到，随着"山杠爷"的消失，农村的社会秩序将会出现新的动荡。

进入 90 年代，《包青天》在大陆、香港、台湾受到热烈欢迎的事实表明中国人的"清官意识"依然浓重。与此相适应，一些反映社会现实的影片中出现了如山杠爷、秋菊所在村的村长、《这方水土》中的党支书等形象并不奇怪。这些"清官"不同于焦裕禄或刘力行，他们对属下百姓颐指气使，动辄责骂如老子对儿子，但同时又廉洁自律一心为百姓造福，头顶霹雳而不悔。但一个新的因素使他们的权威受到不可抵抗的挑战，这就是"法"。"法"对生活的介入，使这些传统的"父亲"落得悲剧下场。它意味着旧时代父亲形象的衰亡和新的人伦关系的诞生。

建立中国电影话语体系

可以肯定，中国传统的"父亲"形象还会以不同的形态、程度不同地存在着，深深积淀于中国老百姓意识深层的"原父情结"也还会长期存在。在中国现代化的浪潮中对原父意识的批判与眷恋将同时并在，中国人注定要在长期的情感撕裂的痛苦中斩断自己同上辈的"脐带关系"，从而在新的基础上重建血亲关系的新原则。这条情感长河将为我们的文化、艺术包括电影提供许多迥然不同于西方的新故事和新的表现手段。

在认真学习西方电影的过程中，中国自己的电影正在走向成熟。如果承认世界文化是多元的，则中国电影应有自己的话语系统。认真研究已有成果中的中国话语，无疑会给我们未来的电影建设以启迪。关于"父亲"的探索不过是建设中国电视话语体系的一个组成部分。

1996 年 6 月
北京清华园

后　记

　　李赋宁师跟我说，近些年，清华每年至少要为两位先生作百年诞辰纪念，而每次纪念都是一次学术讨论会。作为一个学者，百年之后人们还要纪念他并对他的学术成果饶有兴味，恐怕是治学者之最大幸事了。而作为一所大学，竟有那么多的学者源源不断地需要纪念，恐怕也是学校很值得骄傲的事。王瑶先生所提出的"清华学派"能否在学术史上立论，或许尚待深入探讨，但清华大学在 20 世纪上半叶于人文学术领域显示出的集团性优势以及学者个人卓有特色的风格，则无疑会长久地给人们以启示。作为一个不肖的后继者，我近年做的两件事尚可告慰先辈：一是主持编辑了"清华文丛"（已出 7 本），二是写了些向先辈们学习的体会，即收入本书的部分拙文。抛出这些砖瓦之作，自然期待着引出金玉佳篇。我想，这个初衷是不会落空的。

　　感谢香港中文大学英文系和周英雄先生，是他们为我提供了 3 个月的良好研究条件，使我较为系统地研究了西方的解释学和中国传统的训诂学。本书中《传统转化与传统解释学》等理论性文章的产生大抵同那段时间的研究有关。在那段时间里产生的探索中国现代释古学的冲动曾长久地折磨着我，但我又非常清楚自己没有能力实现这个目标。宋明以后，中国在哲学思辨方面相当贫困，但我相信，在未来的世纪里，这一目标能够在学术界的共同努力下得到实现，并反转过来对西方的学术产生影响。

本书还收入了《"原父"：世界电影中的中国话语》一文。这篇文章希图借助近十年的电影对中国传统的"父亲"观念的现代嬗变作一阐释，可以算作"释古"的一篇个人习作，祈望得到批评。

何兆武先生的长序使本书平添光彩。李赋宁、钱理群、陈平原等学长都曾对本书中的论文惠于指导，清华大学出版社和编辑同志为此书的出版付出了大量精力。每念及此，感激之情油然而生。

1997 年 1 月 19 日

于清华图书馆

瑞恰慈：科学与诗

序：瑞恰慈与清华

◎ 徐葆耕

在文学研究的圈子里，没有人不知道瑞恰慈：他是英国剑桥大学、美国哈佛大学的名牌教授，"新批评"派的鼻祖之一，当今依然行世的语义学批评和"细读法"即发端于瑞恰慈。但如果说到他同中国的关系，知道详情的就很少了。他曾六次来到中国，最长的一次是在20世纪20年代末到30年代初，在清华大学和北京大学任教。他对中国的传统文化深为喜爱，写过有关孟子论心的书。据《清华人文学科年谱》中"瑞恰慈"条介绍：1929年至1931年度在清华大学外文系任教授，讲授"第一年英文""西洋小说""文学批评""现代西洋文学（一）诗；（二）戏剧；（三）小说"等课程。其中"文学批评"是其所开的重要课程，为三年级必修课。[①]

瑞恰慈在清华执教时，已出版了《美学原理》（合著）、《文学批评原理》、《意义的意义》（合著）、《科学与诗》等著作，他的批评理论已经形成并在欧美引起了广泛注意。很自然，他在清华的讲课也引起学生们的强烈兴趣。王先霈主编的《文学批评原理》中说："钱锺书在《谈艺录》《宋诗选注》等著作中曾自觉不自觉地从事过新批评的实践。""在对李贺、李商隐、陶渊明、辛弃疾等人的诗歌分析中，他对其中的一些字句的推敲、

---

① 齐家莹编：《清华人文学科年谱》，清华大学出版社1999年版，第89页。

玩味和旁征博引，对于比喻中的两柄和多边的含义的阐释，都可以看到新批评的'细读法'的痕迹。"① 我们不难发现，瑞恰慈在清华执教期间，恰好钱锺书就读于清华外文系。钱恰于瑞恰慈到校年（即1929年）入清华外文系，1933年毕业。钱锺书曾亲聆瑞恰慈授课，当无疑。本书收录的《美的生理学》即钱在清华读书时所作，从中可约略看出钱对瑞恰慈理论的独特理解。

瑞恰慈不仅对学生有影响，对当时文学院教师亦有影响。朱自清先生至少有三篇文章中指名谈到瑞恰慈和另一位西南联大执教的新批评派大师燕卜荪。其中一篇即《诗多义举例》。② 《诗多义举例》是朱自清运用瑞恰慈的理论分析中国古诗的"细读"实践。

在《诗多义举例》一文的开头，朱首先批驳了那种反对对诗进行科学分析的观点："人们想，诗一分析，诗便没有了，其实不然。单说一首诗'好'是不够的，人家要问怎么个好法，便非做分析的功夫不成。"朱运用瑞恰慈的理论，指出语言有两类，一类用于描述科学，一类用于描述情感。描述科学的要求意义单一，而描述情感的则复杂得多，必须作语义学分析。朱自清说："瑞恰慈也正是从研究现代诗而悟到多义的作用。他说语言文学的意义有四层：一是文义，就是字面的意思；二是情感，就是梁启超先生说的'笔锋常带情感'的情感；三是口气，好比公文里上行、平行、下行的口气；四是用意，一是一，二是二是一种用意，指桑骂槐，言在此而意在彼，又是一种用意。他从现代诗下手，是因为现代诗号称难懂，而难懂的缘故就是因为读者不能辨别这四层意义，不明白语言文学是多义的。"③ 朱在《诗多义举例》中对古诗《行行重行行》、陶渊明《饮酒》、杜甫《秋兴》和黄鲁直《登快阁》进行了具体分析，颇有意味。例如在分析《登快阁》一诗中"痴儿了却公家事，快阁东西倚晚晴"时，朱引《晋书·傅威传》说："生子痴，了官事"本意只是说"麻麻糊糊办完了公事，上快阁看晚晴去。"但鲁直用此典却有四重意义："一是自嘲，自己本不能了公事；二是自许，也想大量些，

---

① 王先霈主编：《文学批评原理》，华中师范大学出版社1999年版，第154页。
② 朱自清：《朱自清全集》第8卷，江苏教育出版社1996年版，第206—220页。
③ 朱自清：《朱自清全集》第3卷，172页。

学那江海之流，成其深广，不愿沾滞在了公事上；三是自放，不顾了公事，想回家与白鸥同处；四是自快，了公事而登快阁，更觉快阁之为'快'了。"①这四个"自"，并不是凭空的心理揣测，而是借助于全诗的"语境"分析得出，是深合瑞恰慈"语境"理论的。朱在分析每句诗之前先列出前人的点评，再据全诗语境予以辨析，使读者感受到对诗的科学分析确显比纯粹的心灵感悟要有它的坚实和独到之处。

在 20 世纪八九十年代学界热心于译介瑞恰慈的论著时，没有译介《科学与诗》这部著作（有的书中收录了其中一节《诗的经验》）。而在 30 年代唯一完整译出的瑞恰慈的著作就是《科学与诗》，而且竟出了两个译本：一本是伊人所译，华严书局出版；一本是曹葆华译，商务印书馆出版，清华外文系主任叶公超为该书撰写了序言。《序言》指出，从科学的角度研究诗是时代进化的必然。他说，瑞恰慈最佩服的批评家是柯尔律治，但柯尔律治的《文学的自传》被人戏称为"八分玄学加二分呓语"，很不明晰，而瑞恰慈是"活在 20 世纪的人，他书里无处不反映着现代智识的演进。他所引用的心理学、语言学、逻辑以及其他必要的工具都只比克律利己（今译柯尔律治——本书编者注）的晚不过一百年而已，但是这一百年间人类智识的增进已然影响到我们生活的各方面了"。"知觉迟钝的人也许还没有感觉到这种变迁对于将来文学的重要，他们也许真要再等候八十年才能觉悟，不过瑞恰慈已然是不耐烦了。"②

无论朱自清先生还是叶公超先生，都指出瑞恰慈理论的局限性。朱说瑞恰慈的理论"未必是定论"，"独立成为一科大概还早"。叶说："瑞恰慈在当下批评里的重要多半在他能看到许多细微问题，而不在他对于这些问题所提出的解决方法。"对于诗，乃至整个人文学科而言，心灵感悟或直觉仍然是很重要的。但是，可以肯定地说，随着科学的发展，科学对于艺术的影响和用科学方法从事诗的研究会变得越来越重要。瑞恰慈得此风气之先，清华学派得此风气之先，是颇值得我们认真研究和继承的。叶先生

① 朱自清：《朱自清全集》第 8 卷，206 页。
② 叶公超：《科学与诗》序，见瑞恰慈著，曹葆华译：《科学与诗》，收入本书。

预言说，有些人"要等候八十年才能觉悟"。距离叶先生说此话历史已又过去了六十多年，我们中间是否有些人还在"等候"呢？大概总是有的。

办世界一流大学，必须坚持对外开放的方针，加强与世界一流大学、一流学者的交流。过去的清华大学，很重视聘请海外一流学者来校任教，在直接汲取海外最新学术营养的基础上创造自己的新学术。在这方面成功的例子有两个：理科是聘请了控制论专家维纳，文科则是聘请了瑞恰慈。现在清华大学要办一流文科，过去的经验不能不注意。2002 年，清华大学中文系聘请美国加州大学伯克利分校的讲座教授刘禾来校授课，校内外听者云集。现在，翻译介绍国外学术的书刊可谓汗牛充栋，参阅便利，但翻译中词不达意乃至误译者不在少数。直接听海外知名学者讲课，同他们交流、讨论的收益，显然更丰富、更准确、更深刻。

《科学与诗》序

○ 叶公超

瑞恰慈（I.A.Richards）在当下批评里的重要多半在他能看到许多细微问题，而不在他对于这些问题所提出的解决方法。本来文学里的问题，尤其是最扼要的，往往是不能有解决的，事实上也没有解决的需要，即便有解决的可能，各个人的方法也难得一致。譬如，本书第六章所讨论的"诗歌与信仰"的问题便是一个这样的实例；自从瑞恰慈提出了这问题，相继讨论者已有爱略忒（T.S.Eliot）、墨瑞（J.M.Murry）、葛刺丁（Louis Grudin）、李德（Helbert Read）等，虽然他们的意见彼此都不一致，但是大家却都承认这问题是值得注意的。提出了这问题未必就能直接影响于读者之鉴赏能力，或转变当代文学的趋向，不过总可以使关心的读者对于自己的反应多少增加一点了解，至少是增加了一种分析印象的方法。对于批评这已是不小的贡献了。

当然，瑞恰慈所看到的问题未必都是前人所未道者。他在《文学批评原则》的自序里曾坦白地声明：One does not expect novel cards when playing so traditional a game；it is the hand that matters. 以往的批评家他最钦佩的是克律利己。他的重要的理论，如价值论、传达论，以及关于信仰与音韵的种种意见，大致都可溯源于克律利己的《文学的自传》（"...that humber room of neglected wisdom..."见《文学批评原则》一四○面），我们只需留意《文学批评原则》与《实际批评》中之引句与注脚就可以知道了。不过瑞恰慈毕竟是活在 20 世纪的人，他书里无处不反映着现代智识的演进。他所引用的心理学、语言学、逻辑以及其他必要的工具都只比克律利己的晚不过一百年而已，但是这一百年间人类智识的增进已然影响到我们生活的各方面了（Stendhal 说：学术的进步与普通的智识至少相差八十年）。本书第五章所讨论的也就是人类在最近这一百年中的理智的变迁，知觉迟钝的人也许还没有感觉到这种变迁对于将来文学的重要，他们也许真要再等候八十年才能觉悟，不过瑞恰慈已然是不耐烦了。

学术的进化与文学的理论往往有因果的关系。我们试想近五十年来文学批评所受心理学与生物学的影响就可以明白了。克律利己当时的心理学与逻辑实在是不够他使用的，这点从《文学的自传》的文字上来看最容易明白。有人说过，《文学的自传》是八分玄学加二分呓语，这当然是开玩笑的话，不过一般的印象大致也都承认这是一部不容易了解的书。最重要的原因，我想是因为克律利己的直觉找不着明晰的文字，所以有许多我们现在觉得很容易解说的话，在他虽则用尽九牛二虎之力，还是没有十分说出来。瑞恰慈能从文字的意义上发端，正足以补救克律利己这点憾缺。

瑞恰慈的目的，一方面是分析读者的反应，一方面是研究这些反应在现代生活中的价值。正如本书开首所引的安诺德的话，他的抱负也是要用文学，尤其是诗，来保障人类的将来，因为他相信唯有好的艺术与文学作品才能给我们"最丰富，最敏锐，最活泼，最美满的生活"。我们的经验，不论是生活中的还是作品中所表现的，都应当受同样标准的评衡。这标准就在"自由的与浪费的组织之不同，在生活之丰满与狭陋的差异。因为，假若心灵是一种兴趣底系统，并且经验是兴趣底活动，那么一种经验之价值，就是在心灵借之能得到完全的平衡的程度问题"。这就是他的价值论的基础，也是本书中最值得我们注意的一点。

这本书是一篇通俗性质的概论，大部分材料是从他的《文学批评原理》与《意义的意义》二书中择取出来的。我希望曹先生能继续翻译瑞恰慈的著作，因为我相信国内现在最缺乏的，不是浪漫主义，不是写实主义，不是象征主义，而是这种分析文学作品的理论。

二十三年七月二日序于清华园

（原载 1937 年 4 月商务印书馆初版《科学与诗》）

科学与诗 ①

◎ 瑞恰慈 著　曹葆华 译

引　言

　　诗歌底将来是伟大的；因为当时间不住前进，在那不辜负自己的崇高的命运的诗歌里，我们这个民族会找到一种愈更确定的寄托。没有一种信条不在动摇，没有一种已被信仰的教义显得不成疑问，没有一种已经接受了的传统不有行将消灭的恐吓。我们的宗教已把自己在事实里，在假定的事实里，物质化了；它把它的情绪附属在事实上面，而且现在这事实正要把它离掉，但是对于诗歌，思想则是一切。

——安诺尔德

一、一般的情势

　　人底展望现在不是那样光明，以至于他可忽视任何改良的方法。他最近在习俗中和生活方式中已有了很多的变化，一半是有意的，一半是偶然的。这些变化包含着普遍的另外的变化，因而最近的将来，大致会看到我

---

① 瑞恰慈：《科学与诗》，曹葆华译，商务印书馆 1937 年版。

们的生活有一种差不多完全的改组，不论是私的方面与公的方面。人类自身是改变着的，他的环境也是如此。真的，他在过去已曾改变，但也许从未有如现在这样的迅速。他的环境从未听说以前改变得这样剧烈或这样突然，联带着心理的，以及经济的，社会的，和政治的危机。这种改变底突然，恫吓我们。人类的本性有一些部分比较其他部分更拒绝改变。假若我们的习俗有一些改变了，而其他应当随着改变的却仍如往常一样停留着，那么我们会冒着许多的危难。

流传了千万年的习惯是不容易丢掉的——思想上的习惯——，以及与变动的环境不公然发生冲突，或不明显地使我们受损失或感不便的习惯，尤其是不容易丢掉。但是，损失也许很大，不过我们不知道罢了。在一五九〇年以前，没有一人知道我们关于石头怎样坠落的固有的想法是如何不便利的，可是当迦利略（Galileo）发现出真象的时候，近代世界便开始了。在一八〇〇年以前，只有被人认为是癫狂的人们方知道那关于"清洁"的普通传流观统（原文如此。——编者注）是错误得很危险。自从力斯忒（Lister）推翻了前人底观念，婴儿通常的"平均生存年数"，大致增加了三十年。在罗斯（Sir Ronald Ross）以前，没有人知道以感冒和瘴气而不以蚊虫来说明疟疾是有着怎样的结果。假如有人在西历一〇〇年以前发现了这一点，也许罗马帝国至今仍然兴盛着。

有了面前的这些例子，在生活底各方面，我们不再容易承认那对于我们的祖先很好的东西，对于我们或对于我们的子孙也是很好的。我们不能不疑问，是否我们的观念，甚至于关于那些显然实际上不很重要的问题（如像诗歌）的观念会不会错误得很危险。若是认识（我们必定会认识）我们关于大多数事情的思想上的习惯仍如五千年前一样，这实在有些使我们惊惶。自然，只是科学是一种例外。在科学以外（我们的思想一大部分仍在科学之外进行），我们思想很多地方是与一二百世代以前我们的祖先同样的。关于诗歌的一般正式的看法，的确就是如此。这些看法会不会像许多年代同样遥远的观念一样，是错误的？对于将来的人们，我们现代的生活又会不会是一种继续不止的灾难——由于我们自己的愚钝，由于我们的麻木去接受与传导那些不适用并且也从未适用于任何事物的观念而来的灾难?

现今一般受过教育的人渐次变得愈更自觉了,这是一种非常有意义的改变。这或许由于他的生活变得愈更复杂,愈更错综,他的愿望和需要愈更分歧并且愈更容易冲突。因为他变得愈更自觉,他再不甘愿对于习俗随便表示不反省的服从。他是不得不反省。并且假若反省常常变为不得结果的苦闷,那也仅是意中事,只要鉴及这种工作之无比的困难。合理地生活,在今日比在约翰孙(Dr. Johnson)底时代困难得多,并且据被士维尔(Boswell)说,就是在那时已是很困难的了。

合理地生活,并非只靠着理智生活(这很容易误解,假若误解过甚,则很不幸),而是一种理智(对于整个情势完全明白了然)所容许的生活。整个情势中最重要的部分通常是我们自身,我们自家底心理的组织。对于物质的世界,例如对于我们的身体,若是我们知道得愈多,我们便发现愈多地方我们的日常生活与事实不相符合,不适用,不经济,不利,危险或可笑。试以我们煮蔬菜的习惯作证,我们还需要学怎样使我们吃得满意。同样,现在已经知道的关于心灵的很少的智识,已显示出在很多与我们自己有关的事物上我们思想和感觉的方法都与事实不相符合。我们思想诗歌与感觉诗歌所取的方法特别是如此的。我们都以从来未有过的事态来思想和谈话。我们将自己和事物所没有的能力赋给我们自己和事物。并且,同样地我们忽略或滥用与我们至关重要的能力。

近些年来,人是日渐愈更离开自然。他向哪里去,他自己还不知道,也还没有决定。因而,他感到生活愈使人迷乱,要过一种谐和的生活愈渐困难。于是,他转而思考自己,他自己的本性。因为合理的生活之第一步,乃是对于人之本性有一种更深的了解。

人们很久已就承认,假若只要心理学能作出一些事体,大致可以和物理学的成就相比,则可期待实际的结果,比较工程师所能设计的愈更值得注意。心灵科学里最积极的步骤一向来得很迟慢,不过它们已经在开始改变人类整个的观点了。

二、诗的经验

人们为着诗歌曾作过许多过分的要求（文首所引安诺尔德底话就是一个例证），许多人见到这些要求，都不免感觉惊讶，或发出宽恕态度给与热心者那样的微笑。实际上最能表现近代的观点的，乃是诗歌前途为虚无的那种论调。皮卡克（Peacock）所著的《诗歌底四个时代》底结论，更获得一般人们底首肯。"在我们这个时代里，一个诗人乃是一文明社会里的半野蛮人。他生活在过去的时代里。……不管诗歌培植到任何地步，它总是要忽略一些有用的学科的。并且眼看着一些头脑，能作更好的事体的，却趋向到那耗费心智，空虚飘渺，而又戏谑嘲弄，似是而非的怠惰中去播散种子，这总是一件可悲的事体。在文明社会底初期中，诗歌乃是一种心灵底急语，能唤起心智底注意。但是关于成熟的头脑，把童年的玩物当作一件严重的事体，则未免有如一个成年人使用珊瑚磨牙龈，或啼哭着要用银铃底玎珰声催他入睡那样的可笑"，更有甚者，有许多其他的人带着惋惜（济慈是其中的一个）以为科学发展必然的结果，会破坏一切诗歌底可能性。

在这种说法中到底有什么真理存在？我们对于诗歌的评价怎样会被科学影响？诗歌本身又怎样受到影响？过去给与诗歌的极端的重要性，现在总必须加以阐明，不管我们结论以为所给与的评价究竟正当与否，也不管我们以为诗歌仍当存在于那样的评价里与否。这表示出关于诗歌的一切，不管对与不对，总是要发生重大的结果的。若是我们不提出具有重大意义的问题，则我们对于诗歌，便不能适当地处置了。

人们曾费过了很多的劳力以解释诗歌在人事中的崇高的地位；但总括说来，却很少有令人满意或使人信服的结果。这倒是不足奇怪的。因为要表现出诗歌是怎样重要，首先总必须发现出诗歌是什么东西。直到现在，这种初步的工作，还是不完全地进行着；关于本能与情绪的心理学还是太少进步，并且在科学探讨时代以前的那些狂乱的玄想仍明确地加以阻碍。凡对于诗歌的兴趣不十分浓厚的专门的心理学家，或对于心灵通常就没有适当的观念的文人，都没有这种资格来作这种探讨。假若要想进行得令人满意，关于诗歌的带有情感的智识，与关于不带情感的心理分析的能力，都是必需着的。

我们最好先问"诗歌在最广泛的意义上是什么一种东西"。当我们回答了这个问题之后，便可以问"我们怎样能使用它或错用它？"与"有什么理由以为它是有价值的"。

让我们取一段经验，一个人生活的十分钟，把它大概地描写出来。这是可能的，表示出它的一般的构造，指示出在它里面什么是重要的东西，什么是琐屑的与附属的东西，那个特点依赖着那个特点，它是怎样出现，并且怎样影响这个人的将来的经验。自然，在这种描写中总有一些阔大的罅隙；不过人们通常总可借此以了解心灵在经验中怎样动作，并且经验是什么样子的一些事体。

一首诗歌（让我们说渥兹华斯底那首《西敏斯特桥》[Westminster Bridge] 十四行诗）便是那样的一种经验，那种经验只有适当的读者读诗时才能有的。要了解诗歌在人事中的地位与前途，第一步必先看清楚那种经验之一般组织是什么。让我们开始很慢地读，并且最好高声地读，使每个音节有着时间在我们的心灵上发生充分的效力。并且让我们当作试验一般地读，再读，变换音调，直至我们满意已把它的韵律完全捉住了，并且（不管我们的读法使别人高兴与否）我们自己至少确定了它应该怎样"进行"。

> Earth has not anything to show more fair:
>
> Dull would he be of soul who could pass by
>
> A sight so touching in its majesty:
>
> This city now doth like a garment wear
>
> The beauty of the morning: silent, bare,
>
> Ships, towers, domes, theatres and temples lie
>
> Open to the fields, and to the sky;
>
> All bright and glittering in the smokeless air.
>
> Never did sun more beautifully steep

In his first splend our valley, rock or hill;

Ne'er saw I, never felt, a calm so deep!

The river glideth at its own sweet will:

Dear God the very houses seem asleep

And all that mighty heart is lying still!

（大意）

世间没有东西比这显得更美丽的：

要灵魂昏浊的人才会放过

在巍壮中如此动人的景色：

像穿着一件外衣，这城市披上了

清晨的美丽：静寂，无蔽，

船舟，古塔，屋宇，剧院和庙堂都伏在空旷的原野上

和蓝天的下面；

一切都辉煌闪耀在无烟垢的大气里。

太阳从未如这般美丽地把深谷，岩石，

和山岭都浸染在他的第一次的灿烂中；

我从未见到，也从未感到，如是深的寂寥！

河水依着自己甜蜜的意思无语地流溅：

亲爱的神呵！这些屋舍都仿佛在睡，

那整个伟大的心灵也静静地伏着！

　　我们分析诵读这些诗行的经验，最好先从表面一直向内进行；这乃是一种隐喻的说法。所谓表面乃是指印在纸上的文字在眼膜上所引起的印象。这惹起了一种激动，当这种激动愈向深处进行，我们总必须紧紧跟着。

　　首先发生的东西（若是这些东西不发生，则此经验底其他部分便很不充分了）乃是在"心耳"中的文字底声音以及在想象中说出的文字底感觉。这些东西一齐给与文字一个全体（可以这样说）（Full body）；诗人所工

作的，就是文字底这一些全体，并不是文字印在纸上的记号。但是许多人因为未曾抓着这些必要的部分，差不多把诗中的一切东西都失掉了。

其次便是各种不同的图画在"心眼"中发生，这并不是文字底图画，这乃是文字所代表的事物底图画；或是船底图画，或是山底图画，并且是除了这些以外其他各种不同的意象。如像站在西敏斯特桥上倚着栏杆所感觉的一些意象；或是那种奇特的东西，即一种"沉静"底意象。但这不像文字本身所有的意象本体（Image body），这些事物底其他的意象并不是极端重要的。有些人具有这种意象的，可以认为它们是不可缺少的；并且对于他们，这些意象是急切需要的东西，但是其他的人简直不需要这些东西。就在这一点，个别的心灵之不同便明白地显分出来。

自此以往，这种激动（即是那经验）便分成两股。一股是主要的，一股是次要的，虽然这两股有着无数相互的关系，并且又彼此密切地影响着。实际上这只能当作一个解释者底手段，我们方可以说它们乃是两股。

这次要的一股，我们可以叫作是智力的；其他的一股，可以叫作是主动的或情感的，它是由我们的兴趣发动而成。

智力的一股是很容易依循的；也可说，它是依循着自己的。但是在两股之中，它却不甚重要。在诗歌中它只作为一种工具，是指导或激起那主动的一股的。它是由一些思想组合而成，这些思想并不是出入于意识间的静止的小实体，乃是反射或指示思想所代表的事物的一切易变的现象与事体。至于它们如何有这样的作用，那还是一种尚在争辩之中的事情。

这种对于事物的指示或反射，乃是思想所作的一切工作。看起来仿佛思想还作更多的工作，其实这乃是我们的主要的幻想。思想底领域决不是一种独立的国家。我们的思想只是我们底兴趣底仆役；并且甚至于当它们似乎要起而反叛的时候，常常也是由于我们的兴趣在混乱的状态中。我们的思想乃是指导者，而其他的一股，即主动的一股，方与思想所反射或指示的事物直接有着关系。

有一些读诗的人（实则他们并不常常读诗），他们的特性是除了关于思想的那智力的一股，就未发现其他的东西。这也许是多事吧，若指出他们把诗的真义完全失掉了。把经验底这一部分加以夸大，并且给它本身以过重的估价，乃是一种显著流行的趋势，并且可以解释为什么很多人都不会读诗的原因。

那主动的一股方是真有作用的，因为整个激动底所有的力量都是由它而来。正进行着的思考好像是一种敏捷而有价值的调剂速度的机械底活动，它是被那主要的机器所转运而却支配着那主要的机器的。每种经验主要都是摆动到停息的某种兴趣或一团兴趣。

要知道兴趣是什么，我们须得把心灵比作精密平衡的系统，当我们在健康的状态里，这系统是不断地增长着的。每一种情况至少要使一些天秤有着一些变动。它们向着一种新的平衡摆荡的方式即是我们用以反应该情况的冲动。而这系统中主要的天秤则是我们主要的兴趣。

假设我们带着一个磁针盘在强烈的磁石旁边徘徊，当我们移动的时候，针就摇摆，并且不论我们什么时候在一个新的位置中停站着，针就停止并指出一个新的方向。假若我们不用简单的磁针盘，我们带着一组许多大小的磁针，它们能够那样摇摆，以致彼此互相影响，有些只能平行地摇摆着，有些只能垂直地摇摆着，有些则自由地悬挂着。当我们移动的时候，系统中所有的扰乱是十分复杂的。但是一切磁针会有一种最终静止底位置以代替我们放置它时的每个位置（在这种位置中一切磁针结果都安静着），会有一种为着整个系统的一般的平衡。不过一些轻微的移置，会使全组的磁针匆忙地把自己重行排整。

更有另外的一种复杂。假设当一切磁针彼此互相影响，其中的一部分只反应着外面的磁石底一部分（在这外面的磁石中这个系统是移动着的）。读者底想象若是需要一种视觉的资助，他很可画出一个图解。

若是我们想象心灵是错综复杂得难于相信，它也不是不像这种系统的。磁针就是我们的兴趣，其本身的重要各自不同，只看它们所引起的一切运动牵涉了多少磁针的运动而定。一种位置之更换与一种新的局势各自所惹起的每种新的不平衡，都是相应着一种需要。随着系统重行安排自己而生的一切摇摆，都是我们的反应，都是我们设法应合那种需要而有的冲动。通常在原有的冲动以后，很久还未找到这种新的平衡。因此引起紧张的状态，经历若干年之久。

刚出世的小孩是一种比较简单的系统，比较上说起来，很少的事物会影响到他，并且他的反应也很稀少而且单纯，不过他很快地就变得愈更复杂。他对于食物以及各种看护的往返的需要不断地使其所有的针摆动。渐渐地，特别的需要好像各自成组，副系统（Subsystem）便成立起来。饥饿引起一组反应，看见了自己的玩物引起另外的一组反应，高大的声音又引起另外的一组反应，并且由此类推下去。不过副系统决不能十分独立。所以小孩长大起来，对于异常繁多和十分细密的影响都可以感受。

在某些方面，他长得来更能辨别事物，在他的情境中的很细微的差异都能使他失掉平衡。在其他方面，他则变得愈更镇静。依着时光底推移，新的兴趣由发育而发展着。"性"就是一个十分显明的例子。因为他的需要增加，他变得来能被十分新的原因所扰乱，他变得来对于情境很新的各方面都能反应。

这种发展是依着一条很间接的路线。若使社会未把他在每个阶段上加以铸造，或重加铸造，并且在他成人以前未把他重行改造两三次，那必愈更漫无定向了。他到成年之时，好像是一些主要的与次要的兴趣之大集合，一部分是乱混的，一部分是有系统的，他的人格有一些地方是充分地发展了，可以自由反应的，有一些则在各种不同的偶然的方式中被缠绕拥挤着。印在纸上的诗歌就是呈诉于这一群错综复杂得难于相信的兴趣的集合。有时候诗歌本身就是那激动我们的影响，有时候它只是一种工具，因此工具，已有的激动可把自己纠正。更常见的，也许同时它是影响也是工具。

于是我们必须把诗的经验比作这些已激起了的兴趣回向平衡的摆动了。我们读诗，第一只是因为我们多少高兴要这样做，只是因为一些兴趣竭力想因此得到它的平衡。当我们读诗的时候，不管发生什么，总只是为着同一的原由而发生的。我们了解文字（智力的一股毫无困难地进行着），只因为一种兴趣经过那种工具而反应，并且经验底其他部分都相等地或更显然地是我们所有的正在完成的适应。

经验底其他部分是由一些情绪与态度组合而成的。情绪是反应动作（连同在身体变化上的反应）所呈现于感觉的一切。态度是趋向某种行为的冲动，而这些冲动是被反应预备好了的。它们好像是反应向外表现的一部分。如像在《西敏斯特桥》中，它们很容易被人忽视过去。但试想一个更简单的例子——例如在礼拜堂或一种严重的会谈中绝对必须禁止的笑声。你竭力想不笑，但是冲动无疑地是在被拘束的方式中活动着。一首诗歌所激起的愈更精致微妙的冲动在原理上是相同的。通常它们未把自己表现出来，未显然明白地显露出来，大半是因为它们太过于错综复杂了。当它们彼此安排好了并且组成为一种连贯的整体，那么凡有着关系的一些需要都满足了。关于一个充分发展好了的人，一种对于动作的准备底状态将取动作底地位而代替之，当关于实行动作的很适合的情境是不出现的。诗歌主要的特质，如像一切艺术底一样，就是在那很适合的情境是不会到来的。我们在舞台上看见的是一个演戏的人，而不是哈谟雷特。所以对于动作的准备便代替了实际的行为。

这就是经验底主要的图形。在眼膜上的记号，被各组不同的需要收纳了（要记着有许多其他的印象整日留在那里毫未被注意，因为是没有兴趣应和它们），因此许多冲动细密地激起了，其中一股是文字所指的事物底思想，其他一股是一种情绪的反应，引起各种态度底发展，即是，引起对于会发生或不会发生的动作底准备。这两股冲动又是密切地相关的。

现在我们必须更加仔细地考察这些关系。这似乎很古怪，我们未确定地把思想当作是其他的反应之统治者或主动者。不过那样一作，实际上已是传统心理学底最大错误。人总愿意着重那些使他与猿猴不同的特点，其中最主要的就是他自己的智能。不论智能如何重要，人总给与它们一种它们本身不相称的等级。智能是兴趣底一个助手，一种工具，兴趣借此更可成功地排整自己。在任何意义上，人主要总不是一种智能，他乃是一种兴趣底系统。智能只给人帮助，而不能推动人的。

一半因为这种自然的错误，一半因为智力的作用是更容易研究，所以整个传统的心灵作用之分析便完全颠倒。诗歌在将来会有着很大的重要性，这也许能解救这种错误所牵涉的一切困难。但让我们对于诗的经验再加以更严密的考察。

首先为什么在读诗的时候，我们必须给文字以充分在想象中的声音和实体呢？所谓诗人运用这种声音与实体，到底指的什么？我们的回答是，在文字得到理智的了解和它们所引起的思想得以组成而被注意之前，文字之运动与声音已在兴趣上有了很深的密切的作用了。这种情形怎样发生，还是一件尚需探究的事体，不过对于这种情形的发生，敏感的读者决不会怀疑的。有很多的诗歌，甚至一些伟大的诗歌（莎氏比亚底一些歌曲与在另一不同的方式中的史文朋 [Swinburne] 底最好的歌曲），其中文字底意义差不多可以完全丢掉或置诸不理，而诗歌本身却不觉有任何损失。不过这不是完全不费力而能作到的，虽然有时候作到了还有一些好处。关于了解字义这件事之相对的重要性，可以随地而异（比较白朗宁 [Browning] 底"在前"与"在后"），只要知道了这一点显明的事实，在这里已足够了。

差不多在一切诗中，文字之声音与感觉（即是所谓与内容相对的诗底形式）首先发生作用，而文字所包含的意义则被这种事实巧妙地影响着。大多数的文字，依其表面的意义而言，是很模糊不清的，尤其是在诗中。在各种不同的意义中，我们可以随意选用。凡是我们所选择的意义，都是最能适合由诗歌之形体所激起的冲动的。同样的事体可以在会话中觉察得出来。这不是所说的事物之严格的逻辑上的意义，声调与时机方是根本的因素，我们借之以解说事物。这是值得注意的，科学是竭力想除去这些因素，并且逐渐地得到成功。我们相信一个科学家，是因为他能证实他的话语，并不因为他在陈述中是滔滔不绝或雄健有力的。实际上当他仿佛用神情来影响我们的时候，我们便不相信他了。

在文字的运用上，诗歌是与科学相反的。十分确切的思想之发生，并不是因为选择文字尽量合于逻辑，只在一种可能的意义下将其他可能的意义都丢掉了。决不是这样的，这是因为神情，声调，节奏，韵律，在我们的兴趣上发生作用，并且使兴趣由无数的可能中选出它所需要的确切而又特别的思想。这就是诗的描写仿佛常常比散文的描写更正确的原故。在逻辑上与在科学上所用的语言，不能用来描写一片风景或一副面孔。若这样做，就必需无数的奇怪的名词来形容它的阴影与色彩，形容它的那些确切而又特别的性质。这样的名词是没有的，所以必须运用其他的方法。一个诗人，甚至于当他像罗斯金（Ruskin）与狄昆西（De

Quency）一样用散文写作，使读者由一个文字，一个成语，或一个句子所带有的无数的可能的意义中选择那需要着的确切而又特别的意义。他所用的方法是非常繁多而又不同，有一些在上面已被提到了，不过诗人如何运用它们，则是诗人底秘密，这是不能教诲的。他知道怎样作，但他自己却不知道是怎样作好的。

误解诗歌与贱估诗歌，大抵是由于把诗中的思想看得太重。假若我们把诗人底经验（不是读者底经验）稍稍加以考察，我们就更能明白地看出思想不是根本的因素。为什么诗人只用这些文字而不用别的文字？这并不是因为那些文字代表了一串思想，他想传达的一切本来就是这些思想。决不是诗歌所说的一切有着重要的关系，有着重要关系的乃是诗歌的整体。诗人写作并不像一个科学家。他用这些文字，是因为情境所激起的兴趣聚合起来把它们（就是这样）引入他的意识中作为一种工具以整理、管束和团结整个的经验。经验本身（即横扫过心灵的冲动底潮流），乃是这些文字底本原与制裁。文字代表这种经验的本身，不是代表任何一组智觉或反想，虽然通常对于那误解了这诗的读者，文字似乎只是一串关于其他事物的叙述。但是对于一个适当的读者，这些文字（假若它们真从经验中发生出来，而不是由于言辞上的习惯，想感动他人的那种欲望，虚构的方略、模仿、不适合的计划，或其他任何阻挠大多数人不写诗的疵点）在他的心灵中会再行引起兴趣同样的活动，同时把他放在同样的情境中而又引出同样的反应。

为什么发生这样的情形，这差不多还是一种不能解答的神秘。冲动之异常复杂的集合使文字组合在一起。于是在别人的心中，这件事体稍为颠倒，文字便引起一种相似的冲动底集合。在第一个情况中，文字是经验底"果"，在第二个情况中，文字便仿佛成为相似的经验底"因"。这是一件很古怪的事体，除了在表达以内，没有东西可以与之相比。但这种叙述并不是十分确切的。依我们所看见的而言，在一种情况中，文字不仅是"果"，在另外的情况中，文字也并不是"因"。在这两种情况中，文字是经验底一部分，把经验组合起来，给它一种确定的结构，并且防止它仅仅成为一种散漫无关的冲动底乱流。用马喀多噶尔（McDougall）底最有用的隐喻来讲，文字是组合这些冲动的钥匙。这样看来，诗人所写的一切应当在读者底心灵中引起他的经验，也就不那样奇怪了。

三、价值论

关于诗是属于哪一类的东西以及这些经验之一般的组织是如何，我们大致已说得不少了。现在让我们转到另外的问题，"诗有什么用处？" "为什么以及怎么它是有价值的？"

第一点要说的，就是诗的经验之有价值（当其真有价值的时候），是像任何其他的经验之有价值一样。它们是被同样的标准加以评判。这些标准是什么呢？

关于这一点，曾经有各种异常不同的见解。这乃是很自然的，因为关于经验是什么一种东西早已有同样很不同的意见。所以关于善恶经验之区分，我们的意见全在我们把经验当作是什么东西而定。当心理学上的风气有了变化，人们底伦理学说亦随而应和。当一个被创造出来而又单纯不朽的灵魂为中枢的时候，"善"是与造物之意志符合，而"恶"即是反叛造物之意志的。当联想派的心理学家们以一群感觉和意志来代替灵魂的时候，"善"就变为快感，而"恶"就变为苦痛，诸如此类的说法。关于此类意见底变化，欲追溯之，则必需长篇的文章，至今还没有人写过。既然我们看出心灵是一种兴趣组合的整体，那么"善"与"恶"之区分是什么呢？

这只是在自由的与浪费的组织之不同，在生活之丰满与狭陋的差异。因为，假若心灵是一种兴趣底系统，并且经验是兴趣底活动，那么一种经验之价值，就是在心灵借之能得到完全的平衡的程度问题。

这乃是一种起初的大略的测度，若要把它弄成一种令人满意的理论，则必须加以一番的限定与推展。现在让我们看一看这些修正的方法到底怎样。

试考察任何人底生活的一点钟。它呈出无数的可惊的哪些能够成为事实，则决于两种主要的原素——他生活于其中的外界的情景，他的四周的环境，包括着他所接触的其他的人们，其次，他的心理的构造。有时候人们把第一种因素（外界的情景）看得太重。我们只须注意在十分相同的情景中不同的人们所感受的怎样不同的经验，即可看清楚这种事实。一种情景对于某一个人是乏味的，对于另一个人可是充满了刺激。一个人所反应的并不是全盘的情景，乃是情景中选出的一部分，并且通常很少的人有着同样的选择。至于选择什么，则在看个人之兴趣底组织如何。

现在让我们把情形弄简单一些。假设在这一点钟内发生的事情在我们假想的人的生活中或在另外任何人的生活中不会有别的影响。当钟一敲，他就停止生存（为我们的目的计，必须假想着他不知道这一点），并且不论他在这一点钟内所思想、感觉、或作的是什么东西，对于别人丝毫没有好坏的关联。那么，我们说什么事情是他在可能范围内最应当作的呢？

我们无须麻烦去想象这个人之环境的细节和他的性格的细节。不这样做，我们也能够对于这个问题作一般的解答。一个人具有一种确定的本能的组织——他已往的历史底结果，他的遗传也包括在内。有许多事情他不能作，而别人则能作；有许多事情他在这种情境中（不论是什么情境）不能作，而在别的情境中则能作。但是我们假定了这个特殊的人在这种特殊的情境里，我们的问题便是凡对于他可能的事情哪一些比起其他的一些是更好的呢？我们是善意的观察者，觉得他应当怎样生活呢？

把苦痛丢开不讲，我们也许会公认"麻痹"是一种最坏的选择。完全不能活动，没有生气，必是最可悲哀的景象（这像是过于深切地和无需地预感到钟声一敲死将来到的情形）。于是我们虽然从预料中会遭遇着各种的阻挠，但大家必会公认最好的选择必是麻痹底反面，即是说，那最丰富，最锐敏，最活泼，最美满的生活。

这种生活是使积极的兴趣尽量地活动，我们可以丢掉那消极的兴趣。假若我们的朋友把他的宝贵的时光即使消耗一分钟在恐惧与烦恼中，那也是一件可叹的事情。

但事情并非只是这点。只知道许多兴趣应当激动起来，那还不够。还有更重要的一点应当注意。

诸神所赞许的乃是灵魂底深远而不是其骚动兴趣必须活动，继续活动，但彼此间必须尽量地避免冲突。换言之，经验必须组织起来，能使其所有的冲动在可能范围内得到最大的自由。

所以人与人最大的差别，就在这点。也就是这点区分出好的生活与坏的生活。由于神经昏乱而糟踏的生命比较那由于机会的缺乏而糟踏的更多。各种冲动间的冲突，乃是使人类苦痛的最大的罪孽。

于是，我们期望我们的朋友能有的最美满的生活，必是那一种生活，他自己能尽量地畅所欲为（他所有的冲动也尽量活动）。这种生活必是很少冲突，就是他的活动之次要的系统彼此间也尽量地少有冲突。他愈多生活而愈少阻挠自己，则愈好。这乃是我们处在心理学家或旁观的观察者抽象地描写事体的一种简略的答复。假若有人要问这样的生活是怎样的情形，人们怎样度过这种生活，我们的回答是：它觉得很像是诗底经验，并且是诗底经验。

有两种方法以避免或克服这种冲突。一是征服，一是调解。有一些争逐的冲动能够被压抑，或者能够互相安排，彼此调和。关于压抑有力的冲动之极端的困难，我们感谢心理分析给与我们很多显著的证据（心理分析现在还是心理学中缺乏规律的一部分）。当它看起来是被压抑了，实际上它还是那样地活动，不过是在一些其他的形式中，一般很令人烦恼的形式中罢了。精神的持久的不平衡，乃是一切烦恼底根原。因为这种原因，并且又因为把冲动压抑乃是糟踏生命，所以通常看起来和解是比征服更好一些。常常能克服自己的人，也可说是常常奴隶自己的人。他们的生活变得过分地狭隘。许多圣贤底心灵好像水井，它们应当像大湖或大海。

不幸的是我们大多数人，当极端自由的时候，自己不加选择，只是用力去克服自己。这乃是我们避免混乱的唯一的方法。我们的冲动必须有秩序，有组织，否则我们不能生活十分钟而不感觉不幸的。在已往的时间，传统像一种《凡尔赛条约》，指定各种兴趣底势力之边界与范围并且大半依据着征服原则使我们的生活在一种适度而满意的状态中整齐有序。但是现在传统底力量日渐微弱；一些道德的权威不像从前有信仰为其后盾，它们的制裁力量都逐渐衰颓。我们需要一些东西以代替从前的秩序。但不是需要一种新的武力之平衡，或一种新的征服底力量，我们需要的是一种"国际联盟"来公正地整理我们的冲动，即是，一种依据着调解原则的新的秩序，决不是依据着奋力的压抑原则的。

直到而今，只是最少数的人方成功了这种新的秩序，但也是不完全的。不过许多人在短促的瞬间，在经验底一种特殊的情况下，也曾有这种成功，并且许多人也曾把它记载下来。

诗歌即是这些记载组合而成的。

但在进一步讨论这新的论点以前，让我们转到我们假想的朋友（他还在享受他的最后一点钟）并且假定我们所加的限制也撤消了。让我们不仅专指这样的一点钟，并且再考察任何一点钟，对于他的将来与其他的人们都有影响的一点钟。让我们考察任何生活之任何片段。那么，我们的论据将受到多少影响？我们的善恶标准将会改变么？

很明白地，现在这种情形是有一些不同，并且是愈更复杂。我们必须把这些影响加以核记。我们不要把他的经验只当作经验而已，并且要把它当作是生活之一片段和其他人们之环境中的一种因素。凡是值得我们赞许的经验，必须不仅是生气勃勃，不发生冲突，并且也能引起其他的经验，不论是他自己的或其他人们的，也是生气勃勃，不发生冲突。事实上，为要确定这些结果，往往生活就没有那样丰满，并且愈更局促。个人的暂时的好处往往必须牺牲以为以后的或一般人的好处。所以冲突常常是需要的，因此可以使以后不会再有冲突。角触的冲动之互相和解是需要很快的时间的；并且一种剧烈的竞争可以是一种唯一的方法使它们知道在将来和平地合作。

但是这一切的复杂与限制，都不能摇动我们从比较简单的例子中考察出来的结论。一种善的经验，依照我们所解说的意义来说，仍是一种生气勃勃的经验，或是一种能引起其他生气勃勃的经验的经验。一种恶的经验，乃是一种阻挠自己或引起冲突的经验。直到这里，我们所论说的一切都是正确有据而整齐有序的。现在我们可进一步把诗人加以考察。

四、生命底统制

诗人们主要的特点，是在他们对于文字的运用非常惊人。这不只是一种辞汇底问题，虽然这也是一件很重要的事实，莎氏比亚之辞汇在英国人中是最丰富而最多变化的。诗人之名位的规定，并不在他所用的文字底数量，而在他怎样运用文字。最应当注意的，是在他知道文字怎样互相限制，在心灵中文字各种不同的效力怎样组合，它们又怎样谐合于整个的反应。通常诗人自己不觉得这种理由，为什么恰好这些字比较其他的字更为适当。文字底位次并不曾受他的意识底统制；感觉要这样才合式，并且不得不这样，便是他自己确定已把文字安排好了惟一意识到的理由。若问诗人为什么用这一种特别的韵律或这一种特别的文词，那未免有一些无聊。他也许可以说出一些理由，但不过是一些理智的解释而与事实没有关系。因为韵律或文词之选择，并不是一件理智的事体（虽然能够有理智的辩明），而是由于一种本能的冲动，设法要确定自己，并且与其同辈互相契合。

知道诗人运用文字的动机是如何深远，乃是一件很重要的事体。诗人研究他人底诗歌，若不是一种充满热情的研究，对于他是毫无补益的。他能从其他诗人学得很多，但必由于他使自已受到深切的影响，而不在一种肤浅的对于文体的考察。因为那创作一首诗歌的动机是发于心灵底深处。诗人底作风是他组织兴趣时所依据的方法之直接表现。把言词安排得条理分明的惊人的才能，乃是把经验安置得井然有序的惊人的才能之一部分。

这就是解说，诗歌不是可以用智识与研究，机巧与设计所能写成的。肤浅地看来，博览古今诗歌而又热烈地期望成为一个诗人的学者之作品，常常是很像诗的。也许他的文字底安排是不能再有那样微妙与精致的，他的描绘的文词是不能再有那样顺适的，他的行文底变化是不能再有那样有力的，他的文体底朴质是没有那样完美的。依各种理智的考察，他可以说成功了；但是除非文字之安排，不是由于诗歌底技巧之智识与一种想作诗歌的热望，而是由于一种经验之真实的至上的安排，不然，只要仔细研究，他的作品必会现出原形。特别是它的韵律可以显示出来。因为韵律并不是玩弄音节，而是反映出作者底人格。它与其所附属的文字是不能分开的。诗中动人的韵律只是发生于真正被激动的冲动中；并且对于兴趣底整理，它比起其他的东西，是一种更微妙的索引。

换言之，诗是不能模仿的。它不能冒混起来以逃过我们所施用的唯一的考验。很不幸的，是这种考验很难施用。并且有时候很难知道这种考验是否已经运用上了。因为这种考验是这样的——只有真纯的诗歌会给与适当的读者一种反应，这种反应与诗人底经验是同样地热烈，高贵和清朗，诗人因为是经验底驾驭者，因此也是言辞底驾驭者。但是人们很容易粗率地与肤浅地读诗，并且容易把一些不是真正属于诗的反应的东西误作反应。粗率地读诗，我们会失掉诗中的一切东西。在某种心境下，譬如在酒醉的时候，拙劣的俚词会当作是卓绝的诗歌，这种现象，并不是拙劣的俚词底作用，而是由于饮酒的关系。

有了这一般的考察存在心中，我们现在可从这个问题"关于诗歌，新起的心理学能告诉我们一些什么？"转到这一些联合的问题"一般的科学与其所引起的新世界观曾怎样影响到诗歌？并且科学会使过去的诗歌废弃到何种地步？"要答复这些问题，我们必须略述最近世界上所发生的一些变化，并且再考察我们要求于诗歌的是什么东西。

五、自然之中和

这是诗人们使我们失望，或者是我们使他们失望，假若我们把他们读过之后，不觉得自己有什么变化。这倒不是一种暂时的变化，如像中餐或午睡之后所引起的，结果我们仍必须从这种变化里回复到从前的状态；这乃是一种永久的变化，我们每个易于感应的个人对于各种刺激底集合如何适应（好的或坏的）之可能性底变化。当今的诗人有力量能使人发生这样深刻的变化的到底有多少呢？让我们丢开青年时期的各种热情不讲；在大多数人底生活中，必有一个时期，很自然的，梅殊菲（Masefield），吉卜宁（Kipling），准克渥特（Drinkwater），甚至于诺易斯（Noyes），肯尼蒂（Suddert Kennedy），会深切地影响正在醒悟的心灵；这种现象现在正继续地引导到诗歌里。稍到以后，我们回转头看，其他的许多诗人必定会有同样的作用或者更好的作用。现在让我们单就那对于以往的诗歌相当地熟习，并且富有经验，而头脑又十分冷静的读者加以考察。

除了偶尔的情形以外，当代的诗歌能把这种读者底态度加以改变的，必是写于这个时代，除了这个时代，别的时代写不来的。它必是部分地从当代的情境中产生出来，它必须应合一切需要、冲动和态度（对于已往的诗人，这些需要、冲动和态度之产生是不同的）；至于批评，也必须注意当代的情境。我们对于人类，对于自然，对于宇宙的一切态度，都随着每个时代而改变，并且近一些年来更改变得非常剧烈。评判近代的诗歌，我们不能把这些变化丢开不管。当态度改变的时候，批评与诗歌都不能保持着静止的状态。对于那些知道诗人是什么的人们，这一点是很明显的；而整个文学史也都把这一点指示得很明白。

列举出最近智力的主要的变迁，并且竭力从其中推究对于诗歌必定会发生的一切情形，仿佛是没有什么用处。意见底改变给与我们的态度的影响，是过于复杂而不能这样核计的。我们必须注意的，并不是当代一般人底意见，乃是他们的态度——他们对于这种或那种事物与世界的关系究竟如何感觉？他们对于事物之各种状态给与什么相关的价值？他们准备着牺牲什么？并且为着什么牺牲？他们相信什么？他们恐惧什么？他们愿望什么？要侦知这一些，我们必须去到诗人那里。假若他们不使我们失望，那么他们指示给我们的，正是这些东西。

他们可以把这些指示出来：但是不能叙述出来。他们的诗歌论及他们的态度，与解剖学论及身体底构造，其意义是不相同的。他们的诗歌由他们的态度产生出来，并且能唤起适当的读者同样的态度；然而通常却不提到任何态度。自然，我们偶尔遇着讨论心理学的题目而用诗体写的论文，这乃是意中事，千万不可让它引起我们的误解。诗歌所涉及的态度，大多是不能叙述的（因为心理学尚在初起的时期），人们只能说或叫作这是某一首诗底态度。一首诗，即是，它在适当的读者底心灵中所构成的真实的经验，约束着他对于世界的反应，并且整理他的冲动，乃是我们研究他人对于事物如何感觉的最好的证据。假若我们认真地读它，我们一面可以看出别人对人生怎样看法，一面可以试验他的态度怎样适合我们，设若我们是在同样的企图中。

虽然我们不能（因为没有充分的心理学）使用那与我们现在未提到的

态度无关的词句来描写这些态度，并且我们不能从一般智力的背景推求诗人底态度，但是，在把他的诗读过之后，当他的经验变成了我们自己的经验的时候，我们向四周顾视，有时便会看出这些态度何以有些地方与我们在百年前或千年前的诗歌里所瞧出的态度那样不同。这样做时，我们可以得到一种指示这些态度的工具，不仅有益于那些根本不能读诗的人（这种人数逐渐增多），就是对于一般为教育所牺牲，忽视了近代诗歌的人们（因为他们不懂得近代诗歌是什么），也是很有用的。

现在请问，智力的背景和世界的大势已发生了一些什么变化？并且这些变化又曾经怎样引起我们的态度重行组合呢？

这主要而最有力的变化，可以称为"自然之中和"Neutralization of Nature，即是，从玄秘的世界观转而为科学的世界观。这样巨大的一个变化，在历史上也许只有从玄秘的世界观以前之模糊的世界观转而为玄秘的世界观的那个变化可以与之相比。我所谓"玄秘的世界观"，粗略说起来，是指人们相信有"精灵"和"天神"底世界。它们掌管着人事，并且使用人的行动可以把它们唤起，而在某种限度之下，也可把它们管束着。"灵感"和在"仪式"背后的各种信仰，都是这种世界观底代表。近三百年来，它已慢慢地衰退下去，不过它确实地倾覆，是在过去的六十年间。它的潜余的势力还指导着我们日常许多事体，不过它不复为一个具有知识的人易于接受的一种世界观了。有一些东西可以证明，诗歌与其他的艺术是从这个玄秘的世界观产生出来的。所以诗歌也许会同它一齐消灭，乃是一件可能的事体而值得严重地考察的。

关于玄秘的世界观倾覆的理由，乃是众人熟知的，这大抵是人们对于自然的了解和支配自然的能力（农业的发明）增加的结果。它会因此二者之扩张而消减。它经过如此长久的统治时期（大约一万年？）其所以稳固不动，乃是由于它足以充当人们底态度中的对象而满足他们的情绪的需要。我们必须记住，人的态度通常是在社会群众中发展出来的；人的态度就是他自己感觉的东西，是他对于同伴的行为底主动力，它们只有一个极有限度的应用范围。因此，玄秘的世界观既是依着人们最亲切最重要的事体给与自然的一种诠释，所以不久它便比较其他任何观念更能适合人们底情绪底组织。玄秘的世界观之所以动人心目，很少是在它给人们的支配自然之实际的力量。——哥尔通（Gorton）第一次用试验方法考察祈祷底效用，便是一种明证。玄秘的世界观之所以占有地位，乃是在它足以并且容易使用感情摆布当时的宇宙，在它对于人之爱与憎，恐惧与失望所呈出的界限。它给与生命一种样式，一种锐利，一种调和，是其他的方法所不易得到的。

代替这种宇宙的是数学家底宇宙，它是探索那更加广大更加普遍的"一致"的一种场所。在这场所里，差不多是第一次，理智的确实可以得到，并且有着无限的推展，那些随着探索与发现而有的沮丧和情绪的激发也是从前所未有的。因此，有许多人在从前也许会作诗人的，现在都走进了生物化学实验室——这一种事实，可以用来（若我们感觉需要）辩护当代诗歌底贫乏。但是丢开这些令人感动的事体不讲，科学底世界观对于人类情绪有着如何的关系呢？一个乐意地或不乐意地屈服于相对论下的神灵，并不能诉诸人们的情感。所以这种妥协的方法是失败的。——卫尔斯先生（Mr.Wells），亚力山大与摩尔干教授们（Professors Alexander And Lloyd Morgan）曾提出许多各种临时的神灵，可惜理由太过于明白与浅显了。这些神灵是在那里迎合一种需要，而不是创造一种需要：它们未尽自身所应尽的责任。

总而言之，因科学而引起之变迁太过于剧烈了，这样不彻底的方法是不能适合的。它触动了已往心灵底精密的组合之基本原则。在这原则仍然保存着的时候，任何信仰之变化，不管是怎样巨大决不会把平衡恢复转来。现在我已到了讨论中最主要的一点。

人在有了自觉与反省能力之后，便以为他的情感，他的态度与他的行为都发源于他的智识。他以为他最好是尽力地在这方面安排自己，以智识为基础而把情感、态度和行为建置在上面。以实际而论，他是从不会这样组织自己的，因为直到最近，智识是太过于缺少了。不过他总相信，他是按照这种计划构成了自己，并且竭力想在这些路线上有进一步的建造。他搜求智识，以为智识会直接引人走入一个正确的生活方面，以为他若知道世界是像什么东西，这种智识本身就会指示他对于世界怎样感觉，指示他采用什么态度，并且抱着什么目标生活下去。他常常叫他在这种搜求中所发现的东西是智识，他不知道这种智识很难是纯粹的，他不知道他的情感、态度和行为已被他的生理的和社会的需要所左右了，并且这些东西本身大半就是他自己以为应当知道的一切东西底本原。

不久以前，人们突然得到了多量真纯的智识。这种进程逐渐加快，宛如天降雪弹一样。现在他们必定看出，从来他们用以支撑和扶助他们的态度而且信以为是真的智识的庭宇，到而今再不能站得住了。同时，他们又必定认识，纯粹的智识与他们的目标是不相合的，在他们应感觉到的或应竭力去作的一切事物上面，它并没有什么关系。

因为科学只是我们有系统地指明事物之最严密的方法，所以它不告诉并且不能告诉我们事物之根本的性质究竟如何。它不能回答这样的问题：某某是"什么"呢？它只能告诉某某是"怎样"动作。除了这点，它不企求再作其他的事体，实际上，也是除了这点，它不能再作其他的事体，那些古旧的，非常麻烦的，以"什么"和"为什么"开端的许多公式，一经考查，即知它们简直就不是"疑问"而是为着情绪的满足而有的"祈求"。他们表示我们所愿望的不是在"智识"，而是在"确信"。这一点，当我们探视疑问和祈求，智识和愿望是"怎样"的时候，我们即可明了。科学能告诉我们人类在宇宙中的地位与其各种机会，它能告诉人类底地位是不稳固的，机会是不定的。假若我们能聪明地利用科学，它能大大地增加我们的机会，但是它不能告诉，我们是什么？这个世界是什么？这并不是因为这些问题是不能解决的，乃是因为它们根本就不是问题。并且，既然科学不能解答这些"假问题"，哲学与宗教也不能解答它们。因此，许多时代以来认为是智慧之锁钥的各种不同的解答，现在便完全消灭了。

这种结果乃是生物学上的危机，不是不感受艰难而能解决的。也许我们自己能够解决，一半借着思考，一半用别种方法重行组织我们的心灵。否则，它或许也会得到解决，不过总不是依照我们自己愿意的方式解决的。这种危机一日不解决，个人和社会都感觉着一种紧张的状态。这就是对于许多近代的难局（转回题来说，特别是诗人底难局）的一部分的解释。谈到这里，我实在并未离题太远。

六、诗歌与信仰

依我们在前面所见到的而言，诗人底职务是使一团经验有着秩序、谐合，并且因而有着自由。他以文字为支架，为结构，使那组成经验的一些冲动彼此适合而一起动作。文字实行这种工作，其所凭借的方法，是很多而且不同的。要寻索这些方法，乃是一个心理学的问题，我在上面已经指出了一个开始的步骤，不过只是一个开始的步骤而已。我们研究所获得的，虽然没有多少，却已表示出过去大多数批评的独断信条不是错误，便是妄谈。在这里，很少的智识并没有什么危险，它还可以非常地把空气廓清。

即使依据着我们现在的智识，我们也能粗略地而且草率地说，在诗歌中，文字有着两种主要的功用。一种作为感觉的刺激，一种作为符号（以最广义的而言）。我们万不可重视诗歌在感觉的这一方面的作用，虽然，注意到它与其他一方面是彼此相关的，并且为着一些确定的理由，它在大多数诗歌中占有首要的位置。我们必须集中全力研究诗中文字之其他一种功用，或者宁可把许多次要的关系省略，专肆研究这种功用之一种形态。这种形态，让我叫它为"伪陈述"（Pseudo-statement）。

能鉴别科学的陈述（Scientific Statement）（在这里，"真"即是像人们在实验室里所理会到的一种验征）与感情的叙述（emotive utterance）（在这里，"真"主要是有那可以被态度所接受的性质，或说得更远一些，是这态度本身有可被接受的性质）的人会承认，诗人底职务并不是创作真实的陈述。但是，诗歌常有创作陈述的姿态，甚而有创作重要陈述的姿态。这就是数学家不能读诗的一种理由。他们觉得这些陈述都是假的。若说他们对于诗歌的看法，以及他们对于诗歌的期望，都犯了错误，人们一定会同意的。然而那其他的，正当的，对于诗歌的看法，到底的确是什么呢？并且它怎样与数学的看法不同呢？

诗的看法，显然把产生"伪陈述"的一切可能的推断底范围加以限定。对于科学的看法，这种范围是没有限定的。任何推断，与每种推断，都是适合的。假若陈述之任一推断与已承认的事实发生冲突，那么这种陈述便不真实了。这诗的看法下，"伪陈述"并不是如此。于是我们的问题便是——究竟是怎样限制呢？通常诗歌底叙述是依据着一种"讨论宇宙"（Universe of Discourse），一种"佯信底世界"（World of Make believe），想象底世界，诗人与读者共同承认的虚拟的世界。一种"伪陈述"，若是合于这种假设底系统，便会认为是"诗的真实"，而不会认为是"诗的虚假"。使用一般的"一贯理论"（Coherent theories）底标准来讨论"诗的真实"，在某一些派的逻辑学者看来，这乃是当然的。不过，这是不适合的，他们开始便走上了错路。我们可以从许多反对的言论中提出两种来看：（一）人们通常没有方法发现"讨论底宇宙"究竟是什么。（二）假设这"讨论底宇宙"可以发现，但存在其中的那种"一贯"，决不是一件关于逻辑关系的事体。试解说：

"呵，蔷薇，你病了！"

所符合的一些命题之系统；如果是"诗的真实"，试解说其间的逻辑关系，如此，这种理论之荒谬便立刻显现出来了。

我们必须更进一步。在诗的看法下的适合结论，并不是合于逻辑的，也不是由于逻辑一部分的废弛而可得到的。除非是偶尔或碰巧的情形，逻辑简直毫没有关系。这些结论，是由我们的情绪的组合而产生的。"伪陈述"之被接受，完全看它在我们的情感与态度上所发生的效用如何。假若逻辑真有作用，它也只处在附属的地位，只是我们的情绪反应底仆役。不过，诗人和读者常常发现，它是一个难于驾驭的仆役。一种"伪陈述"，若是它能适合与裨益某一种态度，并且能把在别方面值得欲望的一些态度联络一起，那么它便是"真"的。这种真与科学的"真"如此相反，以致我们使用这个同样的名词，总觉得是一件憾事。不过现在要避免这种恶习，又非易事。

这种简略的分析，也许足以指明诗歌中的"伪陈述"与科学中的"陈述"两者间根本的差异处与相反处。"伪陈述"只是一种文字底形式，它之真假，完全在它对于我们的冲动与态度之解放和组合上所有的影响如何（应当顾及冲动与态度之间的组合的好坏）。从另一方面看，"陈述"之真假，完全在它的真实如何，即是（在一种很深的专门意义下）它与它所指的事实是否相符。

实际上，真的和假的陈述，同样常常描绘我们的态度和动作。我们日常实际的生活大半是被它们指导着。总而言之，真的陈述比较假的陈述是更有益于我们。然而我们并不，而且现在也不能，只用真的陈述安排我们的情绪与态度；更不能料定，我们将来能够勉强作到。这就是文明所遭遇的新的巨大的危机之一。关于上帝，关于宇宙，关于人性，关于心灵与心灵之关系，关于灵魂和它的等级与命运——这无数的"伪陈述"，乃是心灵组织之枢纽，并且对于心灵之安宁是异常重要的；但是现在突然变成一些真挚诚实而又自由的头脑所绝对不能相信的东西了。经过了许多世纪，它们都被信仰着，现在它们都消灭了，并且不能恢复。不过，那把它们消灭了的智识，我们却不能借之以得到同样的完好的心灵之组织。

这就是现代的情势。既然我们没有期望能得到充分的智识，并且十分显然，真纯的智识在这里对于我们并没有什么用处，除了只能增加我们实际统治自然的力量；所以我们补救的方法，只有是把"伪陈述"与"信仰"截然分开，使它在这种解放的状态中作为安排我们彼此的态度以及对于世界的态度的工具。这一种补救的方法，并不是像在表面上看来那样地绝望的。因为诗歌确实表示，没有任何信仰渗杂其间，甚至于我们最重要的态度也都可以激起和保持。例如悲剧的态度，即是如此。我们不需要什么信仰；并且我们若是读《李尔王》（King Lear）我们还应该没有信仰。未附有信仰的"伪陈述"与科学所供给的那些陈述，是不会冲突的。只有人们把不正当的信仰导入诗中，那时候方有危险发生，据此看来，把不正当的信仰导入诗中，乃是亵渎诗歌。

但是批评有重要的一支，自有史以来直到今日，吸引了许多最卓绝的人才。它竭力使人相信，科学与诗歌之功用是同一的，或是说，其一乃是其他的一种"更高的表现"，或是说，科学与诗歌互相冲突，我们必须在两者中选择其一。

这种坚持的努力的根原，仍必须提到。这与玄秘的世界观发生的根原是同样的。假若我们给与"伪陈述"一种非分的接受，而这种接受却只是属于确实的科学陈述的；假若我们竭力这样做，那么我们用以反应它的冲动和态度，便得到一种显著的安定与力量。要而言之，假若我们竭力去信仰诗歌，那么在我们竭力去信仰的时候，这个世界仿佛便改变形状。从来这是比较容易做到的，并且这种习惯已变得十分固定。但是随着了科学底进展与自然之中和，它却变为困难而且危险的了。不过它仍然是诱惑人的；有许多地方与服麻醉剂是相同的。所以才有上述的批评家们底一切努力。想出了各种遁词以为"诗的真实"是比喻的，象征的，或者以为是更直接一些的，以为是直觉底而非理智底真实；或者以为是与理智所产生的真实是同一的，不过有着一种更高的表现。这种用诗来否认科学或矫正科学的种种努力，乃是很普通的。我们有一点可以整个反驳它们。它们从来不是细密地探求出来的。弥氏逻辑学（Mill's Logic）对于这些论点的解说，是最好不过的了。本来组成它们而用的语言，通常都是已废的心理学和动情的惊叹词混合而成。

把我们对于固定事实的认可，转给与情感的言辞（不管是单简的"伪陈述"，或常作比喻的更空泛而更广博的一切陈述），这种习惯，已养成许久而且深受嘉许；不过对于大多数人，却毁坏了他们的反应之大部分。只有少数幼年便钻入实验室而且在里面长大的科学家们方免掉这种影响。不过照例他们对于诗歌，是不严重地注视的。承认自然之中和，使大多数人（因为这种习惯）与诗歌脱离关系。他们一向惯于使用模糊的信仰来支撑他们的反应，以至于这些模糊的撑柱一旦失掉，他们便不能反应了。他们对于许多事物的态度，是在过去强迫而成的，并且曾受到过分的激励。及至那种大势不再给与他们的帮助，它们便会有一种奔溃的情势。在自然的情感反应之整个范围里，现在我们好像一坛去掉了支柱的牡丹，并且这种"自然之中和"底影响还只是在开始期中。我们试考察，在最近的将来，那种使用心理分析来解明人类基本组织的研究，在爱情诗上大致会发生什么效果。

凡是荒凉、无定、徒然、热望之无稽，努力之虚空，与渴求生命甘露而骤然失望的等等感觉，都是我们意识到自己的生活必须这样重行组织的表征。我们的态度和冲动被迫而变成自立的，回返到生物学上去寻找存在的理由，并且又弄得本身无所凭借。有一些冲动，仿佛十分坚强，未受摧毁；但通常又是那样粗硬，对于生长得更优秀的人们，似乎是不值得有的。这样的人们，只凭借着衣服、食物、争斗、饮酒和异性，是不能生活的。被这种变化影响最小的人，乃是在情绪上与动物区别最小的人。在这篇文章底末尾，我们就会看到，甚至于一位大名鼎鼎的诗人，也想竭力回返到原始时代的心情而寻求慰安。

　　正确的诊断和适当的指斥乃是很重要的。通常被非难的，乃是一种所谓科学底唯物主义。这种错误，一部分是由于粗笨的思考，但主要却是由于玄秘世界观之残余的观念。即使全宇宙都是属于"灵"的（不管这种说法所指的是什么，总之差不多都是妄谈），这样也不能使它与人类底态度更相谐合。不能激起我们情绪的反应的，不是那知道宇宙由什么组成的智识，而是那知道宇宙怎样动作，及其所遵行的定律的智识。再进一步，就是智识的本性也是不足够的。我们由此而与事物的接触，是太简略，太间接，不能帮助我们。关于心灵与其所认识的对象二者间的维系，我们现在开始知道得太多。使那种旧梦（以为一种完美的智识会保证完美的生活）不能再保持着它的制裁。凡是已往以为是纯粹的智识的东西，现在我们看来，都已被希望与失望，恐惧与惊异，完全穿破了。这些侵入的因素实际上给它一切力量以支持我们的生活。在智识中，在事体之"如何"里，我们能找到一些暗示，因而可以利用环境而且避免不幸。但是我们不能由其中得到"存在的理由"（Raison d'être），或一种较高的生活之存在的理由。

　　态度之有无存在的理由，不在对象，而在它的本身，在它对于整个人格的利益如何。它的一切价值，全视它在态度之整个系统中的位置为转移。不论是对于文明人之微妙复杂的态度，或孩童之比较简单的态度，这都是同样真确的。

　　总之，经验之存在的理由是在其本身。这种事实我们必须对面，虽然有时候（例如对于一个情人）是很难接受的。只要有一次对面之后，显然那对于其他人们以及对于世界各方面的一切态度，一向对于人类是有用的，都仍保持着往日的状态，并且有着如往常一样的价值。凡接受这种观点时所感觉到的迟疑徘徊，即是那很坏的习惯（我们已叙述过的）底力量之一种衡量。但是这些态度之中，有许多态度其价值仍如往常，不过只要得到了解放之后，便更难于保持；因为我们仍然渴求着一种信仰的基础。

七、几位现代诗人

现在可转而讨论那些现存的诗人；由于研究他们的作品，上述的一些意见方才发生。依据每种理由，哈代（Thomas Hardy）这一位诗人是我们最应当首先开始讨论的。他的作品不仅跨过我所谓的"自然之中和"最终实现的整个时期；它又明确地整个反映了那种变化。在他的诗集中，常常见到用诗体写的短篇论文，这些论文差不多常常是讨论这一个题目。但这些论文，不管是怎样富有暗示性，我们总不能据此以为他是最充分最果敢地接受了现代的背景的诗人，就是那些最明确地谈论"自然之中和"的诗歌，也不能引来作为这种主张的根据。在这一点上，有一种机会容易发生误解。这种主张的根据，乃是那些关于其他题目的诗歌之语调、笔法和韵律，例如《不见的自己》（The Self Unseeing），《声音》（Voice），《毁约》（A Broken Appointment），尤其是《旅后》（After A Journey）。一首诗不是因为给与了某种情况一种明白的承认，便必须接受那种情况：那是由于组成它的态度有了明确的变化，它方才接受那种情况。莫锐先生（Mr.Middleton Murry）（这篇论文有一部分也许会被人怀疑以为是在攻击他近来的见地）在他所著的《文学各面观》（Aspects of Literature）中明白地指出哈代底诗"与我们所知的和所感受的是怎样特别地相合"。"在他对于一种偶然的事情所有的反应之背后和里面，有着一种对于宇宙的反应"，假若我作一种陈述，我就不会像这样写出；不过当作一种"伪陈述"来读，以引起情绪地读，那是再好没有了。它使我们记起已往怎样感觉。不过实际上它恰描写出哈代最好的作品中也未作的一切。哈代对于宇宙不作任何反应，他只承认人们对于宇宙不能有适当的反应。"在他的反应力之特意的纯洁上，哈代超出近代其他诗人之上。世界上慢慢渲染的污点还没有粘染着他。他自始便远远离开那想忘去一切的一般计谋，这些计谋不仅是专门的乐观派所参预的"。当莫锐先生说这些话时，他是同时受了科学和情感的推动。这些话语（从一位比较其他人们对于在这个世代降及人们的奇怪的变化更苦闷地明白的作家引来的，虽然我相信他的诊断是错误的）很可以表示哈代在英国诗歌中的地位和等级。哈代是一位始终最不愿被安慰的诗人。遗忘所给与的安慰，信仰所给与的安慰，他都丢掉不顾。所以他才有自己对于"死"的奇怪的成见。因为只有在死之凝神观照里，才能深刻地感觉到对着漠然无情的宇宙人们的态度有自立的必要。对于这种心情，只有那最伟大的悲剧诗人才有一种同等自信的与坚持的接受。

从哈代到得拉麦尔（De la Mare）似乎有一个很大的变迁，虽然读得拉麦尔后期作品的人们都会承认有许多有趣的相似之点——如在《那是谁》（Who's That）中以及在《面网》（The Veil）里的其他诗中，得拉麦尔显然没有比较在他极盛时期那样表现出自己。在他的最好的诗歌里如在《猪与炭炉》（Pigs and Charcoal Burner）里，在《摩尔提约翰》（John Mouldy）里，看不出丝毫现代情势底暗示。他所描写的与所根据的世界，乃是一个不知道这些苦难的世界，一个纯粹幻想的世界，在那里还没有显现出智识与情感之区分。不过在其他更为沉思的诗中，例如在《约会》（The Tryst）中，当得拉麦尔似乎直接面对着宇宙对于"死者底渴望"漠然无情的时候，一种奇特的现象便发生了。他的语调（不管他所用的文字）毫不认识这种漠然无情，它只是叫出一种冲动，去逃避，去遗忘，在他自己亲密的幻梦底温暖里去寻觅安息之所，而不停留在风中。他的韵律，那紧附在他的最好的诗中的那种不能描写而又是独自的音调，乃是一种催眠的韵律，是解痛药，是麻醉剂，给人以睡眠和许多梦想、幻想；然而不给人以一定的幻象，不使人觉醒。即使当他似乎对于近代人的命运凝神观照的时候，"智者底话语已使他们悲哀了"，他的诗中的主旨仍然在"追求那甜蜜的灿烂的国土"，在那里心灵的旅客底途程方是开始。

对于这种责备（因为在某种意义下，这是一种反对的批评，纵然它只是用来攻击那伟大的诗人的），却有着一个例外。有一首诗——在《孔雀饼》（*Peacock Pie*）中的《疯狂的王子之歌》（The Mad Prince's Song）——其中便没有那种对于忍受狂风的厌恶。不过这首诗底精神，那给与它的生命的冲动，却是从那最否认避世的诗人得来；《疯狂的王子之歌》乃是从"哈弗雷特"得来的。

夏芝（Yeats）与罗伦士（Lawrence）另外表现出两种逃避这些苦难的方法，这些苦难是从他们生在这个世代而非生在更早的时代而来的。得拉麦尔在孩童的幻梦世界中寻找安息之所，夏芝退居在黑色天鹅绒的幕帷内和隐者底幻梦里，罗伦士作出一种伟大的尝试，想在他自己当中重新创造布西曼（Bushman）的心情。诗人尚有许多其他的逃避的方法。布伦得耳（Blundell）（只再提一位诗人）到乡间去，但是很少的人有着他的精神而效法着他去的。至于夏芝与罗伦士，不管读他们的作品的人有多少，总表示出在一群战败的人们中的一些倾向；这是很容易观察出来的。

夏芝底作品自始即摒弃当代最活动的兴趣。但是写《奥辛之漫游》（The Wanderings of Usheen），《窃来的孩子》（The Stolen Child）与《伊尼斯孚》（Innisfree）的诗人，最初避开了现代的文明而赞许他完全了解的一种世界，那种农人非由于信仰也非由于不信仰而承绝的民俗传奇底世界。民俗传奇与爱尔兰的景色、风、森林、河流、岛屿、海鸥以及一个时间一种异常直率而单简的情诗（在这种诗中，他不止是一位第二流的诗人），都是他的逃避所。其后，与戏剧经过一次未分胜负的战斗，他不仅更剧烈地弃绝当代的文明，并且弃绝生命的本身，他只是眷顾一种超自然的世界。但是"永久情境"底世界，属于至上本质与永生者的世界，不像爱尔兰的民间传说和风景是他的自然的与熟悉的经验之一部分。他转向到一种象征的幻梦的世界，这种世界是他根本不能确定的。他不能确定，是因为他采用神志昏迷的状态以及意识之不相关联的各种形态作为写诗的灵感；在这些不相关联的状态中所有的启示与通常经验不是完全接合着。这可以部分地解释夏芝底幻想的诗歌之弱点。思想与情感应有的关系之特意颠倒，即是其余的解释。夏芝以某些情感（由确信某些幻想而有的情感）作为他的幻想所象征的思想之证据。在夏芝看来，《月之形象》（The Phases of the Moon）之价值，不在它所引起或体现的任何态度，而在它宣布给初入门者的那种主义。

借助于恍惚的神情，与努力发现一种新的世界来代替科学的世界，乃是我们由夏芝底作品中得到的最有意义的两点。第三点大致是那种对于人类通性的独特而严酷的贱视，这乃是偶尔显现出来的。

关于罗伦士，主义的问题又发生了，不过比较更明白一些。在这里（夏芝允许写的关于灵魂状态的论文尚未发表）我们幸有一篇精致的散文《下意识之幻象》（The Phantaslm of the Unconscious）可以利用，这篇文章是说明那许多诗歌所主张的意见。像这样处置，不能算不公允，因为这是无可疑议的，罗伦士所印行的诗乃是散文，也可说是科学的散文，其实又是一个心理学家杂记之摘录，另外有一些注解参杂其间。即使应当承认这些观察之极度的心理兴趣，这里仍有解释的必要：这位写《另一奥菲利亚底歌曲》（Ballad of Another Ophelia）和《悟领》（Aware），尤其是《白孔雀》（The White Peacock）的诗人，怎样依着自己被导引错了的热忱，离开从前只是他自己开辟的那些途径而漫游得那样遥远。

罗伦士对于文明的反抗仿佛本来是出乎自然的，是一种与任何特殊的信仰没有关系的情绪的激变。它是直接由经验发生出来的。罗伦士厌恶人们不由于他们的本能之直接的激荡，却因为他们所指向的对象之假设的性质而采取的一切态度。在男人和男人，与男人和女人之间的习俗和理想，常常拘促人们自然的反应使之不能有充分的发展，在他看来，这些都是一切罪恶底本源。他的反抗有一部分确实是有理的，这些传统的理想（如人类平等之教条以及爱情根本是同情之教义，便是明显的例子）乃是为着支持和加强态度（像在上面详述的那样）因而非法窜改的一些信仰。罗伦士对于不能自立却以信仰为基础的道德之根本的否认，使得他的作品成为我的主要的论题之一种最好不过的解释。不过两种简单而可以避免的错误，把他的反抗之一大部分价值剥夺了，他忽视了这些信仰之一般发生是因为它们所支持的态度早已是存在的了。他假定一种态度之坏的根基便是一种坏的态度。一般看来，这可以说是一种被强迫而来的态度，但这是另一回事。其次，他介绍他的自创的信仰以代替传统的信仰和支持十分不同的态度来尽力医治这种病症。

把这些信仰之创生作为原始心情之一种说明，乃是极有趣味的。既然他所回据的态度是人类进展中最初期的态度，那么他用以支持他的态度的方法亦属于那时期，或是他创造的世界景象必与在《金枝》（Golden Bough）里所描写的相似，这乃是不足奇异的。活动的心灵过程可略分如下：第一步是遭受一种剧烈的情绪，它非常确定地位置在身体之中，这可描写为"好像神经中枢以一种黑暗的热情之流而与另一人联接起来的一种情感"。凡是情绪趋向于住定一处的人们，对于这些情感都是熟习的。第二步是说"我必须信任我的情感"。第三步是认为情感是一种直觉。第四步是说"我知道我的神经中枢是……"借这种方法，我们推得一种毫无可疑的智识，晓得太阳的力量系由地球上的生命来补充，并且天文学家对于月球等等所说的一切都是错误的。

论辩中的不合法的步骤不是那样明显，如像它们在这种分析中所显现的一样。辨别情绪底直觉与被情绪引起的直觉，这常常不是容易的。并且情绪之描写与情绪本身实际上也并不容易区分。确实地我们必须信任我们自己的情感——以它们为行为的根据；我们再没有别的东西可以信任。使得我们认不清这种信任与那信仰它们的一种情感的描写，乃是一切传统的道德法典激励我们去干犯的一种错误。

在像夏芝与罗伦士那样不同而又那样天资很高的诗人之作品中，这些相同的不幸底意义是值得注意的。对于他们每个人，因袭的信仰之传统的支架证明出来不是满意的，不足以作他们的态度底根基。每个人都向很不同的方向中（这是真实的）去寻找一组新的信仰来作为一种补救，但是没有人觉得科学之世界观可以作一个代替。他们似乎也都未理会一种与信仰不发生关系的诗歌之可能，这大致因为他们两人都是严肃的诗人，不管是怎样不同。自然，很多诗歌可以写出，而诗中完全不与一切信仰发生关系，这乃是一件容易的事体。但这绝不是一种更为重要的诗歌，因为那导入信仰的诱引力，乃是表现与权量诗中所包含的态度的重要性的。依此名词更严格的意义来说，诗中主要的宗教信仰，不是现时最值得注意的了。注意点改变得真使人惊异。例如，十五年前大学校里所成立的研究宗教的会社，而今常常是在讨论两性的问题了。与任何信仰（无论是传统的，抑是怪僻的）不发生关系的严肃的情诗，更是异常地罕见了。

但那摆脱信仰的需要却正在增涨。这并非说容易掺杂信仰的传统的诗歌快变成废物，这是说这类的诗歌变得愈更艰难，若要很清晰地处置它。这需要读者一种更伟大的想象力与一种更纯洁的心情。

虽是如此，我们在这里也必须辨别一下。有许多情感与态度虽然在过去是被一些现在已不能维持的信仰所支持，而今在这些信仰被撤去之外仍能存在，这是因为它们有着其他的更自然的扶助并且它们直接从生存之需要里产生出来。如果它们能不为从前环绕着它们的信仰所扭歪，它们即可如从前一样存在着。不过，有一些其他的态度大半是信仰底产物，而没有另外的扶助。假若我们在这里所预测的变化继续下去，这些态度必至作废，随着这些态度之消灭，有些种诗歌（例如许多次等的虔敬诗）即会作废。并且随着理智与情绪底纠葛之解明，会有一些情形发生，甚至于认为极有价值的文学（例如托斯托耶夫斯基 [Dostoevsky] 底作品之瞑想的一大部分）也将失去它所有的许多兴趣，除了作为心灵历史的参证。这是因为托斯托耶夫斯基属于我们这个时代，所以他必须在这些辛苦中那样极端地奋斗。现在一位诗人，其诚正与过去更伟大的诗人的相等，他却难免不为思想与情感底问题所苦恼，像从前诗人们则未被这些苦恼。

最近有人质问一位以近代方法研究文化底本源的先驱者，问他的工作是否与宗教有任何关联。他回答说是有的，不过现时他只是从事于"把枪炮安好"。论及最近心理学之进步可有的结果，也很可给与这个同样的答复，不只是对于宗教，就是关于我们本身的传统的信仰之整个组织也是如此。在许多地方都有这一种倾向，以为对于固有的观念之继续不断的攻击，始于迦利略（Galileo），而造极于达尔文主义（Darwinism），到爱因斯坦（Einstein）与爱丁顿（Eddington）则过于激烈，现在乃是应当停息的时候了。这种看法未免有些过于乐观。不知道由科学所产生的最大的危机此时方在开始动作。我倒不是说"心理分析"和"行为主义"，我所指的是那包括它们的整个题目。由于前一世纪的猛攻，我们的传统信仰所退守的"兴登堡防线"（即最后防线），若说在最近的将来会被冲破，那是很可能的。如果这事会发生，那人们未曾经验过的心灵混乱或者会来临。那时，我们将（如安诺尔德所预料的）回向诗歌了。它是能够拯救我们的；它是克服混乱状态的一种十分可能的方法。但是人们能否依着需要重定方向，他们到时能否解脱信仰的缠绕（现在它只半借力于诗歌，将来要完全依赖诗歌），这乃是另外的一个问题，而对于这篇论文底范围是太过于大了。

诗中的四种意义 [①]

◎ 瑞恰慈 著　曹葆华 译

对于研究文学，以及研究其他任何表达底方式，了解意义总是一件最重要的事体。不过要了解意义，首先必须知道意义是有不同的几种。不管我们是主动的（像在谈话或写作中）或是被动的（像读书或听人讲话），我们所注意的"全盘的意义"，通常都是各种不同的几个意义组合而成。所以语言，特别是诗中所用的语言，不仅只有着一种工作要做，并且有着几种工作同时要做。假若我们不能了解这一点，并不注意这些意义里所有的区分，那我们对于批评底许多困难，必会发生误解。为着我们研究底目的，分划出四种作用，四种意义，也就足够了。

这是很简单明显的，大多数人类的话语以及明晰的言辞，我们都可以从四种观点去考察。我们很容易地能区分出四个方面。这可以叫作"意思"，"情感"，"语调"，与"用意"。

（一）"意思"（Sense）

我们谈话的时候，我们便谈到一些东西；我们听人讲话的时候，我们希望着一些东西被说出来。所以我们使用语言使听者注意到一些事情的状

态，向他们呈出一些条目以便思考，并且在他们心中激起一些关于这些条目的思想。

（二）"情感"（Feeling）

但是对于这些条目，对于自己所谈到的事情的状态，我们普通一般总有着一些情感。对于它，我们总有着一种态度，有着某种特别的倾向，偏好，或强烈的兴趣，总有着一些个人的情感底气味与色彩。我们则用语言以表现这些情感这种兴趣底深浅的程度。当我们听人讲话的时候，相等地我们把它领会对了或领会错了。它似乎不能解脱地是我们所领受的一部分。这并不在于说话的人是否自己明白地对于他所说的东西所有着的情感，自然，我在这里所叙述的，是通常一般的情景；读者不难想到一些例外的情形（例如数学），在那里是不会有着任何情感的。

（三）"语调"（Tone）

再进一步讲，说话的人对于听者通常总有着一种态度。他选择文字与安排文字，都因听者之不同而有差别。他是无心地或有意地认识了他与听者的关系。他的言辞中的语调，反映出他对于这种关系的知悉，反映出对于他所向着讲话的人们，他是站在怎样的地位，他也是感觉到了的。但是我们也要知道有一些冒充底例外的情形，或是一些例子，其中说话的人不觉地表现出他自己不愿意表现出来的态度。

（四）"用意"（Intention）

最后除了他所说的东西（意思），他对于自己所说的东西所有着的态度（情感），以及他对于听者的态度（语调）以外，还有说话的人底用意，他的目的（自觉地或不自觉地），以及他竭力着重的效用。通常他谈话总有着一种目的并且他的目的可以改变他的言辞。了解说话的人底目的，是整个事体（即了解他的意义）底一部分。假若我们不知道他竭力想作的是什么，我们就很难评量他的成功底高低。许多读者对于这些不加以注意，便使那不能受刺激的作家大为失望。自然，有时候说话的人就没有其他的目的，除了叙述他的思想（指［一］），或表现对于所想及的东西自己所有着的情感（指［二］，或表现他对于听者的态度（［三］）以外。但是依着最后的情形，我们便涉及到爱护与谴责底范围。

说话的人底用意，常常经过其他意义底组合而发生效用，并且在其他意义底组合里它本身方得到成功的满足。但是它的效用并不能化为其他意义底效用。它可管束着在议论里各点的加重，安排各点的次序，并且甚至于使它自己特别注意，像在这样的语句中，如"为着相反的方面而言"，"否则恐会那样设想"等。它又管束着全篇的"结构"（依此名词的广义而言）并且即使当作者隐饰了自己的时候，它还是在工作着。在戏剧文学或半戏剧文学中，它更有着特殊的重要。所以说话的人底用意在他使用的语言上所有的影响，比起其他的三种影响，是另外的并且是分离的。而且它的效用可以单独地加以考察。

在一些诗底评注中，我们会发见许多因为把这几种意义的任何一种弄不清晰便失败的。有时候竟有把四种意义都弄不清晰而失败的。一个读者常把意思混淆，情感附会，语调弄错，而又不愿用意的。并且常常因为一种意义部分的破败而引起其他意义也反乎正轨。人类彼此误解的可能性，实际上便成为一种骇人的研究的题目。不过除了以往尝试过的一切，我们还可以作一些工作来阐明。不管我们依着性情能作其他的各种事体，但若主张依着性情以读书，那便为成愚蠢了。在这里我们还须进一步解释这几种意义。

假若我们整个地考察语言底用法，我们就明白地知道，有时候这种意义是最主要的，有时候那种意义是最主要的。假若我们大略地考察文章底几种特别的形式，我们更能明白地了解这种情形了。譬如一个人写一篇科学的论文，他必把他所要说的东西底"意思"首先写上。他会把他对于题目与对于其他观点所有的"情感"附属于意思之下；并且注意着不让情感干涉他的理论，附会他的理论，或暗示出任何的倾向。他的"语调"会沿用学院的旧例；假若他很聪明，他还会对于他的读者表示尊敬，并且表示一种适合的期望，希望被人确切地了解，而得到他人对于他的理论完全接受。假如他的"用意"像表现在工作里的一样，整个地限于把他所要说的东西叙述得最明白确切（第一种意义，意思，）那就好了。但是假若环境许可，他就表现一些另外合理的目的，也是很显然适合的（如像想转换意见的方向，使人注意到新的方面，或对于某种工作底方法或研究底途径加以鼓励或阻止）。至于不合理的目的，则将归到另外不同的范畴中（如像希望这种工作被承认为取得博士学位的论文）。

我们试想，现代一个作家想把科学底假设与结果宣传给大众，那么管束着他的语言的一切原理，就不是那样简单，因为用意底促进，会自然地和不可避免地干涉到其他的意义。

第一，为着要求普通了解，意思底确切的与适合的叙述在某种限度下是不能不牺牲的。假若要求读者懂得，化为简单与牵强附会也是必需的。第二，关于作者对于他的题材所有的情感，一种生动的表现常是适合而可悦的，因此可以激起与促进读者底兴趣。第三，语调底变化也是需要的；例如笑话和滑稽的解释都可以使用，并且甚至于某种阿谀的言辞也可以使用。因为这种加增的自由，机智（即语调底主观的摹像）更是急切地需要着。在专门家与普通听众之间，一种人类的关系必须创造起来；而这种工作，像许多专门家所发现的一样，是不十分容易的。关于叙述底确切，其他的意义则干涉得更厉害。假若这个题目有着一种"倾向"，假若政治的与伦理的与神学的含义是十分主要的，那么这种作品底用意愈更有机会参杂在其他的意义之间。

这使我们想到显然的成例，如像政治的演说。假若我们分析在普通选举中所演讲的说辞，我们在四种意义之中将以何者为最主要？毫无错误地是第四种意义。用意（增进一切价值底等级的）为最主要。它的工具是第二种意义——表现出对于原因，政策，首领，及反对党的情感，以及第三种意义——成立他们与听众两者间友谊的关系（这乃是人民伟大的心愿）。知道了这一点，那么对于第一种意义，事实底呈出（思想底目的亦当作事实），必须同等地附属于其他意义之下，我们还应该感觉着苦痛或惊讶么？但是进一步把这种情形加以思考，则将使我们涉及到其他的题目，即"诚实"底题目。"诚实"这个名词，本有着几种重要的意义，这点等以后再讲。

关于这些意义底变化，我们也许在彼此会话中可以得到最明白的例子，那一种意义底言词的工具被其他一种意义取而有之。我们曾看见过，"用意"可把其他的意义完全制服了。同样有时候"情感"与"语调"则由"意思"中把它们自己表现出来，它们把自己翻译成对于情感的明晰的叙述和对于事物与人们的真切的态度；不过这些叙述有时候因为它们自己的形式与状态而被人误解了。外交的公式常常是最好的例子；许多交际的言辞，如"谢谢你"，"很高兴遇着你"等，也是最好的例子，它们都帮助我们彼此间生活得十分和睦。

心理分析与最近在小说中及诡辩的谈话中十分盛行的内省的叙述，也可放在这个纲目之下。这是否指示出在我们的情感中的一种混乱细微的状态，我们不能用直接的与自然的方法去表现它们，我们必须作出关于它们的叙述，把它们翻译成论文呢？或者这种现象只是加倍研究心理的另外的结果呢？但是现在我们若下一个决定，那未免太鲁莽了。确实的，有一些心理学家把他们自己显露在空虚里，他们那么研究自己，以至于在他们本身中竟没有什么东西可以讨论的。假若文字是心理学教科书一类的文字，那么用文字来表达，就将成为一种对于情感有所损害的方法。关于此点假若读者不抱怨着说，"这也是关于你自己的"，我就万幸了。

但情感（有时候"语调"也是如此）在另外的样式中则管束着"意思"，并经过"意思"而发生效用，这种样式在诗中常常是更适合的（假若我在上面讨论过的变化，实际上不是叙述为"意思"干涉"情感"与"语调"，或"意思"损害"情感"与"语调"）。

当这种情形发生的时候，诗中所有的叙述都是为着在情感上效用，并非为着自己本身，所以反对叙述中的真理，或疑问它们是否像那主张真理的叙述一样值得严重的注意，那都是把它们的意义弄错了。应注意之点是这样的：诗中许多（即使不是最多）叙述，都是作为工具以操纵情感与态度或表现情感与态度的，它们不是对于任何一种主义想有所贡献的。关于叙事诗，就很少有错误的危险；但是关于哲学的或默想的诗，那就有一种很大的混乱底危险。这种混乱可以有两种不同的结果。

在一方面，有很多的人若认真读诗，他们便竭力把诗中一切的叙述加以严重的注意而以为那些叙述是十分愚蠢的。例如"我的灵魂是一只张满风帆的船"，在他们看来，简直对于心理学毫无益处。这样读诗，本是一种可笑的错误，不过不幸之至，这种情形还不是不很普遍。在其他的一面，有许多人则过于成功了，他们把"美是真理，真理是美"这一行诗完全吞咽下去，以为是一种美学的哲学底精华，并不以为它是某一些混合的情感底表现。并且因为他们对于语言学十分天真的结果，他们竟走入了那思想混乱的困境。这是很容易看出的，前一种的人们，所遗漏的是什么。而后一种人们的失败，计算起来总是愈更复杂，但也是同样地很可惋惜。

在这里我们必须注意，叙述之被情绪的目的所克制，是有着许多的方式。一个诗人可以把他的叙述加以附会；他可以作出在逻辑上讲来与其所处置的题目毫无关系的叙述；他可以借用隐喻或其他的一切来呈出对象以代表在逻辑上毫不合理的思想；它可以作出在逻辑上毫无意思的东西，这些东西依逻辑看来是只有那样的琐屑和那样的愚蠢。他可以作出一切，以顾全他的语言底其他的意义，如表现情感，或厘正语调，或促进他的其他的用意。假若他在这些目的上证明自己是成功了，那就没有读者还能正当地对他有所指摘，至少那种把他的意义正当地了解了的读者。

但是这些依着逻辑上的不合理与无意思和依着不应当一字句或郑重严格地去理解的叙述以表现情感的间接的方法，虽在诗中特别显明，但对于诗也并非稀奇特异。大部分值得批评的东西都在这个纲目之下。这是更为艰难的，作出关于诗歌的叙述，比起表现对于诗歌或对于原作者的情感。许多明显的叙述，若仔细考察，即变为"情感"，"语调"，与"用意"底变相的形式，或是它们的间接的表现。布拉达雷博士（Dr.Bradley），所谓"诗是一种灵魂"，与马卡尔博士（Dr.Mackail），所谓"诗是一种继续不断的实体与力量，它的进步是永久的"，都是很有名的例子。

　　瑞恰慈（I. A. Richards）曾经说过，他治文学批评直接间接都希望供献于另外一种新的科学——这种科学他和不多几位学者正在开始研究着：他们叫它为"意义学"。他和阿克顿（C. K. Ogden）曾合著一本《意义底意义》（*The Meaning of Meaning*），这里所分的四种意义便是其中精义的一部分——为了应用到文学批评上，略为有点改头换面。我们觉得把意义这样一分，的确有不少的好处；文学批评中有许多问题，因此都可以得到解说。读者虽然不能尽悉这些问题，但在领会了四种意义之后，在欣赏诗的时候试为应用，必然得到很大的帮助。这篇是他的《实际批评》（*Practical Criticism*）书中的一章。

——曹葆华注

实用批评 [1]

◎ 瑞恰慈 著　曹葆华 译

　　作这本书，我放有三个目的在我面前。第一，介绍一种新的文献给那些对于当代文化情态有着兴趣的人们，不论他们是批评家，哲学家，心理学家，教书者，或只是一些好奇的人士。第二，供给一种新的技术与那些人们，他们是愿发现出自己对于诗歌（以及同性质的东西）所思想和感觉的一切，以及他们为什么喜爱或不喜爱的原由。第三，预备一条道路以求一些更生效力的教育方法，比较现在我们用以发展自己听诵之辨别力与了解力的。

　　为着第一个目的，我曾引用很多东西，这些都是从我在剑桥大学或其他地方作讲师时别人供给我的材料中选出来的。有了几年，我都这样试验，把一些印好的单张的诗歌（依性质安排，从一首莎氏比亚底诗到一首威尔可格司［Ella Wheeler Wilcox］底诗）给与听讲者，要求他们对于这些诗自由地加以批评。这些诗之作者底姓名，我决不宣布；并且除了极罕有的例子外，都是不会被认识出来的。

　　在一星期以后，我便把这些评语收集起来，预先叫批评者隐匿姓名，因为只有隐匿姓名，方保得住批评者能完全自由地发表自己真实的意见。我又十分注意避免影响他们赞成或反对任何一首诗。我每一次发出四首

---

① 摘自《现代诗论》，曹葆华译，商务印书馆 1937 年版。

诗。每一组别在这本书之附录里都表明出来了，并且我在这里所用的诗，都可在附录里找到。通常我只暗示这些诗大致是混杂起来的；但这便是我能置喙的最大的限度。下一星期我一半便讲这些诗，但是大半却讲这些评语，或这些"原稿"（我是这样叫它们的）。

对于原稿底作者与讲师，这些方法结果引起了很大的惊异。因为所表现出的意见不是轻易感到的，并不是把诗只读一遍而来的。作为间接的一种测量，我要求每个批评者在他的原稿上记下他对于每首诗"诵读"底数目。每一回继续细读多少遍，综合只算作"诵读"一次，假若它们对于诗只是激起和保持着一个单独的反应，或反而简直未引起反应，并且未给与读者什么东西，除了纸上的一些赤裸裸的字在他面前。这种"诵读"一次底描写，我相信人们十分了解了。读者记下他"诵读"过十次或十二次那样的多，那么就表示他们对于自己的批评工作，费了不少的时间和力量。很少的批评者对于任何一首诗只仅仅给了四个以下的攻击。总而言之，我们很可以稳妥地说，这些首诗毕竟得到了更透澈的研究，比较（我们可以说）那些选集中的诗在一般课程中所得到的。就是由于这种透澈的研究（被那想达到确定明白的意见的欲望所增高），以及由于这许可的一星期的功夫，这些原稿便有着它们的意义。

这些作者底地位必须先弄明白。他们大多数都是大学肄业生，专门攻读英文的，目的是想获得荣誉学位（Honor Degree）。有多数则是读其他学科的，不过这却不能据为理由，以为因为这个原因，主要上便有很大的差别。还有少数大学毕业生，以及听讲者之中有几位还是未受过学院式教育的。此中男女数目大致相等，所以在以下的讨论中，"他"必须常常读作"他"或"她"。对于缴交原稿，并不强迫实行，那些不惮麻烦而写作的（大致有百分之六十），可认为是被一种对于诗歌出乎平常的锐敏的兴趣所激励。把这些原稿与别种听讲者所供给的原稿拿来比较（像我一向能够作到的），我可由此知道没有任何理由能使我以为在现在的文化状况下还能容易地得到一种更高的批评标准。假若"皇家文学学会"（The Royal Society of Literature），与"英国学社之学院委员会"能限于专作试验工作，我们便可期待在评语中或至少是评语底文体中有着更大的一致，并且关于这种试验之许多危险，有着一种更慎重的处置。但是关于许多相等重要的事件，一些使人惊讶的机会仍会发生。这种试验之确切的条件并未以我们日常与文学接触而更加倍增多。甚至于一些评论新诗的人通常都凭借着诗人底很多作品以作评判。并且编辑们底诉苦常常是关于完好的书评之难得。关于评判诗歌若没有得到关于作品出处的暗示便感觉得困难，这一点上，编辑们自己也不会太迟疑而不同意于我的。

关于这本书所有的材料之处置，此刻已说得很多了。我的第二个目的是更野心勃勃的，并且需要着更多的解释。它组成一般的尝试之一部分，在变更我们在某一些讨论底形式中的手续。有一些学科（数学，物理学，以及叙述的科学，便是其中的一些）能用真正的事实与确切的假设来讨论的。有一些其他的学科（商业，法律，政治组织，与警察任务等等底具体的事情）能以确定的法则来处理。并且是一般认为的因袭的传统。但是在此两端之间，有着很大一部分问题，假设、概括、虚构、成见和教义；有着一大团胡乱的信仰和带有希望的猜想；简而言之，有着一大套关于情感的抽象的意见和辩论。一般文明的人所最注意的东西都属于这一个范围。我只须举出伦理学、玄学、道德、宗教、美学、以及关于自由、国体、公理、爱情、真理、信心、智识等等的各种讨论，这个范围便弄明白了。作为讨论底题材，诗歌乃是这个范围底中心的和典型的东西。其所以如此，乃是因为它自己的本质，以及它引起的传统的讨论底方式。因此，它可以作为一种很适合的饵食，对于任何人想把流行的意见与反应诱入这个中心场所，以求把它们考验和比较，并且想把我们所有关于人类的意见与情感二者之自然历史的智识增涨加进。

所以有些地方这本书乃是比较意识形态中的一段探索的工作报告。不过我希望这不仅只呈出当代的意见、预想、理论、信仰、反应、以及其他等等之一种有益的集合，并且又提出一些提议以求能把我们生活中的诡谲的成分更好好地管治着。希望作到这个目的而采用的方法，只能在这里简略地加以表白。

有两种方法解说一切很少数的说语。

我们不论何时听到或读到任何不过于胡闹的意见，有一种倾向是这样强烈而又这样自动，它必是随着我们最早的言语习惯而组成的，这种倾向引导我们去把"似乎说的什么"加以思索，而不把那说这句话的人底"心灵作用"加以思考。假若说话的人是一个显然公认的谎言者，那么这种倾向自然就被扼止着。我们于是不顾他所说的一切，并且转而注意那些使他这样说的动机与机械作用。不过通常我们都立刻竭力去思索他的话语所代表的一切对象，而不去思索那领导他使用这些话语的心灵作用。我们说"我们追踪着他的思想"，这并不是以为我们追溯那些在他心灵中发生的东西，这仅是指我们已曾经过一串思想的动作，这些思想的动作仿佛停止在他曾停止的地方。实际上，我们是那样急欲发现自己对那所说的一切是否表示同意。以至于我们忽略了那说这话的心灵，除非有某些很特殊的情境把我们召唤转来，这是不能抑止的。

试比较疯狂病医治者对于言词的态度。他竭力"追踪"疯狂人底话语或神经病者底梦话。我不是提说我们彼此应当这样对付，像对付"心理的病症"一样；我只是提说对于讨论之某些题材与方式，疯狂病医治者底态度，他的注意底方向，以及他的解说底秩序和计划，比较我们的言语习惯所加诸我们的通常的方法，是更有效果的，并且会使人把讨论之两方面的情形更能明白地了解。因为通常的心灵比较病态的心灵是更易于"追踪"，并且采用心理学家底态度以对付通常的言语情势（Speech Situation），比较研究神经错乱，是更能知道得很多。

这是很奇怪的，我们没有言语的工具以描写这两种不同的"意义"。某些方法，像铁路上的标记"上"或"下"那样不会有错误的，应当可以利用。但是却又没有。因此不得不使用拙劣迂腐的心理学上的迂回说法。但是我将竭力一贯地使用一些速写。处置这些原稿所供给我的材料，我将使用"陈述"（Statement）这个名词以指那些话语，只是它们的"意义"（即是以它们所说的或拟说的东西而言）是我们的兴趣底主要对象。我将使用"表现"（Expression）这个名词以指那些话语，在里面我们只是把作者底心灵作用加以注意。

当这种区分之全盘的领域弄明白了，那么批评之研究便有了一种新的意义。可是这种区分是不容易看出的。甚至于最坚强的决心都会常常崩

溃，我们的言语习惯毕竟是这样强烈。当着一些看起来与我们自己的成见
冲突的见解摆在我们面前的时候，于是反驳的，反动的，或想把它们改造
的这种冲动，便压服一切。所以批评史像上述的一切居中的学科之历史一
样，乃是一部独断和辩论底历史，而不是一部考究底历史。并且像这些历
史一样，在其中所可学得的主要功课，便是一切辩论之无谓，这些辩论都
是出乎理解之外的。实际上我们不能有利地攻击任何意见，除非我们已曾
发现出它所表现的和它所陈述的东西。对于这一切居中的学科，我们现在
所有关于考察意见的技术，我们承认实在是太不充分而令人叹息。

因此，这本书底第二个目的是在改良这种技术，在我们面前，我们有
着关于诗底一些特别方面的几百个意见，以及帮助我们去考查它们的这些
首诗。我们有着很大的机会能把在同一论点上的许多极端不同的意见加以
比较。我们能把所谓同一意见的东西在发展不同的阶段上（因为它是从各
个不同的心灵而来的）加以研究。更有甚者，我们能够在许多例子中看出
一个已定的意见会引起一些什么，当其他用到一个不同的细节上或一首不
同的诗上。

这一切之效果是值得注意的。当着第一个使人迷惑的昏乱消散了（像
它立刻会消散一样），仿佛是我们正在穿过和围走一个大建筑物，直到现
在我们只能从一两个不同的立场上去看它。我们对于一首诗和这首诗所引
起的意见，得到一种更亲切的了解。因此可以概略出像最通常的处置底方
法一类的东西；并且当一个新的对象，一首新的诗，被讨论的时候，我们
知道会有一些什么。

我很愿这本书被人看作是一种步骤，趋向着讨论底另外一种训练与技
术。假若我们能了解原稿中所有的意见之一半，我们也就不缺少心灵之可
塑性了。一定名词或一定"意见公式"（Opinion Formula）之可有的含糊
处，在某种方式中会辐射出来。这种方式在我们比较，解说，与描算之过
程中，自己是会显现的。因为讨论底新的技术之希望是在这里：研究一个
名词底含糊处，便可帮助解明其他名词底含糊处。追溯"感伤"，"真理"，
"诚挚"或"意义"本身之各种意义（因为这些名词是常在批评中使用的）
可以帮助我们了解在其他学科中所有的一些名词。实际上，模糊含混乃是

有系统的。一个名词所有的一些单独的意思乃是彼此相关，即使不像一个建筑物底各个不同的方面那样严密相关，但至少也相关到了一种非常的程度。我们可以推求出一种东西，它可与"透视书法"相比，它使我们能管治着和安排着那些冲突的意义，这些冲突的意义在讨论中是眩惑我们的，是把我们彼此的心遮蔽着的。大致每个富有智力的人，只要曾把这件事体思考过，都会同意是这样的。固然每个人都同意，可是没有一个人对于这件事体加以考究，虽然这一件事体，在其中稍为移前一步，便会影响到人类的思想和讨论之整个边界。

这种探讨之必要工具，乃是心理学。我渴望逢遇着很多的反对，大致由一些心理学家所提出的，这些反对乃是最好的，以为这些原稿未曾供给我们充分的材料，使我们真能推究出作家底动机。因此又以为这整个的考察都是肤浅的。不过各种探究底"开始"，应当是肤浅的；并且要找出一些能深入而又能摆脱的东西来考察，这乃是心理学底重大的困难之一。我相信这里所作的试验之主要价值，便是在它给与了我们这种东西。设若我愿探测这些作者底"下意识"（我很同意在好里会找出他们喜爱与不喜爱之真动机），那么我就会计划出一种像属于心理分析的技术的东西了。但这是很明显的，即使我们把犁锄掘得太深，也不会有多少进步。不过就即使这样，许多稀奇的材料便翻出开了。

经过了这些解释以后，读者自然会在这些篇页中找不出多少辩论，除了很多的分析，很多求改变我们立脚点的用力的练习，以及很多错综复杂的探讨。实际上，探讨（这是一种艺术，企求知道我们——心灵的旅程者——是在那里，当我们不论走到任何地方）便是这本书底主要的题目。自然，讨论诗歌，讨论那对付，欣赏，和评判诗歌的方法，本是这本书之最初的目的。不过诗歌本身便是一种传达底方式。它传达什么，它怎样传达，以及它传达的东西之价值——这些组成了批评底题材。因此，批评本身大半是"虽然不完全是"探讨中的一种练习。所以这更使人惊异了，至今还未曾有一篇论文讲说理智和情感的探讨之艺术与科学，因为逻辑虽然看起来包括着这个范围之一部分，实际上却几乎未曾把它论及过。

一切批评的努力之唯一目标，一切解说，欣赏、劝告、称赞、指斥之唯一目标，都是在企求传达之改良。这种说法，仿佛是一种夸大。不过实际上的确是这样的。批评的规律和批评的原理之全盘器具，乃是求得更精细，更确切，更敏锐的传达之一种工具。不过这也是真的，在批评旁边还有一种价值的测量。当我们把传达问题完全解决了，当我们充分地得到了那种经验（即是与一首诗很适切的心灵状态），我们仍然必须把它评判，必须决定它的价值。不过以后的一个问题差不多自己便解决了；或是我们内心的本质与我住在其中的世界底本质替我们决定了，我们首先的努力，是在求能得到适切的心灵情态，并且看出发生一些什么。假若我们不能决定它是好或是坏，那么这就很可怀疑了，是否任何原理（不管多么精细与微妙）能够给我们很多帮助。没有能力得到那种经验，它们是不能帮助我们的。若是我们考察在教书中使用批评的格言（Critical Maxims），这便愈更明白了。价值是不能证明的，除了由于那有价值的东西之传达。

实际上，批评原理须当小心使用。它们决不能代替辨别力的，虽然它们可以帮助我们避免不必要的错误。几乎没有一种批评的规律、原理、或箴言，对于聪明人不是一种有益的指导，而对于愚人不是一种鬼火。批评所有的一切伟大的标语，从亚里士多德之"诗是一种模拟"直到这种主义"诗是一种表现"都是一些含糊不清的指路标，各个不同的人们追踪着它们而到各个十分不同的目的地。甚至于最聪明机敏的批评原理也仅仅会变成（这是我们会看到的）没有批评能力的人们之庇护物。并且最繁琐或最无根据的一般定则会遮蔽了良好而锐敏的评判。这一切都只在这些原理之如何运用，且一般而论，批评的公式，甚至于那最好的批评公式，都只引起很多坏的评判，而很少引起好的评判。因为忘掉它们的微妙的意思而粗鲁地运用它们，比较记着它们的微妙的意思而精细地运用它们，实在是太过于容易了。像这样情形，我们能不恐惧么？

人类反应之变化不定，殊足惊人；这便使那把这些引句加以安排的任何有系统的策划都变成为厌烦的事情。我愿呈出一种充分的选录，把那全盘情境正确地摆在读者面前。凡解除原稿底作者所挣扎的各种困难之任何严重的尝试，都留在第三卷之各章中讨论。我依着各诗底次第循序前进，让那潜藏在意见，鉴别，气质各自所有的每一冲突中的内在作用指导着这个安排。这是无需说的，非是各首诗都相等地引起同一的问题。在大多数中，某一特别的困难，区分各个心灵之某一特殊机会，是当在其他问题之先的。

因此这是很方便的，把读者差不多在任何一首诗前会遇到的主要困难列成表格（虽然这种表格有一点儿硬造和独断）摆在这里。这个表格是因研究那些原稿本身而被暗示出来的，并且依着一种次序排列的，从最简单的（孩童的）阻碍困难，因着成功的诵读，而到那些最暗伏的，最不可解的，和最使人眩惑的批评问题。

假若这些困难之中，有一些似乎太简单了，几乎值不得讨论，但是我请求那对于它们感觉着鄙视的读者不可轻易地便行决定。我的一部分目的便是在文献底处置，并且我热忱地表示，那些简单的困难乃是最需要注意的困难，因为这些困难实际上很少被人注意。

但是立刻我们进而谈到一些论点，在其中我们会感觉到更多的疑惑（在那里，论争虽然多少被阐明了，但仍然是继续着的）。并且我们结果会直接遇到一些问题，没有人称说它们已是解决了的，并且其中有一些除非到了世界末日是不会解决的。白拉达（Benjamin Paul Blood）有一句值得注意的话："我们应该给它一个结论的——结论是什么？"

以下的一切仿佛是批评中的主要的困难，或者至少是我们在这本书里常常所探究的困难。

A

首先就是关于求得诗歌之表面的意思（Plain Sense）而有的困难。由这种试验所引起的最恼人而又给人印象最深的事实，是诗歌之一大部分普通良好的读者（并且有时候确实是虔诚的）常常而又重复地不能了解诗歌是一种陈述而又是一种表现。他们不能求得诗歌之散文的意思，它的表面的显然的意义，像一组通常的可以了解的英文语句，与任何更进一步的诗的意义完全分立的。并且同样地他们又误解它的情感（Feeling），它的语调（Tone）和它的用意（Intention）。他们很愿用散文把它翻译出来。

他们不能讲解它，独如一个学童不能讲解一篇撒萨（Caesar）一样。我们将注意探讨这种失败在各种不同的例子中所发生的影响是怎样严重。这并不是限于一种读者，不仅是那些我们所猜想的牺牲者，也不仅是最难解的诗歌使我们陷入这种错误。实际上，只要把这粗显的事实记述出来，就知道那最负令名的学者任何时候也难免掉这些批评中的危险。

B

与这些关于解释意义所有困难相平行的，并且也是相连结的，乃是"感官上的理会"（Sensuons Apprehension）之困难。一串文字，即使是静静地读，对于心耳（Mind's Ear），对于心舌（Mind's Tongue），和对于心喉（Mind's Larvnx），都有一种形式。它们有一种运动，并且能有一种节奏。在那自然而又直接地觉识到这种形式与运动的读者（由于感觉的，理智的，和情感的敏捷的活动之会合）与那不觉识这种形式与运动或是须凭借手指细算或拍打桌子等等方能费力地抓到这种形式与运动的读者之间，有着一种很阔的鸿沟。这种差别有着很大的影响。

C

其次便是那些困难，它们是与意象在诗的诵读中所占有的地位相连结的，特别是视觉的意象。它们之发生，一半是由于这种不可补救的事实，即是我们所有的揣看事物的能力，以及我们所有的产生其他感官之意象的能力，都相差很大。而且我们全盘的意象和某一特别样式的意象，在我们的心灵生活中又差别得惊人。有些人底心灵没有意象就不能工作，并且不能达到任何境地。有些人底心灵仿佛不使用意象也能工作，并且能达到各种境地，达到思想与情感底各种境况。总之，我们可以猜想诗人（虽然不是一切的诗人都常如此）是具有例外的意象的能力的，并且有些读者根本就着重意象在诵读中的地位，把它大大地加以注意，甚至于依据诗歌在他心中所激起的意象而评判诗歌底价值。但是意象乃是飘浮不定的东西。在一个人底心中所激起的活泼的意象与同一诗行在另外的人底心中所激起的活泼的意象不必是同样的，并且没有一组与存在于诗人底心中的任何意象必定有任何关系，这里便是批评走入歧途的一种很麻烦的原由。

D

第三，愈更显然，我们必须注意记忆上的无关（Mnemonic-Irrelevance）之强烈而又很普遍的影响。这些都是读者记起某些个人的情况与奇事，都是读者底数漫无定的联想，都是读者所有的与该诗无关的过去底情绪反响之干涉等等所有的错误的效果。虽然有些无关的侵入底例子是我们所诊治的一切事件中之最简单的，但相关（Relevence）这个概念不是容易界说而又容易使用的。

E

愈更惑人而又愈更有趣的，乃是这些批评的陷阱，它们环绕着所谓先存的反应（Stock Response）。不论在什么时候，只要一首诗仿佛或真是包含着读者心中已充分预备好了的见解与情绪，这些困难便有机会出现。因此，实际上发生的一切，大半多是读者底活动，而少是诗人底活动。扣子一按，作者底作品便完了；因为记忆立刻便在与诗篇半独立（或整个独立）的情况中活动，而诗篇只算是它的本原或它的工具罢了。

在诗底工程里，这样重行分配诗人与读者底工作，殊堪悼惜。不论什么时候，若是这种情形发生，或是有发生的危险，我们都必须特别地加以防范。因为一切不公正的批评，不仅是陷入这种错误中的人会干犯，就是免脱这种错误的人也会干犯的。

F

滥用情感（Sentimentality）乃是一种危险，在这里无须很多解释。

这乃是一个关于反应底相当尺度的问题。这种过于容易趋向某一情感方向，乃是一个困难，其相连接的困难便是。

G

压抑情感（Inhibition）。像滥用情感一样，压抑情感乃是一种积极的现象，虽然在最近几年以前还少有人研究并且差不多是在铁石心肠（Hardness of Heart）这种名词之下掩饰着。这两种东西是不能分开而独立地加以推究的。

H

教义上的附着（Doctrinal Adhesion）呈出另外一种麻烦的问题。很多的诗（宗教诗可以作为例子）仿佛包含或暗示着关于世界的一些见解与信仰（不论是真实的或虚假的）。若是如此，那么意见之真实底价值（Truth Value），对于诗歌底价值有什么关系？设若不是如此，设若真正没有包含或暗示着信仰只是不把诗当作诗读的时候才是如此，那么对于诗歌底价值，读者所有的信心（若是有一些）有着什么关系。诗歌是要说出一些东西么？若是不，那么为什么不？若是要，那么要怎样说？在这一点上的一切困难，乃是混乱状态与散漫评判之一种主要的原因。

I

现在我们转到另外一种困难。我们必须注意技术上的主见（Technical Presupposition），若是在某一方式中已往成就了很好的作品，我们便倾向期望将来也用同一的方式作出同样的作品；若是作得不同，我们就感觉失望，或不接受它们。反而言之，若是一种技术曾经对于某一目的不能胜任，我们便以为对于一切目的都不能胜任了。两者都是错在把手段当成目的。不论什么时候，若是我们竭力从外表上评判诗歌，只注意技术上的细节，那么我们便把手段放在目的之前了，并且（这就是我们对于诗中的因果盲然无知）若是我们没有作出更坏的错误，那么我们还算幸运了。我们必须竭力避免以钢琴家底头发而评判钢琴家。

J

最终，一般的批评的成见（General Critical Praconception）（对于诗歌的预选的要求，这是关于诗歌底本质与价值的一切自觉和不自觉的理论之结果）在读者与诗歌之间不断地干涉着，像批评史便表示得十分明白。像一种不幸的饮食仪式，它可以扼止一个人所急欲要吃的东西，即使这东西是在这个人底唇边。

这些困难，像上面注意到的，不是彼此毫不相关，而且实际上它们还相互错叠着。它们可以集合在更多的或更少的项目之下。但是假若我们把人格之某种极端的扭曲或趋向（例如，盲目的自尊或匍伏的自贬——暂时的或恒久的自愿情操的神经病）以及力量之不当的积聚或用竭等等完全抛开，我相信关于读诗与评诗所有的失败底主要阻碍和原因不必大费力便可以归纳在这十个项目之下。不过在这里我记述得过于粗略，不能仔细加以评判。

大半是由于很好的运气，而非由于人为的计划，这里每一首诗都证明为一种诱力，使一群读者去解决上面讲说过的一些困难中的某一种困难，所以聪明的批评家会感觉到一种好玩的兴趣，当他揣度出在每一情形中意见底分线是在那里并且由于什么思考而来。在下面的测量中，一切尝试都是在阐发或显示这些各种各色的意见。至于诗歌和意见底说明，以及我对于这不幸的辩论题目之诗的价值想加以努力的判决，大半都延搁在后面。

在这个地方会恰巧逢遇着一种很自然的猜疑。在每次讲演之后，我有时听到某些猜疑以为这一切原稿底节录不是完全真的，以为其中有一些是我自己作的，顺便用来例证一个论点，但是实际上没有一篇原稿曾经改窜过或另外加上过一些东西。在一切很有意义的地方，我甚至于让文字底拼法和文句底标点都保存着原来的样式而不加以改正。

但是也许另外有一种说法攻击我，以为我选录原稿含有偏见。不过这显然是书底面积和注意读者底耐心不让我把全盘材料完全印出。只是节录原稿，我方冒险敢作。只使用一点儿聪明，便能使节录给人各种不同的印象。我只能说我是十分戒备着的，决不有半点徇私。我也许应当再说一句，凡材料中未发表的一部分都是模糊不清，模棱两可的意见。假若不是毫无益处，我也会把这种东西多放进一些在这书里。

关于瑞恰慈（I. A. Richards）的批评，在"诗的经验"，"诗中的四种意义"两篇文章后面，和爱略忒（T. S. Eliot）的"批评中的试验"一文中，都讲过一些了。而且读过那两篇文章，对于他应用心理学和意义学来治批评，读者应该有了一个概念；在这里我们更加进一篇他的《实际批评》（*Practical Criticism*）一书的引论，希望读者多知道一些他的方法。其中所列的批评十难，是该书的骨架，也是每个从事批评的人应当十分注意的。

——曹葆华注

《意义学》：冯友兰教授序 [1]

◎ 冯友兰

　　我将来欧洲的时候，听见许地山先生说：有位印度人正在研究"植物心理学"。这位印度人以为植物也有心理。假如我们把一棵树晃一下，那树会"怒"的。因为那树经我们一晃，他内部一定有变化，那就是他"怒"。这位"植物心理学家"显然是用心理的名词来说生理的现象。

　　同时还有一派心理学家用生理的名词来说心理的现象。他可以说，人怒并不是怒，不过是他身体受了一种刺激，内部起了一种变化而已。

　　假使这一位"植物心理学家"与这一位心理学家遇在一处，我想他两位非打架不可。但实在他两位的意思并不一定有很大的差别。有很大的差别者是他们所用的名词。假使他们两位先把他们所用名词的意义分析清楚，或者他们竟是"同志"，也未可知。

　　又如国内现在流行的辩论：中国的封建社会在甚么时候结束。有人说这种社会在中国早就结束了。有人说这种社会到现在还存在。这种辩论不知已经销磨了许多光阴，消费了许多纸墨。但是这个人所谓封建社会不一定就是那个人所谓封建社会。假使大家早把自己所谓封建社会的意义分析清楚，一定可以省去至少一大部分的辩论。

---

[1] 本文系冯友兰为李安宅《意义学》（商务印书馆 1934 年版）一书所写的序。

对于这种语言思想的毛病，吕嘉慈^①先生等所倡导的"意义学"是有用的药。李安宅先生介绍这一派学问到中国，我想是很有益的。

二十二年十二月于伦敦

① 即瑞恰慈。

《意义学》：吕嘉慈教授弁言译文 [①]

◎ 瑞恰慈 著　李安宅 译

　　中国底历史里面，对于语言底结构与种类不同的字眼所有的种类不同的作用，都没有发展成固定的理论；这，到了最末后，也许是值得庆幸的事。在西洋，则对于语言作用的见解，不管是公开地或者是秘密地，都有支配我们底思想的力量，支配了两千多年。这在我们底思想经过最重要的发展的时候，譬如说公元后一千三百年与一千七百年左右，尤其是这样。在今日的西洋，几乎任何问题，只要思想有重大分界的地方，便有怎样正确地使用某种字眼的问题，成为思想问题中一项重要的部分，那就是文法上的问题。这种情形，有时是公开的，譬如相对论即打算将时间与空间看成属性，看成关系，看成形容词，而不看成本体或名词。有时又采旁的方式，譬如生物学底生机派与机械派，便问"生物与无生物不同的动静，是种类的不同呢？或者只是程度的不同呢？"这些问题，到了将来，大概就会看得出，不是物理学或生物化学所要答复，乃是现在尚未成立的一门科学所要答复——那就是研究语言底作用的科学。

　　这门科学要问下面这类的问题，而且要有相当的解答：种类与程度底不同是怎样不同法呢？关于种类与程度的观念，我们是怎样用法，且为什么目的而用呢？名词与形容词，或本体与属性，东西与关系，是怎

[①] 本文系瑞恰慈为《意义学》一书写的序。

样不同的呢？这门科学，这门将来的科学（我希望是最近的将来），研究
这等问题的时候，一定要很小心，不将名词与形容词，本体与属性，东
西与关系这等分界，弄得好像我们具有什么意见以前已经摆在那里，只
候着我们去作发现的工夫。这门科学一定会顾虑到，这等好像在于东西
里面的分界，会是由于我们对于这些东西的思考方法。简单地说，东西
看着好像怎样，乃是由于我们将字眼弄成不同的分界（当作动词，名词，
实字，虚字之类），而且字眼底分界乃是由于我们底思想作用：这不但是
可能的，而且很许就是事实。

　　有人说，中国思想以及受了这种思想影响的中国语言，都没有注意
语言活动底方式与结构，像西洋自亚里士多德以来那样的注意。也有人
说，中国不像西洋那样注意语言活动底方式与结构，乃是由于中国语言内
在活动底情形不与西洋各种语言相同。这是很重要的一点；因为西洋的逻
辑（或思想的理论）许多都是来自西洋的文法（或字眼的理论），而且西
洋的科学许多又是来自西洋的逻辑。中国人将来对于西洋思想其他方面
的进展，不管采取到怎样程度或利用到怎样程度——与中国思想底进展交
相接合也好，成为中国思想底一部也好，反正有一点是不容怀疑的：最
少，西洋的科学这一方面为中国所必需。中国若没有西洋的科学，便不会
支配自己将来的命运，而被科学更发达的国家所支配。中国若打算自由地
作自己觉得上算的事，科学便是使中国获得这样自由的途径，而且是唯一
的途径。中国人需要科学，并不像现在许多人觉得那样，以为科学是什
么把戏，实在因为科学是一种思想的途径，能将事物与讨论事物所用的工
具——字眼加以思考。

　　思想—字眼—事物，在这三者之中并在这三者底关系之中，即是科学
底始基。在西洋，起初就因为西洋各种语言将许多种类不同的字眼放在一
起时具有某种特殊方法，致使古代学者相信，他们有过思想的事物底本身
也同样是种色不同的。这是因为当时相信我们语言底规律会使我们对于思
想底规律与事物底规律得到相当的模样。我们今日虽然十分困难，可是正
在设法不使这种想法拘束得我们太厉害。不过这种想法，的确使我们对于
事物的理解有了一种组织，有了一种可以考验的组织——所以倘若根本没

有这种想法的话，我们会不会还有什么逻辑，还有什么科学，倒是一个未能解决的问题。

中国语言底结构总该同样影响了中国思想——尽管影响底内容不与西洋各种语言影响西洋思想的相同。倘若中国语言底结构常真影响了中国思想的话，则有很重要的事候着相当的中国人去作。所以"西洋思想好呢？还是中国思想好呢？西洋各种语言好呢？还是中国语言好呢？"这等问题，大可等到我们对于两者究竟怎样不同知道得更广博更详细以后，再来讨论。只是清清楚楚地知道我们现在对于任何事物的认识与不远的将来相比是认识得怎样少的人，决不会轻于对于中西底优劣遽下判断。到将来，一切最能代表每一种色的思想，必在人类底知识系统里面占有相当的地位，而且我们希望，凡是最能支配这种知识的人，至终便是世界底统治者。现在研究思想，字眼，与事物之间的关系所有的常识，《意义底意义》即为一例；这种常识给我们的第一次果实，就是"基本英语"，就是我现在写这篇弁言所用的简单国际语。（这种简单国际语，学得快的，可在一月以内学会。）它是一种方法，能将日常英文所有的思想析成片段，使我们更清楚我们所说的是什么。一个重要的问题就是：它是否也能将中文所有的思想析成片段？而且中文的思想片段是否与英文的思想片段种类相同？这是需要研究的问题。谁去研究呢？

李安宅先生会因我底影响产生这本《意义学尝试集》，使中文读者注意这等问题，真令我非常高兴！

吕嘉慈于剑桥大学麦达林学院

《意义学》附录一：《意义底意义》底意义 [1]

◎ 瑞恰慈 著　李安宅 译

　　我在剑桥读书的时候，数年之间，曾听两位有名教授底功课。这两位教授在同一时期，同一楼房里面讲；一位在楼上，一位在楼下；一位底头，正对着另一位底脚；每一位都用许多时间去讨论另一位底见解。楼下的甲博士在一小时之内必要说几遍："乙教授说……我真想不出是甚么意义。"然而乙教授也同样不少地说："我不装着能懂甲博士底意义。"两位教授唯一意见相同的地方好像是：这一位都相信那一位"决不会说出他底意义"。

　　这样过去几年以后，我就不禁想到：他们对于语言底用法，一定是有大大错误的地方；不然，这样能干，精敏，出色的人物，不会这么奇怪。同时我觉察到，他们二位，谁也不曾用些时间，讨论"意义"本身是甚么东西。稍一考察，我又知道：旁的哲学家们虽然满口谈着"意义"也并不曾两样，不曾研究"意义"本身。

　　威尔拜夫人（Lady Welby）曾侍维多利亚女王，是个聪明妇人。她颇劝英国哲学家，心理学家，语言学家注意这等事件。很严重的讨论，每每变成字眼之争；她见得这类情形非常之多，深信语言足以使人误入歧

① 本文原载《清华学报》第 6 卷第 1 期"文哲专号"，1930 年清华大学出版，后收
　 入李安宅著《意义学》。

途；欲使思想深刻而清明，非常需要一门新的学问，一门符号学或意义学。只是，听到这位夫人如此劝告的人，很少懂得她底"意义"。懂得她的少数人之一，便是欧格顿君（C.K.Ogden）。欧君当时是剑桥大学麦达林学院（Magdalene College）底一位聪颖多读的学者。他因为欧战的关系，固然不能于此新学多有发展，然而主编有名的战时周刊《剑桥杂志》，能将政治与宣传各等文字所有的正用与误用加以研究，也是没有伦比的机会。

欧格顿与我在一九一八年起始讨论"意义"，继续讨论了一年有余。他底学问特别广，对于各种各类的题目都很熟悉当代欧洲的思潮，并且对于已有的意见根本不易轻信，这都是研究"意义"的绝好优点。另一方面，我底兴趣则在心理学与文艺批评两层。这样各面分进，使此研究范围广扩，殊非单人所易举办。进行不久，我们便很容易地快乐合作起来。研究"意义"实是研究彼此借以互相了解的工具，所以实际的合作经验，十分有用，因为对于了解的试验，没有再比共同创作共同建设更为有效的了。况且说，这种对于"意义"的研究，每易使人灰心；两人同工，也要比较容易振奋。

我们将此题目底历史加以考究，发现许多过去的权威都以没有"意义"一门学问，殊为憾事。洛克（1632—1704）是英国三大哲学家之一，曾以成本的书论及此事：那就是他底大著《人类理解论》（*Essay on the Human Understanding*）底第三卷。该书专论文字用法在抽象辩论所有的困难。据洛氏自己说，这本书比《人类理解论》其他任何部分都使他费力较多方始表现出来。然而偏是这本书不曾有人读过，就是英国哲学底专门学者，亦都通常理会不到。

我们历练不久，就知这样忽略不足为奇。大经济学家们，社会学家们，政治，逻辑，道德，美学等学家们，以及各门抽象学问的专家们，都在他们底著作所有序言上容易见到一致——都以为文字是最倒霉的东西，他们所治的学问之所以进步很慢，都因文字含有模棱含糊的"意义"。然而任何打算搜根掘底地看看语言之为抽象讨论的工具，究竟错在甚么地方，可以怎样改良，则所得到的酬劳即不被人看作傻子，也要被人看作疯子。设若提议着说，我们实在不知我们自己底"意义"所在，便会遇到大多数的人一项深固不可拔除的反感；好像这样一说，就会根本撤消了我们存在底基础。然将"意义"仔细研究一下，通常都要证明：我们了解自己底"意义"所在的程度，都照我们所想的，糊涂得好多好多，则对此项研究的反感，当亦不难解说了。

物理学可以说是例外，没有摆弄字眼的毛病，没有使用文字，不察意义的毛病。这些科学之所以没有这样的毛病，乃因物理学所说的东西，至终都是根据实验室的工作，至终都是看得见，摸得着，弄得来的东西；虽然说物理学所用的数学公式，复杂错综，是使人不易见到这层事实的。除非爱因斯坦，史娄顶格（Schroedinger）这流人物最近的言论，使人不知是物理学还是数学以外，字与记号底误人影响，总是走不到物理学底范围。

用物理学去与旁的学问相比，则凡不以物理学为根据而以心理学为根据的东西，如伦理学，美学，社会学，政治学，经济学，以及一切具有人生兴趣的学问，都因字眼不清的毛病，阻碍进步，不能自由发展。心理学本身，虽然充满生力，准备前进，也因术语不经制裁，易起误会，受病很大。

举例来说，"意义"这个名词本在心理学上占有重要地位。我们所从事的工作，很大一部份便是分析"意义"底各种意义。我们自然见到这个名词具有不少的意义，然实未曾想到日常言论之中彼此竟会那样相混。因欲分别语言误解底型类，我们竟将"意义"一词析成十六种意义之多。

人类底长期误解，一经这般暴露，初见之下，颇非快意之事。然而另一设想，颇有乐观之兆。为欲实验我们对于"意义"的研究结果，同样研究了旁的著名字眼；其中之一，便是"美"这一字。讨论"什么是意义？"的虽然不多，可是"美是什么？"则为聚讼纷纭的问题。我们自然见到"美"有许多意义，且与"意义"底意义彼此相仿佛，颇有趣味。

研究两个名词底结果，希望是新法研究底起始，可在最近加以扩充。已知"美"与"意义"底诸多意义的人，若用研究"真理"，"善"，"价值"，"进步"，"生命"，或其他社会科学里面引人注目的字眼，当然很占便宜；

因为已经知道一些易入歧途的情形，知道这等研究工具，若不操以批评的精神，便易引入歧途。

除了用作理知研究底工具以外，语言文字更是支配我们底感情，影响我们底人生态度的强有力的东西。强有力到什么程度，可用"诗"来证明。我们底近代文明里面，诗于人生的影响，不但未曾减少，而且日见加多。对于诗的研究，需要另一方面的努力，那就是我所担任的工作。欧格顿则更继续逻辑，法律，及其他伪造对象的问题——边沁（1748—1832）所倡导的问题；同时注意国际语与附助语的问题。他底努力，结果便是"基本英文"（Basic English）底伟大计画与创造。我底努力，希望引用我们对于"意义"共同研究的成绩，也偶然发现大批新的证据，证明文字之不可靠；就是教育很高的读者，也好像不常懂得诗句底诸多意义；不易对于诗的批评研究顺利进行。我们都有一个社会偏见，过信我们日常相互了解的程度；然而这项研究，不能不使我怀疑这项偏见。

历史与其他一般学问现在好像都是极其需要将"意义"状态的门类，加以仔细的研究，不似过去那样不大需要。一切比较文学的工作，更很显然需要"意义"底研究——特别是要翻译的时候。即是种类很近的文字，遇到专门研究含糊意义的人，也没有不对翻译大大怀疑的；更不用说汉文与英文这样不同的文字，显然急切地需要利用近代逻辑与心理学的分析，直接比较两面的含义了。这样对于汉文与英文的比较研究，定然助进意义底理论，当能对于心理学有很重要的贡献，且可减除不正确的片面翻译所有的极大危险。例如希腊好多重要字眼，都在过去很仓卒地译成各种近代欧语；凡曾考虑过因此而来的无穷恶果的人，没有看轻这项危险的。一个要紧的字倘若翻译得不适当，会在思想界发生恶影响，以致累代学者努力拔除都不易成功。

这类比较研究，最少需要三人合作。要一位中国学者，喜欢公平地指出中国思想底细微去处，特别是指出中国哲学里面有系统的含义模棱底去处；要一位翻译员，详知两种语言底典实，能够自由取用，且有定义的趣味，有怀疑已成译名的素养；更要一位"意义"学者，凡遇讨论过程所有的语言情境，都要加以分析，汇通，与类别。这些条件，嗜好，造诣等，很难聚于一人之身；然若探讨中西思想底接触问题，则非条件备具不可，所以唯一可能的办法，便是有组织的合作。

这样的计划，不要混作制造字典，或编制分类辞汇。它与这些工作的关系，就等于代数与算术的关系。意义学所要企图的普遍程度实较广大，要在定义与划分界限上进行普遍规定的工作，字典辞汇则不过缕述各种意义而已。造字典的人，只将一个字底不同意义忠实地列举出来，便去从事另一字眼；用不着考究各种意义底关系，比较几个字眼所具的相关意义底型类。造字典的人没有这些工夫，所以必将这类工作留给对于意义另具一种趣味，另有一种训练的人。这两种人底关系，好像商人与经济学家，工师与物理学家，医生与生理学家或生物化学家。这类的不同，似乎值得注意。

语言学者自可因着生理心理学的理论得到帮助，增加较大的能力，就像医药常得科学底助力一样。特别是在这个时候，尤其需要助力。现在世界两大思想系统，到底密切接近了。介于两者之间的，当然只有"文字"——然而文字这个东西，任何有过思想，熟习讨论工作的人，都能承认它是怎样不易摆布的工具。欲使文学更较可靠，胜过困惑之点，唯一的方法便是改良训练，更加批评精神，以便了解文字活动的原则，更能控制文字底含糊与混乱。这就是比较研究中英文字的工作，也是在实用意义之下研究"意义"的意义。

《意义学》附录二：以中国为例评《孟子论心》[①]

◎ 瞿孟生 著　李安宅 译

　　吕嘉慈底《孟子论心》，是在分析文化的技术上一种很独创，很有意义的著作。"了解中国"，是中国人与外国人玩着没有完的一种斯文把戏，但因问题底繁复与选用相当字眼的困难，不管中国人或者外国人，都觉得这种把戏不易玩，不晓得怎样玩才好。吕氏这本书一出世，便给我们不少的贡献。他给我们的贡献，与其说是分析了孟子自己底心理或者孟子所冥想的心理，都不如说是解除了西洋人底困难，不致再受西方逻辑与科学所自产生的语言习惯的束缚，以致不了解语言习惯不同的心理——那就是因为语言习惯底不同而使用一种好像文不对题的逻辑结构的心理。在一种意义之下，吕氏系以孟子为例，表演他自己对于语言分析，翻译，解释，以及并列界说（Multiple Definition）等所有的见解。

　　欧洲学者自十八世纪以来即惯于以中国为例。德国哲学家莱伯尼兹（Leibnitz，1646—1716）根据传教士所说与单子（Monads）学说，认定中国语言为传达哲学思想的理想工具。十八世纪末叶的有神论者，常指中国以自豪，以为中国虽非耶教国，可是很有道德，以中国为例的习惯，历十九世纪而不衰；法国诗人高蒂叶（Gautier，1811—1872）即教女儿茹

<hr>

① 原载李安宅著《意义学》。Mencius on the Mind, by I. A. Richards, Kegan Paul Trubner and Co., Ltd., London, 1932.

迪（Judith）习中文，不习希腊文。以中国为例的优点，即在中国距欧洲甚远，长处与短处都到欧洲便分别地放大起来，而不彼此汇通在一起。不过以中国为例的习惯尽管不断，但在了解中国这一层，则进步很少。

十九世纪底后半，翻译的努力，十分伟大。从事翻译者，大半都是优良的耶教份子，经过常年的努力，得使中国字眼找到粗枝大叶的外国对译字眼，混合地代表西洋的观念。可是我们所得知道的，乃是这些有神论者准备给我们知道的：即中国人也像欧洲人那样，相信独一无二的神；彼此之间的异点，系在表面，非在实际。金斯密尔（Thomes W.Kingsmill）甚至发表论文，希图证明《诗经》"实际"是吠陀赞美诗，暗示中国文或与梵文有关。从事翻译工作的人，在大体上都是没有受过语言学或旁的方法底训练的人，不甚知道西洋思想底发展，即当代的思想也不知道。

约在三十年前，有了一种变化；西方学者都认定一点：凡编辑或翻译中国文字者，都要采取意国人本主义者法拉（Lorenzo Valla，约在1406—1457）以来即被古典的学术界默认的严格方法。不但文字要用最好的材料来校勘，即解释也要像中国学者那样，根据一切参考书，字典，及百科全书。汉学（Sinology）不但要用汉学家研究，而且要用好的汉学家。可是这样便发生了困难。

中国的参考书，简直是汗牛充栋，而且不易利用上手。只讲通文，便需二十几年。倘若对于中国问题只有好的汉学家才配说话，则帮助我们的只有不与一般学术界接近的人；可是因为不与一般学术界接近，所以他们底见解在翻译上必定是偏狭的，在解释上必定是闭门造车的。于是汉学便成了与世隔绝的圣林。西方的汉学所有的方法与目的，是两种东西底私生子——是古老的东方与轻浮的西方两种传统的语言学所有的结果。汉学家不曾考究过汉学本身底大前提，所以我们也不知道是汉学使人发狂呢？还是只有怪人才去研究这项艰深的学问？反正我们关心中国问题的人们，由着他们得来的知识，或者都是与其说是大胆的假设，无宁说是故意哄人的。

吕氏这本薄薄的书（正文只有一百三十一页）是指明解释底困难，分析解释底理论的。著者恐怕要算西方最有精彩的意义学者（Semasiologist）

了；他对于分析解释的问题，特有研究。他与欧格顿（C.K.Ogden）合著的《意义底意义》（*The Meaning of Meaning*）并引申《意义底意义》所分析的解释问题而自著的《文艺批评原理》（*Principles of Literary Criticism*）与《实用批评》（*Practical Criticism*）都足证明：相信使用同一语言的人，如一位哥尔利理（Coleridge 英文学家），与一位边沁（Bantham 英哲学家），或者一位剑桥唯实论者与一位牛津唯心论者彼此传达思想的时候，总是有困难的。可是我们对于语言，习而不察，不知思想完全受了文法惯例底限制，于是对于这等困难，也就闭着眼睛，不曾见到。我们既与我们自己的哲学家使用同一的文法，同一的逻辑，具有同一的思想的背景，走向同一预定的目标，而且彼此思想底相看待，又受同一因子底支配，然在解释一个哲学家的时候，尚且不免困难，则要解释工具与背景都不相同的中国哲学家，当要更属困难了。

若欲了解这种困难，顶好是请吕氏这样有本领（不是专门的汉学家）的西方学者与它对面。《孟子论心》便是这样对面以后的结果。作者得到黄子通、博晨光（L.Porter），李安宅诸位学者底帮助，考察了《孟子》底中心章句，每一章句所有的解释，不管是通行的或者是传统的，都去纪录下来，加以研究；每一章句，每一解释所有的论辩结构，都加以解剖。著者在《弁言》里说："比较研究底价值，举例来说，不一定是在我们对于孟子底思想有了什么意见，乃在我们比较了孟子与旁人以后，对于思想本身能有什么发见。"著者以为，中国思想既在整个地采取西方的逻辑工具，则"尽量对于古代思想底目的（与因目的而来的限制）暨西方逻辑底目的（与因目的而来的限制），加以详密而有意识的比较"，是很有益处的。（页 xiii）

书分四章。第一章对于《孟子》本文（附录四十四页，有中国字原文，罗马字拼音，与英文直译）所有的困难，加以初步的分析。第二章研究孟子一般的问题与目的。第三章研究"这样揣测出来"的心理。第四章很谦虚地名为"走向一种比较研究的技术"（Towards a Technique for Comparative Studies），实使本书对于解释问题成为一项典则的贡献，比中国哲学这等高的问题还要高出一头。

第二章名《孟子》论辩诸式"，著者底方法是用西方逻辑底观点，将

《孟子》底论辩加以考察与分析，然后"回转头来，看看这个观点是否足以研究这种讨论底目的与性质"（页四四）。著者以为，孟子底论辩，在许多地方，辩论停止处都好像西洋分析的逻辑正要起始处；然而我们若说论辩者所关心的，不在人性本身底事实，而在对于人性的态度，则"有危险，有嫌过信此等范围以内真有'事实'等着我们考察，或至少也嫌对于事实的观念过于简单"（页四七）。著者说，"我们对于怎样思想，还不算知道得到家，还不能自信：即在我们自己，还不只是不自觉地用了一些分别吗？倘若对于这等分别加以研究的话，还不就会增加我们底思想能力吗？"（页四七）。著者更说，著名的"孟子与告子底辩论所有的根据，不是理智的根据"（页五五）。孟子辩论人性所用的方式，目的乃在维持固定的道德律令。孟子对于心的观念，只是工具；已被承认的道德系统，才是目的。可是西方对于心的观点，不管怎样信为客观，也不比孟子底观念不受社会神学等目的底限制。所以本章底结尾说："这许就是研究这种思想的另一种好处，即只看作虚界也可以——这种思想已给中国人一种优美而且普及的文明"。

因为节省篇幅起见，这里只能简略粗率地说，困难就在中国与西方对于人性的性质与对于事实的定义，具有不同的见解。孟子与孟子所代表的文明，很充分地答复了历史所启发的问题，关心的乃是"人之所以异于禽兽者"那个"几希"之点。这点对于孟子与孟子一流的人是思想活动的范围，是事实之所以具有人为性质的根据。然在西方传统底眼里，人要适应的范围乃是自然界底性质。这样简单地比较中国与西方，以使异点显露，自有许多困难。不过倘若这种异点还能一般承认的话，则会显然明了：西方人是不会了解中国的，因为西方人惯于问的是"这个顺乎自然吗？"中国人惯于问的则是"这是否合乎人性？"西方的伦理以生物为根据，中国的伦理以传统为根据。然彼此所用的字眼都是"性"（人性与自然之性）。我们西方人必得作了这一类的比较，并且比较了"诚实"，"仁义"等所有的一贯异点以后，才会了解：为什么许多中国人告诉我们的话，多是他们觉着我们应该知道的话，不是我们"自然"喜欢知道的话，致使我们在理解上大不方便。因在这种情形之下，"事实"不是"是什么"，乃是"应该是什么"。所以，也就必得作了那番比较工夫以后，比较了我们底自然主义与中国底人本主义以后，我们西方人才会明了：我们为什么，尽管十分努力，可是我们底人本主义终于曲解我们底科学。

在第三章"孟子对于心的见解"，著者研究许多因分析而引起来的问题，譬如"在孟子看来，性是什么？志是什么？气是什么？"之类。著者以为"在孟子看来，两个需要解决的问题（倘若不是正确要问的问题），乃是性善与因性善而养成的品德。人性是使人所以异于禽兽的，即'几希'也罢：这是凡人皆有的……""仁，义，礼，智，是支配孟子心理学的四端……然而他底目的，并不是要加以分析，预备根据，或者加以一般的讨论……他的目的，乃在鼓舞人扩而充之。""扩而充之"底结果，即所谓"不动心"。这一类伦理及政治的系统，是孟子与孟子所论的心所要活动的范围；可是这一类的系统，著者叫作"巫术的"（magical）系统。巫术这个字眼，对于西方人还算了然（固然也要靠着读者属于某一派的人文学），然在中国人则觉模糊。"人与宇宙为一体的程度，致使人主心若不正，四时也就跟着不正。人与宇宙之间所有的巫术关系，足使人类之性与万物之性可用同一思想来想，而没有矛盾与分别"。所以客观世界倘若非常混乱了，便大可证明人心也在非常混乱。"然在巫术范围以内的人，对于'什么必得是'与对于'什么必得那样要求'（在人性这一类的事），是没有什么分别的。同时，我们不在巫术范围以内的人，也不能不承认：圣人的高帽子与仁者人也底一贯理想，也是与人性有些关系的事实"。"我们西方人底'知'，'情'，'意'会怎么样，也许就是因为我们这等长久期间都将它们说得好像那样；倘若语言与传统都在宣称另一套的心理功能的话，我们也许会使心理发生另一种情形的"。于是我们应该研究的，乃是：中西心理的不同，是心底本身不同呢？还不过是使用心的目的与方法不同呢？若欲解答这等问题，著者以为非用"并列界说"（Multiple Definition）法不可。

"孟子对于心的见解"，在结构上是由翻译问题与论辩诸式过渡到比较研究底技术。著者以为，他所指出的中西异点，只要我们不在中道而止，并不足使我们了解不了孟子。我们需要的是一种解释的技术，那便是比较研究的技术。这种技术底可能，乃在利用并列界说的习惯，即"凡下任何界说的时候，都在心理的背景里面加上种种敌对的界说；因为我们（纵然不在严格的意义之下，对于怎样思想，什么也不知道，也是）对于怎样思想，知道得还不够，还不配说："一切思想都要使用这一种或者那一种工具而不使用旁的；或者必有这一种或者那一种结构，而没有旁的"。我们所要避免的毛病，乃在不因西方的训练（唯心主义，唯实主义，实证主义，马克思主义等）使我们惯用某一种的思想结构，即将这种结构勉强加在丝毫没有这种结构的思想上面，或者加在利用这种结构完全不能分析的思想上面。倘若我们这样勉强加上我们自己惯用的思想结构，则一切真正比较研究的可能便都取消了。"

本书前三章都利用并列界说法来对付孟子底思想，而使读者得到一种感想：了解孟子，既有著者所说那样大的困难；则了解孟子或了解利用孟子底方法的文明，当然更属无望了。读者在第四章尤要觉得无望，因为著者更证明解释西方的思想也有同样的困难。不过著者在第四章也同样指明了胜过这种困难的方法。著者分别字眼所指的事物（sense），对于事物的情感（feeling），对于读者的态度（tone），与字眼所希冀的目的（intention）等四种意义，即遇李德（Herbert Read, 1893— ）那样空洞不易解释的话——"清楚的推理与优美的文体所需要的，只是个人的诚意而已"（All that is necessary for clear reasoning and good style is personal sincerity）（见 1928 出版之 *English Prose Style*，页九六）——都能加以解释。所以对于"美"，"常态"，"真正"，秩序（Order），原则（Principle）等字眼，加以初步的分析，都足证明：创制精密的技术，以将西洋字眼底范围暨中国字眼底范围，加以纪录与比较，乃是十分需要的。

著者总结起来说，我们最少已有二千上下年，不自觉地使用字眼，"就像初民使用棍棒，石头，与动植物那样了"。然而字眼是我们底传达工具，且在一种意义之下，是我们底思想工具。所以对于字眼与意义更进一步的了解，当在科学界促成一种革命。我们近代科学的讨论所用的方法，还很奇怪地保存着中世纪书院派的风度：譬如说，我们还问，空间与时间是实物（名词）呢？还是属性（形容词）呢？又如"真"，"秩序"，"本性"之类，也还用作争辩的武器与讨论的工具。不过我们有了《意义底意义》来分析事物，思想，与字眼的关系，有了《孟子论心》来在远离西方的一种哲理上试验前书底理论，而且加以表证，又有"基本英语"（Basic English）（注）以其一种用法制造分析的技术，以使字眼所有的意义都析成片段，找出它们底组成分子，都是这种革命底一些步骤。这些步骤，都足推翻愚昧，偏见，自眩等有利可图的现状，且足推翻以商业化，帝国主义，无谓的恐惧与顽固等为特点的上海洋人心理（the Shanghai Mind），以及不加深思的排外心理与我们谁都容易犯的当代想法——即以为只有我们底生活，才是唯一可能的好生活。

我用上边这一些话，说明吕氏《孟子论心》所有的价值乃在给我们一种方法，使我彼此了解，而且了解自己；可是我十分抱歉，这点说明是十分粗率，十分不完善的。现在是时候了，中国不要再盲目不加审判地接受西方的东西了，不自觉地反复着西方的字眼，也该停止了。功用与价值都要经过考察，且在这个当儿，我以为吕氏底《孟子论心》便会成为一本解释问题上的典籍。不管它是否给我们"一个大胆的新世界"，它一定要使我们现在住着的世界大变它的结构。

瞿孟生（R. D. Jameson）于北平国立清华大学

译注：

关于"基本英语"，在中国除中华书局特别提倡外，普通误解甚多。本文底作者曾在一九三三年十一月九日北平英文《时事日报》（*The Peiping Chronicle*）发表了一篇辨解的文章，名曰 Too Much Language, a Few Words about Basic。同年十一月六日与十三日《天津益世报》"社会思想"，亦载李安宅一篇《批评与宣传——因基本英语而引起的评议》，均可参看。

——李安宅原注

中国文评流别述略 ①

◎ 朱自清

近年读郭绍虞先生《中国文学批评史》讲义（周、秦至北宋），别具条理，跟坊间的文学史文学批评史大不相同，确是一部好书。但那是纵剖的叙述，范围也大，通论与专评都要说及。本篇却想横剖的看，看中国文评到底有几大类。范围只限于专评，就是具体的评作家评作品的话，完整的或零星的。因此着眼于诗文评专著和诗文评选本的地方多些。

所谓流别，只是说有这些种评法而已，其实并无严格的界限，评者参用几种方法是常有的事——自然也有专主一法的，但少些。照我看，中国文评可分做五大类。这里姑不确定类名，只标出他们所论的主体；因为借用外国名字，苦于不贴切，自定名字，又嫌闭门造车，怕不合式。

一、论比兴

这只限于诗词。《毛诗正义》云：郑司农云："比者，比方于物。"诸言"如"者皆比辞也。司农又云："兴者，托事于物。"则兴者，起也；取譬引类，起发己心。诗文诸举草木鸟兽以见意者，皆兴辞也。

言"如"的是直喻（例：有力如虎），托物的是借喻（例：《诗·谷风》

---

① 本文收入《朱自清全集》第 8 卷，江苏教育出版社 1996 年版。

《毛传》：阴阳和而谷风至，夫妇和则室家成，室家成而继嗣生），一显一隐，一个只是形似之辞，一个却寓言外之意。所以《毛诗传》只说兴而不及比。孔颖达这一番话说比兴的分别最清楚，也最合于《毛传》原意（《文心雕龙·比兴篇》举例也有此分别，但未明白说出）。但近年来讨论比兴的似乎都没有引这一节。日人铃木虎雄的《支那诗论史》里独引它（孙俍工译《中国古代文艺论史》上卷二八、二九页），可谓有见。

比只是修辞的方法，兴却不只于此而关于全诗的用意。用意既不明见于文义中，所以不妨各说各的。历来解《诗经》的异说纷纷，以及后来人好谈比兴，都是为此。其实只是兴的问题，与比无干；只因一般人弄不清比兴的界限，所以老是牵连着说。论兴诗的异说虽多，就传统上看，却也有些共同的趋向。一是教化的，二是历史的。《诗大序》里"上以风化下，下以风刺上"，可作"教化的"一语的注脚。因为是教化的，所以都是有为而作，于是乎必求其时地以实之，这便是历史的。所兴的是朝政或风俗，固然可以这么看；所兴的是个人失志，也还可以这么看。因为个人的身世与性情也可以见出教化来。《诗经》里无主名的兴诗可以这样看，后世各家的诗可以认作兴体的（如李商隐之作），也未尝不可这样看。

这种看法实在出于春秋时代的用诗；那时不管诗的原来用意如何，只断章取义地用在政教方面去（参看顾颉刚先生《诗经在春秋战国间的地位》，见《古史辨》三下）。因为全篇诗往往不能整个儿合用，所以只得断章取义。后来说兴诗的虽未明言，却也采取此法。《毛诗传》里解释兴诗的话常常只能说通两三句或一章的意思，极少能全诗毫无扞格的。注李商隐的也多处如此。再说张惠言《词选》里解释温庭筠的《菩萨蛮》十四首，也是好例子。但也有能自圆其说的，如鲕阳居士说苏轼的《卜算子》词（见黄昇《花菴词选》），端木采说王沂孙《齐天乐》咏蝉词（似见四印斋所刻《花外词》），但真是少极。就凭这断章取义一层，我们可以看出比兴论所论的并不是原诗本来的用意，而是附会上去的效用。自然也有例外，作家受了比兴论的影响，确有用兴体作诗的，如朱庆馀《近试上张水部》一绝（通常以为是比，但照《毛诗》的说法，应该是兴）。可是这种例外太少，无妨存而不论。

二、论教化

比兴论从修辞论到用意，而以教化为主。起初还只是解诗的标准，后来渐渐成为评诗的标准。理论上有比兴的诗高于无比兴的诗（实际上建安以来就没有多少真可以称为兴体的诗）。再后来索性连本来是修辞方法的比兴都不谈，只谈教化。这么着这个标准应用的范围便扩大起来，连文也包括进去。昭明太子《陶渊明集序》说："白璧微瑕，惟在《闲情》一赋。"正用这个标准。宋代"文以载道"之说既盛，这个标准自然更有力些。王柏《诗疑》甚至要重删郑、卫的诗。清代陈祚明《古诗选》以情与辞论诗，颇有佳见；但论《孔雀东南飞》，以为焦仲卿妻"不闻孝道之微"，而仲卿"刑于之化犹有未尽"。他说："论诗本不宜言理。然此有系于风化，故偶及之。"不过这种极端的议论到底不常见，而"主于论理而不论文"的真德秀《文章正宗》，"虽所持之理甚正"，"自宋以来罕有诵习之者"（见梁章钜《退庵论文》）。也可见极端的教化论是行不通的。教化论有力的中心思想怕只是"诗教"。《礼记·经解篇》说："温柔敦厚，诗教也。"这就是《诗大序》里说的"发乎情止乎礼义"，也就是情感的节制之意。《文章正宗》纲目"诗赋"下说："悠然得其性情之正，即所谓义理也"，义与此同。这虽说是诗教，可也用作评文的标准，应用是很广的。

三、论兴趣

严羽《沧浪诗话》说："盛唐诸人，惟在兴趣，羚羊挂角，无迹可求。"又说："李、杜数公如金鸡擘海，香象渡河。"兴趣可以说是情感的趋向，羚羊云云见得这种趋向是代表一类事，不是代表一件事，所以不可死看。苏轼所谓"赋诗必此诗，定知非诗人"，就是此意。金鸡云云以见李、杜兴趣的一端，也不可死看。兴趣的兴是比兴的兴的引伸义，都是托事于物，不过所托的一个是教化，一个是情趣罢了。比兴的兴是借喻，兴趣的说明也靠着形似之辞，是极其相近的。兴趣二字用为论诗之语，虽始于《沧浪诗话》，但以兴趣论诗，晋朝就有了。锺嵘《诗品》论潘岳诗，引李充《翰林论》，说他"翩翩然如翔禽之有羽毛，衣服之有绡縠"。又引谢混的话，"潘诗烂若舒锦，无处不佳。陆（机）文如披沙简金，往往见宝。"论颜延之诗引汤惠休说，"谢（灵运）诗如芙蓉出水，颜如错采镂金。"都是这一类。后来张说与徐坚论"近代文士"（见《旧唐书·杨炯传》），皇甫湜《谕业》文以及各选本里引用最多的敖陶孙《诗评》，体制都出于此。而唐以来文人互相标榜的文字，也常用形似语，但体制不同，那是推广的用法了（参用郭著《中国文学批评史》里的材料）。郭绍虞先生说这种方法"近游戏，多模糊影响之谈"，是不错的。兴趣论所论的其实也与作家或作品无多交涉，只是用感觉的表现描出作品的情感部分而已。但情感以外还有文义、口气、用意等（用英人瑞恰慈说），兴趣论都不去触及；"模糊影响"，就为的这个。

四、论渊源

《诗品》论诗，每家必说源出于何人，"若一一亲见其师承者"（《四库提要》语）。《四库提要》以为"不免附会"，自是确论。锺嵘所以如此说，大约因为尊古与模拟的风气。《汉书·艺文志》说九流出于王官，锺嵘似乎窃取了班固的意思。再则汉以来模拟渐盛。诸家仿《楚辞》，扬雄仿《易经》《论语》，都可见出。到了晋代，更开了拟古的风气。模拟本来是制作必经的阶段；而因为个人的才性与环境的关系，于古作者偏有所主，也是当然。只要如刘知幾说的"貌异而心同"，便是正路。后来韩愈一面"非三代两汉之书不敢观"，一面又要"惟陈言之务去"，就是这个道理。锺嵘追溯各家的渊源，正因为看出模拟之必不可免。想找出诗家所取法的人，让一般人比较着看，更可以了解各家的诗。到这里为止，也是不错的。但为尊古思想所误，要给各家一一找出娘家来，自然就"不免附会"了。我们觉得这个方法可用，不过要"拿证据来"，一两句空话是不行的。

五、论体性

刘勰《文心雕龙·体性篇》举出"典雅"等八体；体是"体式"。又论"才性"给文的影响，举"贾生俊发，故文洁而体清"等十二例。《诗品》所论，却偏于"体式"，"才性"只偶及而已。这两种书里用以评价的，以骈字的性状形容词为最多，而以几个观念为纲领，如"神""气""味"（郭绍虞先生说刘勰多论"神""气"，锺嵘则始拈出"味"字）。《诗品》所用骈字形容词约一百个（据陈卿先生《锺嵘诗品之研究》）。这些观念与形容词都是借用，或说引伸用。"神"的观念出于《庄子》，"气"的观念出于《典论》。扬雄《法言》说："诗人之赋丽以则，辞人之赋丽以淫。"曹丕《典论·论文》说："应玚和而不壮，刘桢壮而不密"，已都用性状形容词。不过到了南朝用得更多。后世递相沿袭，时有新垆；现在若作文评词汇，必是蔚然大观。这些性状形容词对于诗文的文义、情感、口气、用意四项都经指及，但只囫囵地说，加以用得太久，意义多已含糊不切，所以没有很大的效用。许多人看不起这种评语，大半为此。但这种方法才是就文论文，不涉枝节，是为了解鉴赏之助。若有人能用考据方法将历来文评所用的性状形容词爬罗剔抉一番，分别确定它们的义界，我们也许可以把旧日文学的面目看得清楚些。

六、论字句

《文心雕龙》有《章句》《炼字》《附会》三篇，论篇章字句之法，但重在作而不在评。《诗品序》只举名篇，书中极少论到字句等，可见当时文评风气。唐、宋人诗格一类书颇多，也重在作。但宋代诗话发达，其中渐渐评到字句；《诗人玉屑》里"句法""下字"各有专类，便是一证，而各家诗话多以摘句代批评，也是此故。论文风气大略相同，但无如此之盛。如欧阳修《醉翁亭记》起处本有数十字，后来删剩一句，仍存原意，传为佳话。而叶梦得说："今世安得文章？只有个减字换字法尔。"（与上条皆《朱子语类》）都足见当世重视字句修饰。又南宋陈骙《文则》中也颇多论字句的话。

到了宋末，才有了评点的书；苏批《孟子》是伪书（见《四库提要》），除批评字句章法外，并用连圈连点标出佳处。其时有刘辰翁评点的书不少，方回的《瀛奎律髓》也著名。清代金人瑞想来便传的这一派。但刘、方等评语也只用几个纲领的观念和一些性状形容词，金却更加如火如荼的形似之语。像《西厢记》评中论烘云托月法、论匡庐天下之奇诸节皆是。他评《水浒传》还有什么草蛇灰线法等。这种观念大约从八股文来，方法却模拟论兴趣诸家的。但论兴趣的是就各作家的全部作品论，与金的枝枝节节而为之不一样。又清代有许多诗声调谱，王士祯、赵执信是开山祖师。后来有个李锳，作《诗法易简录》，其中古诗部分便应用他们所论的去批评。这可以说是声调论，自然也是枝枝节节而为之。字句论与声调论都流于琐碎或支离，教人只注意枝节，而忽略了整个儿作品，金人瑞尤其如此。但若能适可而止，也未尝没有用处。

（天津《大公报·文艺副刊》第 50 期，1933 年 11 月 11 日）

语文学常谈 ①

◎ 朱自清

　　文字学从前称为"小学"。只是教给少年人如何识字，如何写字，所以称为"小学"。这原是实用的技术。后来才发展成为独立的学科，研究字形字音字义的演变。研究的人对这种演变这种历史的本身发生了兴趣，不再注重实用。这种文字学是语言学的一部分。语言学里又包括文法学。中国从前没有文法学，文法学是从西洋输入的。可是实用的文法技术我们也有：做文章讲虚实字，做诗讲对偶，都是的。直到前清末年，少年人学习做文、做诗，还是从使用虚字和对对子入手。"小学"起头早，诗文作法的讲究却远在其后；这由于时代的演变和进展，但起于实际的需要是相同的。所谓实际的需要固然是应试求官，识字的和会做诗文的能以应试求官；但从这里可以看出文字语言确是支配我们生活的要素之一，文字语言确是我们生活的一部分。从学术方面说，诗文作法没有地位，算不得学术，文法学也只是刚起头；文字学却已有了深厚的传统和广大的发展。但明白了语言文字的作用，就知道文法学是该有将来的。

　　现在文字学又分为形义和语音两支，各成一科，而关于义的研究又有独立为训诂学的趋势。文字形态部分经过甲骨文字和钟鼎文字的研究，比起专守许慎《说文解字》的时代有了长足的进步。

---

① 本文收入《朱自清全集》第 3 卷，江苏教育出版社 1993 年版。

语音部分发展更大，汉语之外，又研究非汉语的泰语和缅藏语，这样比较同系和近系的语言，不但广博，也可以更精确。这种用来比较的非汉语，都是调查得来的现代语。而汉语的研究也开了现代各地方言调查的一条大路。这种注重活的现代语，表示我们学术的兴趣伸展到了现代，虽然未必有关实用，可是跟现代的我们总近些了。其实也未必全然无关实用，非汉语的研究对边疆研究是有用处的。一方面研究活的现代语就不由的会注意到语法，这也促成了文法学的进步。训诂学更是刚起头。训字有顺文说解的意思，诂字是用现代语解说古代语的意思。按照"训诂"的字义和历来训诂的方法，训诂学虽然从字义的历史下手，也得注意到文法和现代语的，但是形态也罢，语音也罢，训诂也罢，文法也罢，都是从历史的兴趣开场，或早或迟渐渐伸展到现代；从现代的兴趣开场伸展到历史的，似乎只有所谓意义学。

"意义学"这个名字是李安宅先生新创的，他用来表示英国人瑞恰慈和奥格登一派的学说。他们说语言文字是多义的。每句话有几层意思，叫做多义。唐代的皎然的《诗式》里说诗有几重旨，几重旨就是几层意思。宋代朱熹也说看诗文不但要识得文义，还要识得意思好处。这也就是"文外的意思"或"字里行间的意思"，都可以叫做多义。瑞恰慈也正是从研究现代诗而悟到多义的作用。他说语言文字的意义有四层：一是文义，就是字面的意思。二是情感，就是梁启超先生说的"笔锋常带情感"的情感。三是口气，好比公文里上行平行下行的口气。四是用意，一是一，二是二是一种用意，指桑骂槐，言在此而意在彼，又是一种用意。他从现代诗下手，是因为现代诗号称难懂，而难懂的缘故就因为一般读者不能辨别这四层意义，不明白语言文字是多义的。他却不限于说诗，而扩展到一般语言文字的作用。

他说听话读书如不能分辨这四层意义，就会不了解，甚至误解。不了解诗或误解诗，固然对自己的享受与修养有亏，不了解或误解某一些语言文字，往往更会误了大事，害了社会。即如关于一些抽象名词的争辩如"自由""民主"等，就往往因为彼此不了解或误解而起，结果常是很严重的。他以为除科学的说明真乃一是一，二是二以外，一般的语言大都是多义的。因此他觉得兹事体大。瑞恰慈被认为科学的文学批评家，他的学说的根据是心理学。他说的语言文字的作用也许过分些，但他从活的现代语里认识了语言文字支配生活的力量。语言文字不是无灵的。他们这一派并没有立"意义学"的名目，所根据的心理学也未必是定论，"意义学"独立成为一科大概还早，但单刀直入的从现代生活下手研究语言文字，确是值得我们注意的。

（原载北平《新生报》，1946 年）

诗多义举例 ①

⦿ 朱自清

　　了解诗不是件容易事，俞平伯先生在《诗的神秘》②一文中说得很透彻的。他所举的"声音训诂""大义微言""名物典章"，果然都是难关；我们现在还想加上一项，就是"平仄粘应"，这在近体诗很重要而懂得的人似乎越过越少了。不过这些难关，全由于我们知识不足；大家努力的结果，知识在渐渐增多，难关也可渐渐减少——不过有些是永远不能渡过的，我们也知道。所谓努力，只是多读书，多思想。

　　就一首首的诗说，我们得多吟诵，细分析；有人想，一分析，诗便没有了，其实不然。单说一首诗"好"，是不够的，人家要问怎么个好法，便非先做分析的工夫不成。譬如《关雎》诗罢，你可以引《毛传》，说以雎鸠的"挚而有别"来比后妃之德，道理好。毛公原只是"章句之学"，并不想到好不好上去，可是他的方法是分析的，不管他的分析的结果切合原诗与否。又如金圣叹评杜甫《阁夜》诗③说前四问写"夜"，后四句写"阁"，"悲在夜"，"愤在阁"，不管说的怎么破碎，他的方法也是分析的。从毛公《诗传》出来的诗论，可称为比兴派；金圣叹式的诗论，起源于南宋时，可称为评点派。现在看，这两派似乎都将诗分析得没有了，然而一向他们

---

① 本文收入《朱自清全集》第 8 卷，江苏教育出版社 1996 年版。
②《杂拌儿之二》。
③《唱经堂杜诗解》。

很有势力，很能起信，比兴派尤然；就因为说得出个所以然，就因为分析的方法少不了。

语言作用有思想的、感情的两方面：如说"他病了"，直叙事实，别无涵义，照字面解就够，所谓"声音训诂"，属于前者。但如说"他病得九死一生"，"九死一生"便不能照字直解，只是"病得很重"的意思，却带着强力的情感，所谓"大义微言"，属于后者。① 诗这一种特殊的语言，感情的作用多过思想的作用。单说思想的作用（或称文义）吧，诗体简短，拐弯儿说话，破句子，有的是，也就够捉摸的；加上情感的作用，比喻，典故，变幻不穷，更是绕手。

还只有凭自己知识力量，从分析下手。可不要死心眼儿，想着每字每句每篇只有一个正解；固然有许多诗是如此，但是有些却并不如此。不但诗，平常说话里双关的也尽有。我想起个有趣的例子。前年燕京大学抗日会在北平开过一爿金利书庄，是顾颉刚先生起的字号。他告诉我"金利"有四个意思：第一，不用说是财旺；第二，金属西，中国在日本西，是说中国利；第三，用《易经》"二人同心，其利断金"的话；第四，用《左传》"磨厉以须"的话，都指对付日本说。又譬如我本名"自华"，家里给我起个号叫"实秋"，一面是"春华秋实"的意思，一面也因算命的说我五行缺火，所以取个半边"火"的"秋"字。这都是多义。

回到诗，且先举个小例子，宋黄彻《碧溪诗话》里论"作诗有用事（典故）出处，有造语（句法）出处"，如杜甫《秋兴》诗之三"五陵衣马自轻肥"，虽出《论语》，总合其语，乃范云②"裘马悉轻肥"。《论语·雍也》篇"乘肥马，衣轻裘"，指公西赤的"富"而言；范云句见于《赠张徐州谡》诗，却指的张徐州的贵盛，与原义小异。杜甫似乎不但受他句法影响；他这首诗上句云，"同学少年多不贱"，原来他用"衣马轻肥"也是形容贵盛的。改"裘""马"为"衣""马"，却是他有意求变化。至于这两句诗的用意，看来是以同学少年的得意反衬出自己的迂拙来。仇兆鳌《杜诗

---

① 参看李安宅编《意义学》中论"意义之意义"一节。

② 原作"潘岳"，误。

详注》说，"曰'自轻肥'，见非己所关心"①。多义中有时原可分主从，仇兆鳌这一解照上下文看，该算是从意。至于前例，主意自然是"财旺"。因为谁见了那个字号，第一想到的总该是"财旺"。

多义也并非有义必收：搜寻不妨广，取舍却须严；不然，就容易犯我们历来解诗诸家"断章取义"的毛病。断章取义是不顾上下文，不顾全篇，只就一章一句甚至一字推想开去，往往支离破碎，不可究诘。我们广求多义，却全以"切合"为准；必须亲切，必须贯通上下文或全篇的才算数。从前笺注家引书以初见为主，但也有一个典故引几种出处以资广证的。不过他们只举其事，不述其义；而所举既多简略，又未必切合，所以用处不大。去年暑假，读英国 Empson 的《多义七式》（*Seven Types of Ambiguity*），觉着他的分析法很好，可以试用于中国旧诗。现在先选四首脍炙人口的诗作例子；至于分别程式，还得等待高明的人。

一、古诗一首

> 行行重行行，与君生别离。相去万余里，各在天一涯。
> 道路阻且长，会面安可知。胡马依北风，越鸟巢南枝。
> 相去日已远，衣带日已缓。浮云蔽白日，游子不顾反。
> 思君令人老，岁月忽已晚。弃捐勿复道，努力加餐饭。

胡马依北风，越鸟巢南枝。

（一）《文选》李善注引《韩诗外传》曰："诗曰'代马依北风，飞鸟栖故巢'，皆不忘本之谓也。"

（二）徐中舒《古诗十九首考》②："《盐铁论·未通》篇：'故代马依北风，飞鸟翔故巢，莫不哀其生。'"

（三）又："《吴越春秋》：'胡马依北风而立，越燕望海日而熙，同类

---

① 钱谦益《笺注》："旋观'同学少年''五陵衣马'，亦'"渔人''燕子'（均见原诗）之俦侣耳，故以'自轻肥'薄之。"
②《国立中山大学语言历史研究所周刊》65 期。

相亲之意也。'"

（四）张庚《古诗十九首解》："一以紧承上'各在天一涯'，言北者自北，南者自南，永无相见之期。"

（五）又："二以依北者北，巢南者南，凡物各有所托，遥伏下思君云云，见己之身心，惟君子是托也。"

（六）又："三以依北者不思南，巢南者不思北，凡物皆恋故土，见游子当返，以起下'相去日已远'云云。"

照近年来的讨论，《古诗十九首》作于汉末之说比较可信些，那么便在《吴越春秋》之后了。前三义都可采取。比喻的好处就在弹性大；像这种典故，因经过多人引用，每人略加变化，更是涵义多。——但这个典故的涵义，当时已然饱和，所以后人用时得大大改样子：像陶渊明《归园田居》里的"羁鸟恋旧林，池鱼思故渊"，以"返自然"的意思为主，面目就不同。陶以后大概很少人用这种句法了。——本诗中用这个典故，也有点新变化，便是属对工整。（六）的"恋故土"，原也是"不忘本"的一种表现。但下文所说，确定本诗是居者之辞，这一层以后还须讨论。（四）（五）以胡马越鸟表分居南北之意。但照（一）（二）（三）看，这两件事原以比喻一个理；所以要用两件事，为的是分量重些，骈语的气势也好些，诸子中便常有这种句法。（四）（五）两说，连背古来语例，不足取。

相去日已远，衣带日已缓

（一）《古乐府歌诗》①："……胡地多飙风，树木何修修。离家日趋远，衣带日趋缓。心思不能言，肠中车轮转。"

（二）张《解》："'相去日已远'以下言久也。……'远'字若作'远近'之'远'，与上文'相去万余里'复矣。惟相去久，故思亦久，以致衣带缓。带缓伏下'加餐'。"

《古乐府歌诗》不知在本诗前后；若在前，"离家"二句也许是"相去"

---

① 《太平御览》卷二十五。

二句所从出。那么从"胡地"句一直看下去，本诗是行者之辞了。但因下文"思君令人老"二句，又觉得不必然，详后。"相去"句若从"离家"句出来，"远"字自然该指"远近"；可是张解也颇切合，"远"字也许是双关，与下文"岁月忽已晚"句呼应。不过主意还该是"远近"罢了。至于与"相去万余里"重复，却毫不足为病。复沓原是古诗技巧之一；而此处更端另起，在文义和句法上复沓一下，也可以与上文扣得紧些。"带缓伏下'加餐'"，容后再论。

浮云蔽白日，游子不顾反。

（一）《文选》李善注："浮云之蔽白日，以喻邪佞之毁忠良，故游子之行，不顾反也。《古杨柳行》曰：'谗邪害公正，浮云蔽白日。'义与此同也。"

（二）刘履《选诗补注》："游子所以不复顾念还返者，第以阴邪之臣上蔽于君，使贤路不通，犹浮云之蔽白日也。"

（三）朱筜河《古诗十九首说》（徐昆笔述）："浮云二句，忠厚之极。'不顾返'者，本是游子薄幸，不肯直言，却托诸浮云蔽日。言我思子而不思归，定有谗人间之，不然，胡不返耶？"

（四）张《解》："此臣不得于君而寓言于远别离也。……白日比游子，浮云比谗间之人，……见游子之心本如白日，其不思返者，为谗人间之耳。"

四说都以"浮云蔽日"为比喻，所据的是《古杨柳行》，今已佚，而（一）（二）以本诗为行者（逐臣）之辞，（三）（四）却以为居者（弃妻）之辞。浮云蔽日是比而不是赋，大约可以相信。与古诗时代相去不久的阮籍《咏怀》诗中有云："单帷蔽皎日，高树隔微声，谗邪使交疏，浮云令昼暝。"徐中舒先生《古诗考》里说也是用的《古杨柳行》的意思，可见《古杨柳行》不是一首生僻的乐府，本诗引用其语，是可能的。固然，我们还没有确证，说这首乐府的时代比本诗早；不过就句意说，乐府显而本诗晦，自然以晦出于显为合理些。解为逐臣之辞，在本诗也可贯通；但古诗别首似乎就没有用"比兴"的，因此此解还不一定切合。——《涉江采芙蓉》一首全用《楚辞》①，也许有点逐臣的意思，但那是有意檃栝，又当别论。解为弃妻之释，因"思君令人老"一句的关系，可得《冉冉孤生竹》一首作旁证，"游子"句与《青青河畔草》的"荡子行不归"相仿佛，也可参考，似乎理长些。那么，"浮云蔽日"所比喻的，也将因全诗解法不同而异。

思君令人老，岁月忽已晚。

（一）《古诗》之八《冉冉孤生竹》有云："思君令人老，轩车来何迟。……君亮执高节，贱妾亦何为。"张《解》："身固未尝老，思君致然，即《诗》所谓'维忧用老'也。"

（二）朱《说》："'思君令人老'，又不止于衣带缓矣。'岁月忽已晚'，老期将至，可堪多少别离耶！"

（三）张《解》："思君二句承衣带缓来；己之憔悴，有似于老，而实非衰残，只因思君使然。然屈指从前岁月，亦不可不云晚矣。"

《冉冉孤生竹》明是弃妇之辞，其中"思君令人老"一句，可以与本诗参证。"维忧用老"是《小雅·小弁》诗语。《小弁》诗的意思还不能确说，朱熹以为是周幽王太子宜臼被逐而作；那么与本诗"逐臣"一解，便有关联之处。但《冉冉孤生竹》里"思君"一句，虽用此语（直接或间接），却只是断章取义；本诗用它或许也是这样。想以此证本诗为逐臣之辞，是不够的。"岁月晚"，（二）（三）都解为久，与上文"相去日已远""思君令人老"远呼应，原也切合；但主意怕还近于《东城高且长》中"岁暮一何速"一句。杜甫《送远》诗有"草木岁月晚"语，仇兆鳌注正引本诗，可供旁参。

弃捐勿复道，努力加餐饭。

（一）朱《说》："日月易迈，而甘心别离，是君之弃捐我也。'勿复

---

① 此俞平伯先生说。

道'是决词，是很语①，……下却转一语曰：'努力加餐饭'，恩爱之至，有加无已，真得三百篇遗意。"

（二）张《解》："弃捐二句……言相思无益，徒令人老，曷若弃捐勿道，且'努力加餐'，庶几留得颜色，以冀他日会面也。"

俞平伯先生以陆士衡拟作中"去去遗情累"，及他诗中类似的句子证明弃捐句当从张解。这是主动、被动的分别，是个文法习惯问题。至于"努力加餐饭"，张以为就是那衣带缓的弃妇（张以为比喻逐臣），却不是的。蔡邕（？）《饮马长城窟行》末云："长跪读素书，书中竟何如？上有'加餐食'，下有'长相忆'。"可见"加餐食"是勉人的话，——直到现在，我们写信偶然还用。《史记·外戚世家》："（卫）子夫上车，平阳主拊其背曰：'行矣，强饭，勉之；即贵毋相忘。'""强饭"与"加餐食"同意。——解作自叙，是不切合的。

二、陶渊明饮酒一首

> 结庐在人境，而无车马喧。
> 问君何能尔，心远地自偏。
> 采菊东篱下，悠然见南山。
> 山气日夕佳，飞鸟相与还。
> 此中有真意，欲辩已忘言。

结庐在人境，而无车马喧。问君何能尔，心远地自偏。

王康琚《反招隐》诗云："小隐隐陵薮，大隐隐朝市；伯夷窜首阳，老聃伏柱史。"渊明之隐，在此二者之外另成一新境界。但《庄子·让王》："中山公子牟谓瞻子曰：'身在江海之上，心居乎魏阙之下，奈何！'"渊

---

① 编者按："朱说"指清人朱筠（1729 — 1781）的《古诗十九首说》，其中说到"弃捐勿复道"一句，朱筠的解说是："'勿复道'是决词，是狠语。"按，"狠"通"恨"。查朱自清的《诗多义举例》一文原刊《中学生》杂志第 56 号（1935 年 6 月 1 日出刊），其中"狠"误作"很"，该文后来收入《朱自清全集》，仍误作"很"。

明或许反用其意，也未可知。后来谢灵运《斋中读书》诗云："昔余游京华，未尝废丘壑。矧乃归山川，心迹双寂寞。"迹寄京华，心存丘壑，反用《庄子》语意，可为旁证。但陶咏的是境因心远而不喧，与谢的迹喧心寂还相差一间。

采菊东篱下。

吴淇《选诗定论》说："采菊二句，俱偶尔之兴味。东篱有菊，偶尔采之，非必供下文佐饮之需。"这大概是古今之通解。渊明为什么爱菊呢？让他自己说："芳菊开林耀，青松冠严列；怀此贞秀姿，卓为霜下杰。"（《和郭主簿》之二）我们看钟会的《菊赋》："故夫菊有五美焉：……冒霜吐颖，象劲直也。……"可见渊明是有所本的。但钟会还有"流中轻体，神仙食也"一句，菊花是可以吃的。渊明自己便吃。《饮酒》之七云："秋菊有佳色，抱露掇其英；汜此忘忧物，还我遗世情。"可见是一面赏玩，一面也便放在酒里喝下去。这也有来历，"汜流英于青（？）醴，似浮萍之随波。"见于潘尼《秋菊赋》。喝菊花酒也许还有一定的日子。渊明《九日闲居》诗序："秋菊盈园而持醪靡由，空服九华。"诗里也说："酒能祛百虑，菊解制颓龄。……尘爵耻虚罍，寒花徒自荣。"似乎只吃花而没喝酒，很是一桩缺憾。这个风俗也早有了。魏文帝《九日与钟繇书》里说："至于芳菊，纷然独荣。非夫含乾坤之纯和，体芬芳之淑气，孰能如此。故屈平悲冉冉之将老，思'餐秋菊之落英'。辅体延年，莫斯之贵。仅奉一束，以助彭祖之术。"再早的崔寔《四民月令·九月》也记着"九日可采菊花"的话。照这些情形看，本诗的"采菊"，也许就在九日，也许是"供佐饮之需"；这种看法，在今人眼里虽然有些杀风景，但是很可能的。九日喝菊花酒，在古人或许也是件雅事呢。

此中有真意，欲辩已忘言。

（一）《文选》李善《注》："《楚辞》曰：'孤死必首丘，夫人孰能反其真情？'王逸《注》曰：'真，本心也。'"

（二）又："《庄子》曰：'言者，所以在意也，得意而忘言。'"

（三）古直《陶靖节诗笺》："《庄子·齐物论》：'辩也者，有不辩也''大辩不言。'"

渊明《始作镇军参军经曲阿作》云："目倦川涂异，心念山泽居。望云惭高鸟，临水愧游鱼。真想初在襟，谁谓形迹拘。聊且凭化迁，终返班生庐。""真意"就是"真想"；而"真"固是"本心"，也是"自然"。《庄子·渔父》："礼者，世俗之所为也。真者，所以受于天也，自然不可易也。故圣人法天贵真，不拘于俗。愚者反此，不能法天而恤于人，不知贵真，禄禄而受恋于俗，故不足。"渊明所谓"真"，当不外乎此。

三、杜甫《秋兴》一首

昆明池水汉时功，武帝旌旗在眼中。
织女机丝虚夜月，石鲸鳞甲动秋风。
波漂菰米沈云黑，露冷莲房坠粉红。
关塞极天唯鸟道，江湖满地一渔翁。

《秋兴》

（一）钱谦益《笺注》："殷仲文 [《南州桓公九井作》] 诗云：'独有清秋日，能使高兴尽。'"

（二）又："潘岳《秋兴赋》序云：'于时秋也，遂以名篇。'"

（三）仇兆鳌《注》："黄鹤、单复俱编在 [代宗] 大历元年…… [时] 在夔州。"

（一）（二）都只说明诗题的来历，杜所取的当只是"利兴"的文义而已。

昆明池水汉时功，武帝旌旗在眼中。

（一）钱《笺》："《西京杂记》：'昆明池中有戈船楼船各数百艘。楼船上建楼橹，戈船上建戈矛，四角悉垂幡旄，旌葆麾盖，照灼涯涘。余少时犹忆见之。'"

（二）钱《笺》："旧笺谓借汉武以喻玄宗，指［《兵车行》］'武皇开边'为证。玄宗虽兴兵南诏，未尝如武帝穿昆明以习战，安得有'旌旗在眼'之语？……今谓'昆明'一章紧承上章'秦中自古帝王州'一句而申言之。""汉朝形胜莫壮于昆明，故追隆古则特举'昆明'，曰'汉时'，曰'武帝'，正剋指'自古帝王'也。此章盖感叹遗迹，企想其妍丽，而自伤远不得见。"

（三）仇《注》："此云'旌旗在眼'，是借汉言唐。若远谈汉事，岂可云'在眼中'乎？公《寄岳州贾司马》诗：'无复云台仗，虚修水战船。'则知明皇曾置船于此矣。"

玄宗既无修水战船之事，《寄岳州贾司马》诗"虚修"一语，只是'未修'之意。仇以此注本诗，却又以本诗注《寄贾司马》诗，明是丐词。《兵车行》"武皇开边"一语，上下文都咏时事，确是借喻，与本诗不同。钱义自长，但说本诗紧承上章，却未免太看重连章体了。中国诗连章体，除近人所作外，就没有真正意脉贯通的；解者往往以己意穿凿，与"断章取义"同为论诗之病。其实若只用"秦中"句做本诗注脚，倒是颇切合的。又仇论"在眼中"一语，也太死，不合实际情形。

织女机丝虚夜月，石鲸鳞甲动秋风。

（一）钱《笺》："《汉宫阙疏》：'昆明池有二石人牵牛织女象。'《西京杂记》：'昆明池刻玉石为鱼，每至雷雨，鱼常鸣吼，鳍尾皆动。'"

（二）杨慎《升庵诗话》："隋任希古《昆明池应制诗》曰：'回眺牵牛渚，激赏镂鲸川。'便见太平宴乐气象。今一变云：'织女……秋风'，读之则荒烟野草之悲见于言外矣。"

（三）钱《笺》：［杨］亦强作解事耳。叙昆明之胜者，莫如孟坚（《西都赋》）、平子（《西京赋》）。一则曰：'集乎豫章之馆，临乎昆明之池，左牵牛而右织女，若云汉之无涯。'一则曰：'豫章珍馆，揭焉中峙，牵牛立其左，织女处其右，日月于是乎出入，象扶桑与蒙汜。'此用修（慎）所夸盛世之文也。余谓班、张以汉人叙汉事，铺陈名胜，故有云汉日月之言，公以唐人叙汉事，摩挲陈迹，故有机丝夜月之词，此立言之体也。何谓彼颂繁华而此伤丧乱乎。"

（四）仇《注》："织女二句记池景之壮丽。"

"丧乱"指长安经安史之乱而言。钱说引了班、张赋语，杜的"摩挲陈迹"，才确实觉得有意义。但"夜月""秋风"等固然是实写秋意，确也令人有"荒烟野草之悲"。专取钱说，不顾杜甫作诗之时，未免有所失；不如以秋意为主，而以钱、杨二义从之。至于仇说的"壮丽"，却毫无本句及上下文的根据。

波漂菰米沈云黑，露冷莲房坠粉红。

（一）钱《笺》："《西京赋》：'昆明灵沼，黑水玄阯。'［李］善曰：'水色黑，故曰玄阯也。'"

（二）仇《注》："鲍照［《苦雨》］诗：'沈云日夕昏。'"

（三）仇《注》："王褒［《送刘中书葬》］诗：'塞近边云黑。'"

（四）钱《笺》："赵［次公］《注》曰：'言菰米之多，黯黯如云之黑也。'"

（五）钱《笺》："昌黎《曲江荷花行》云：'问言何处芙蓉多，撑舟昆明渡云锦。'注云：'昆明池周回四十里，芙蓉之盛，如云锦也。'"

（六）《升庵诗话》："《西京杂记》云：'太液池中有雕菰，紫箨绿节，凫雏雁子，唼喋其间。'《三辅黄图》云：'宫人泛舟采莲，为巴人櫂歌'，便见人物游嬉，宫沼富贵。今一变云，'波漂……粉红'，读之则菰米不收而任其沈，莲房不采而任其坠，兵戈乱离之状具见矣。"

（七）钱《笺》："菰米莲房，补班、张铺叙所未见。'沈云'、'坠粉'，描画素秋景物，居然金碧粉本。昆池水黑，……菰米沈沈，象池水之玄黑，极言其繁殖也。用修言……不已倍乎！"

（八）仇《注》："菰米莲房，逢秋零落，故以兴己之漂流衰谢耳。"

钱解上句，合李、赵为一，正是所谓多义，但赵义自是主；鲍、王诗也当参味。杨引《西京杂记》《三辅黄图》语，全与昆明无涉，所说"一变"，自不足信。但"漂""沈""黑""露冷""坠粉红"等状，虽不见"兵戈乱离"，却也够荒凉寂寞的。这自然也是以写秋意为主，但与《哀江头》里的

"细柳新蒲为谁绿"，有仿佛的味道。仇说"菰米莲房，逢秋零落"，诗中只说莲房零落，菰米却盛。他又说杜"以兴己之漂流衰谢"，照上下文看，诗还只说到长安，隔着夔州还"关塞极天"，如何能"兴"到他自己身上去！

关塞极天唯鸟道，江湖满地一渔翁。

（一）《史记・货殖列传》："范蠡……乃乘扁舟，浮于江湖。"

（二）陶渊明《与殷晋安别》诗："江湖多贱贫。"

（三）仇《注》："陈泽州注：'"江"即"江间破浪"（见《秋兴》第一首），带言"湖"者，地势接近，将赴荆南也。'"

（四）浦起龙《读杜心解》："'江湖满地'，犹言漂流处处也。"

（五）仇《注》："傅玄［《墙上难为趋行》］诗：'渭滨渔钓翁，乃为周所咨'。"

（六）钱《笺》："二句正为所思之况：'关塞极天'，岂非风烟万里（见原第六首），'满地一渔翁'，即信宿泛泛之渔人（见原第三首）耳，上下俛仰，亦'在眼中'，谓公自指'一渔翁'则陋。"

（七）仇《注》："陈泽州注：'公诗"天入沧浪一钓舟""独把钓竿终远去"，皆以渔翁自比。'"

（八）仇《注》："身临鸟道而迹比渔翁，以见还京无期，不复睹王居之盛也。"

（九）杨伦《杜诗镜铨》："'极天''满地'，乃俯仰兴怀之意。"

陈解"江湖"太破碎，当兼用陶诗《史记》义；但他证明"渔翁"乃甫自指，却切实可信。钱说"渔翁"就是原第三首的"渔人"，空泛无据。傅玄诗意，或者带一点儿。钱、仇读下句，似乎都在"湖"字一顿，与上句上四下三不同；但这一联还在对偶，照浦《解》"满地"属上读更自然。"满地"即满处走之意，属上属下原都成，也是个文法问题；但属上读，声调整齐些，属下读，声调有变化些。杨伦语也不切，但"俯仰兴怀"关合天地却好。至于仇说"不复睹王居之盛"，和钱说"感叹遗迹，企想其妍丽，而自伤远不得见"，倒是大致相同；不过照上面所讨论，我想说，"不复睹王居"，"感叹遗迹，而自伤远不得见"，怕要切合些；而这两层也得合在一起说才好。

四、黄鲁直登快阁一首

> 痴儿了却公家事，快阁东西倚晚晴。
> 落木千山天远大，澄江一道月分明。
> 朱弦已为佳人绝，青眼聊因美酒横。
> 万里归船弄长笛，此心吾与白鸥盟。

快阁

（一）史容《山谷外集注》："快阁在太和。"

（二）高步瀛《唐宋诗举要》："清《一统志》：'江西吉安府：快阁在太和县治东澄江之上，以江山广远，景物清华，故名。'"

（三）《年谱》列此诗于神宗元丰六年（西元一〇八三）下，时鲁直知吉州太和县。

痴儿了却公家事，快阁东西倚晚晴。

《晋书·傅咸传》："（杨）骏弟济素与咸善，与咸书曰：'江海之流混混，故能成其深广也。天下大器，非可稍了，而相观每事欲了。生子痴，了官事，官事未易了也；了事正作痴，复为快耳。'"这是劝咸"官事"不必察察为明，麻糊点办得了，装点儿傻自己也痛快的。这两句单从文义上看，只是说麻麻糊糊办完了公事，上快阁看晚晴去。但鲁直用"生子痴，了官事"一典，却有四个意思：一是自嘲，自己本不能了公事；二是自许，也想大量些，学那江海之流，成其深广，不愿沾滞在了公事上；三是自放，不愿了公事，想回家与"白鸥"同处；四是自快，了公事而登快阁，更觉出"阁"之为"快"了。

落木千山天远大，澄江一道月分明。

（一）杜甫《登高》诗："无边落木萧萧下"。

（二）李白《金陵城西楼月下吟》："金陵夜寂凉风发，独上高楼望吴越。……月下沈吟久不归，古今相接眼中稀。解道'澄江净如练'，令人长忆谢玄晖。"

（三）周季凤《山谷先生别传》："木落江澄，本根独在，有颜子克复之功。"

"澄江"变为江名，怕是后来的事。不引谢朓而引李白，一则因李咏月下景，与下句合，二则"古今"句咏知音难得，就是下文"朱弦"一联之主意，鲁直大概也是"独上"，与李不无同感。知道李白这首诗。本联与下一联之是有脉络可寻，不然，前后两截，就觉着松懈些。周说是从这两句也可以见出鲁直胸襟远大，分明有仁者气象，诗有时确是可以观人的；不过一定说"有颜子克复之功"，便不免理学套语。

朱弦已为佳人绝，青眼聊因美酒横。

（一）《礼记·乐记》："清庙之瑟，朱弦而疏越（瑟底孔），一唱而三叹，有遗音者矣。"

（二）《吕氏春秋·本味》篇："伯牙鼓琴，钟子期听之。方鼓琴而志在太山，钟子期曰：'善哉乎鼓琴，巍巍乎若太山。'少选之间而志在流水，钟子期又曰：'善哉乎鼓琴，汤汤乎若流水。'钟子期死，伯牙破琴绝弦，终身不复鼓琴，以为世无足复为鼓琴者。"

（三）史《注》："用钟子期、伯牙事，不知谓谁。"

（四）汉武帝《秋风辞》；"怀佳人兮不能忘。"《文选》六臣注："佳人，谓群臣也"。

（五）赵彦博《今体诗钞注略》："按公《怀李德素》诗：'古来绝朱弦，盖为知音者。'"

（六）纪昀《瀛奎律髓刊误》："此佳人乃指知音之人，非妇人也。"

（七）《唐宋诗举要》："《晋书·阮籍传》曰：'籍又能为青白眼。嵇喜来吊，籍作白眼，喜不怿而退。喜弟康闻之，乃赍酒挟琴造焉。籍大悦，乃见青眼。'"

上句用子期、伯牙故事，自然是主意；但"朱弦"影带"一唱三叹有遗音"之意，兼示伯牙琴音之妙，关合这故事的前一半。史说"不知谓谁"，是以为"佳人"实有所指；而这个人或已死，或远离，都可能的。但鲁直也许断章取义，只用"世无足复为鼓琴者"一语，以示钟期已往，世无知音；所谓"佳人"，便指的钟期自己。这么着，他似乎是说，琴弦已为钟期而绝，今世哪里会有知音呢？青眼的故事与琴和酒都有关合处；鲁直也许是说嵇康的《广陵散》已绝[①]，世无可加"青眼"之人，"青眼"只好加到美酒上罢了。这两句也许是登临时遐想，也许还带着记事，就是"且喝酒"之意。

万里归船弄长笛，此心吾与白鸥盟。

（一）马融《长笛赋》："可以……写神喻意，……溉盥汙秽，澡雪垢滓矣。"

（二）伏滔《长笛赋》："……近可以写情畅神，……穷足以怡志保身。"

（三）《列子·黄帝》篇："海上之人有好鸥鸟者，每旦之海上，从鸥鸟游。鸥鸟之至者，百住（音数）而不止，其父曰：'吾闻鸥鸟皆从汝游，汝取来吾玩之。'明日之海上，鸥鸟者舞而不下也。故曰，至言去言，至为无为；齐智之所知，则浅矣。"

（四）夏竦《题睢阳》诗："忘机不管人知否，自有沙鸥信此心。"

鲁直是洪州分宁县人，去太和甚近，而说"万里归船"，不免肤廓；此当是杜甫影响，因为甫喜欢用"百年""万里"等大字眼，但他用得合式。两句以思归隐结，本是熟套。"弄长笛"似乎节取马、伏两赋义，与归船相连，却算新意思；"白鸥盟"之"盟"，也似乎未经人道。"此心"即"心"，"此"字别无涵义；心与鸥盟，即慕"无为"，思"忘机"，轻"齐智"（庸俗之人），鄙官事之意，与全篇都有照应。

（原载《中学生》杂志，1935 年 6 月）

[①]《晋书·嵇康传》："康将刑东市，……顾视日影，索琴弹之，曰：'昔袁孝尼尝从吾学《广陵散》，吾每靳固之；《广陵散》于今绝矣。'"

瑞恰慈在清华

◎ 齐家莹

　　瑞恰慈（Richards Ivor Armstrong），英国人，曾任剑桥大学英国文学系主任、哈佛大学教授，为"新批评派"的代表人物之一，国外文学史家称之为"风靡英美的新批评派理论的创始者""现代文艺批评界的一面旗帜"。他的主要著作有《意义底意义》（*Meaning of Meaning*）（1923 年，与 C.K.Ogden 合著）、《文艺批评原理》（*Principles of Literary Criticism*，1924 年）、《实用批评》（*Practical Criticism*，1929 年）、《修辞哲学》（*The Philosophy of Rhetoric*，1937 年）、《如何读书》（*How to Read a Page*，1924 年）等。

　　瑞恰慈于 1927 年访问北京时参观了清华大学，留下了深刻的印象。通过这次访问，他对中国文化与中英关系感到了莫大的兴趣，并由此产生了到中国任教的愿望。1929 年初，清华大学校长罗家伦向他发出了来校任教的邀请，2 月 25 日的《国立清华大学校刊》登载了有关消息："瑞恰慈先生（I.A.Richards）对于文学批评，极富研究，任英国剑桥大学英文系主任有年，著有 *Principles of Literary Criticism*，*Meaning of Meaning* 等书，近与罗校长函言，拟于 1929—1930 年间，请假来华一行，且愿来校任课。并闻偕夫人同行，其夫人亦可来校担任功课云。"瑞恰慈对罗校长发出的邀请极为重视，并感到十分荣幸，很快回信给罗校长，信的全文如下（原文为英文，本文作者译）：

敬爱的先生：

非常高兴收到您和您的同事们的来信。对于您给予我的荣誉，我急于要表示深深的感激。请假申请已交给马格德林学院和英语系领导，我深信这两级领导会深知您的邀请所带来的荣誉，而不会对我的申请有所为难。

申请一经正式批准，我将立即通知您。就我个人来说，我将极其愉快地期待着这次访问，并对与您和清华大学的王文显教授的合作前景充满信心。

瑞恰慈夫人让我转告，为了补偿她的旅行费用，她非常愿意每周教两节课。她渴望接触这项工作和中国的女大学生，所以很欢迎这样一个机会。她很想知道您最希望她教什么课程，她可以教任何初级英语和文学、卫生学和公共健康、急救，或者做关于英国妇女教育、关于中央和地方政府中的妇女以及关于英国妇女的工作机会等方面的讲座。

我还想告诉您，短期内剑桥大学将给予我1929—1930年度我所需要的休假。自从1927年我访问北京以来，我对中英关系感到极大兴趣，而且我非常高兴得到这么令人羡慕的机会，来为校际合作和国际间的了解做出自己的贡献。

谨此致敬

I.A. 瑞恰慈

1929年4月22日，《国立清华大学校刊》载消息："英国剑桥英文学系主任、文学批评名家瑞恰慈先生（I.A.Richards）前致函罗校长，愿于本年来校任教一年，已志本刊第41期。兹悉瑞恰慈准偕夫人同于8月来担任本校文学教授一年，闻学校已将旅费汇去矣。"

7月27日，《国立清华大学校刊》又一次登出本校下学年聘英国剑桥大学教授瑞恰慈任教的消息。

9月16日上午，在清华大礼堂举行的开学典礼上，瑞恰慈做了讲演，演讲词如下（由汪梧封译）：

　　我非常荣幸，被聘为国立清华大学的教授之一。二年前，我曾于短时间来参观过清华；那时我觉得清华的规模，皇皇乎是一个好大学，所以我很想再来，但是那时我总没有想到：这么快我便被聘来分任你们的工作了！这是一个厚赐；可也就是一个重大的责任！我来这儿，本身是代表着一个英国的剑桥大学，她已有了六百年的，不断的，继续变迁的历史，时常奋斗着去改造昨天的思想，来适合今天和明天的环境。我所带来的意见，其实也就是受着剑桥和她秘密地所鼓励着的那种反抗剑桥教育的精神所赐与的，所以我是二种文化的接键！这二种文化，各像 Phoenix 一般永久地摧毁它旧的"自己"，以便产生它那新的"自己"。我是剑桥和清华二大学中间的一个使者！她俩干着同一的事业，负着同一的使命——谋"国际谅解"和建设一个"世界文化"的使命。因为倘若世上各大学的男女，不能从事互相谅解；那么，我们这几个人能超乎现在的国家的观念，远视到世界文化将操纵人心的那一天的，当然要好好的鼓励起来才是啊！

　　但是说："互相谅解"是一件容易的事情，那也太蠢了！世界文化正在开始着互相接触。文化的沟通，是一个交通的问题，不过心灵的交通而已！世界各国，不相自由地来往者已有一百多年了！我们未曾开始研究最好的方法，去增进相互的谅解，但一部分，这也许就是因为那种公认为应该在"谅解"的田园内，好好地栽培起来的大学的学者和批评者，不曾充分的互相接触的缘故，所以我到这儿，带着剑桥那边的姊妹般的"致意"，来献给你们，并且同时自己也负着重大的责任。我知道：在这儿我可以学许多的东西；我也知道：这儿有很好的教授可以指导我。

　　未坐前，我同我的妻子表示着十分的诚意，感谢你们那种很热烈的欢迎，这种欢迎，在这样高爽的秋天气色之下，在这样美丽的中国情景之中，使我们得到一种特异的感觉，仿佛二个渺小的人物，蓦然不值得地被欢迎入天国一样！

同日，与瑞恰慈一起被清华聘为教授的美国芝加哥大学教授赖特也做了讲演，他们的讲演引起了学生的浓厚兴趣。评论他们的讲演"对于西洋文化，有所发挥"，介绍曰："彼意谓西洋文化系动的文化，自希腊至今，无时无地不动，不断向前进步，方有今日之欧洲文明。今后仍将继续前进，彼甚望此种动的精神，能影响于世界上他种文化，以助其推动前进云。"

1929 年至 1930 年度，瑞恰慈在外文系授课，所开课程有"第一年英文""西洋小说""文学批评""现代西洋文学（一）诗，（二）戏剧，（三）小说"等课程。其中"文学批评"一课是其所开的重要课程，为三年级必修课，在这门课的学科内容说明中指出："本学科讲授文学批评之原理及其发达之历史。自上古希腊亚里士多德以至现今，凡文学批评上重要之典籍，均使学生诵读，而于教室讨论之。"

1930 年 6 月，瑞恰慈的"The meaning of The Meaning of Meaning"（《〈意义底意义〉底意义》）一文发表于《清华学报》第 6 卷第 1 期。他在文章中叙述了《意义底意义》一书之缘起与经验，还述及了努力的途径，据 1934 年 3 月出版的李安宅著《意义学》附录中称，此文"颇可与吕氏（即瑞恰慈，《意义学》中译为吕嘉兹——编者注）为本书所作弁言合看。"

瑞恰慈在清华的授课，使学生们开阔了眼界，他的"新批评派"理论，为中国文坛带来一股清新的风。

瑞恰慈与中国 20 世纪
三四十年代的文学批评

● 吴虹飞

    以瑞恰慈为重要创始人之一的"新批评（The New Criticism）"主张以文本为中心，以语言为研究基础的文本细读。它于 20 世纪 20 年代肇端于英国，30 年代形成于美国，40—50 年代在美国文坛占统治地位。而新批评如何在 30 年代进入中国的文学批评界，在东西方两种不同的语境中如何产生不同的作用，这些问题的提出和探讨，是对中国现代文学批评史的必要的修正和补充。打开《中国现代文学批评史》，你可以发现"新批评"这一流派的明显缺席。"新批评"之从未进入中国的批评视野，似乎合乎情理，因为强调文学特异性的"新批评"与视文学为言志载道工具的中国传统诗学是根本异质的。然而事实上，早在 20 世纪 20 年代末，中国对"新批评"就已经虚席以待。先是伊人翻译瑞恰慈《科学与诗》于 1929 年由华严书店出版；接着，1929—1931 年，瑞恰慈任清华大学外国语文学系教授，讲授"文学批评"等重要课程，引起时人注意；介绍英美现代派新诗的文章零星见于报端，艾略特著名的《传统与个人才能》也屡屡为人引用。从三四十年代报纸杂志中，我们发现于 1934—1937 年间，以瑞恰慈为核心之一的"新批评"文论在中国的译介已经形成不容忽视的规模。尽管在抗战期间受到革命诗歌、象征派诗歌理论的冲击，它在学院中还是延续了下来，散见于各个学人的文论中，但未能形成系统的学说。在 40 年代中后期，由于西南联大的袁可嘉在《大公报》《文学杂志》

发表的系列现代诗论而形成了一个高潮，到 50 年代则沉默下来。如果在大量的文献资料中做细致的搜寻，就会发现，"新批评"在中国文学批评史上，有一条时而明晰、时而模糊的发展脉络。瑞恰慈则是这条脉络的重要源起，他在中国的影响主要是在清华大学、燕京大学以及后来的西南联大。

1934—1937：瑞恰慈批评理论在中国的翻译和介绍

对瑞恰慈的批评理论在中国的传播来说，1934 年无疑是很重要的一年。1934 年 3 月李安宅的《意义学》一书由商务印书馆出版，4 月叶公超在《清华学报》第 9 卷第 2 期发表了《爱略特的诗》，用的是精细的分析，明显是受到瑞恰慈的影响。7 月叶公超为曹葆华译的《科学与诗》作序；吴世昌依据瑞恰慈的心理学说写出《诗与语音》。这些都是"新批评"本体观念正式登陆中国的标志。

在 1936—1937 年间，"新批评"开始大规模地进入中国，并在学界造成一定的影响。1936 年 10 月，赵增厚翻译了艾略特的《诗的功用与批评》（《师大月刊》第 30 卷第 78 期）；同一时期，周煦良译出艾略特的《诗与宣传》（《新诗》第 1 卷第 1 期）；吴世昌发表了《吕恰慈的批评学说述评》（《中山文化教育馆季刊》1936 年 6 月号）。曹葆华是当时翻译新批评著述最多的人。1937 年商务印书馆除了出版他译的《科学与诗》之外，还出版了《现代诗论》，后者收录曹译的艾略特的《批评底功能》《批评中的试验》，瑞恰慈的《诗的经验》《诗中的四种意义》《实用批评》等。当时还有不少关于新诗的诗论，与瑞恰慈等人的批评理论暗合或者抵触，如叶公超的《论新诗》（《文学杂志》第 1 卷第 1 期，1937 年 5 月），朱光潜的《谈晦涩》（《新诗》第 2 卷第 2 期，1937 年 5 月），林庚的《什么是自然诗》（《新诗》第 2 卷第 1 期，1937 年 4 月），吴世昌的《新诗与旧诗》（《大公报》星期文艺特刊，1936 年 2 月 13 日），等等。

1934—1937 年，是"新批评"理论翻译和介绍进入中国的时期，虽则国内学者并未意识到这是"新批评"，却已经有意识地建构一种科学的批评理论。他们提出"实际批评"①的主张，而指出"印象式"或者是"考证作者式"批评的弊病，这与瑞恰慈的"科学化批评"有暗合之处。1934 年在为曹葆华译的《科学与诗》所作的序中，叶公超写道："我希望曹先生能继续翻译瑞恰慈的著作，因为我相信国内现在最缺乏的，不是浪漫主义，不是写实主义，不是象征主义，而是这种分析文学作品的理论。"这体现了叶公超等人对细读和文本分析的初步认同。他们对新批评的译介重点在于瑞恰慈的语义学理论和艾略特的非个性化，明确主张对语义的分析和细读，并涉及新批评很重要的概念，如隐喻、戏剧化等。

1934 年商务印书馆出版的《意义学》是国人研究瑞恰慈批评理论的第一本专著。李安宅编译了瑞恰慈的著作，并结合自己对中国古典思想的研究心得写成此书，内容是以心理学为基础，讨论语言和思想的关系。全书分上下两篇，上篇介绍了"皮阿什（J. Piaget）研究儿童思想的方法与结果"，论述指导思想如何形成；下篇介绍的是瑞恰慈和欧格顿（C. K. Ogden）研究意义的技术与例案，做了"意义""美""信仰"三个词的例案。除了附有瑞恰慈和冯友兰的序之外，在书末还附了瑞恰慈发表在《清华学报》第 6 卷第 1 期的《〈意义底意义〉底意义》，和翟孟生关于瑞恰慈的《以中国为例评〈孟子论心〉》的书评。②

李安宅写《意义学》，旨在介绍一种西方的"科学"，也就是瑞恰慈建立在心理学基础上的"语义学"批评。朱自清在 1946 年《语文学常谈》中肯定了李安宅的"意义学"："'意义学'这个名字是李安宅先生新创的，他用来表示英国瑞恰慈和奥格登一派学说……每句话有几层意思，叫做多义。"③朱自清将这种诗义分析法付诸了实践。

1934 年 1 月，吴世昌发表《诗与语音》（《文学季刊》第 1 卷第 1 期），该文的出发点是"经验的传达"，也就是"近年来欧美文学的批评的中心问题，特别是以 T. S. Eliot，I. A. Richards 为中心的建设在心理学上的批评"。吴世昌认为读诗的心理历程可分为瑞恰慈所分析的六步：

---

① 叶公超：《从印象到评价》，原载 1934 年 7 月 21 日天津《大公报》。

② 李安宅：《自序》，《意义学》，商务印书馆 1934 年版。

③ 朱自清：《语文学常谈》，《朱自清古典文学论文集》，上海古籍出版社 1981 年版。

1. 视管的感觉，白纸上的黑字（visual sensation）；

2. 由视觉连带引起的"相关幻象"（tied imagery）；

3. 比较自由的幻象（images relatively free）；

4. 所想到的各种事物（references）；

5. 情感（emotions）；

6. 意志的态度（attitudes）。[①]

以古诗词为例，吴对字和音进行了细致的分析，他认为"前人的诗词未尝不注意这类的例子，但他们往往知其然却说不出所以然来"[②]，指出要注重对文本的分析。

在《吕恰慈的批评学说述评》中（《中山文化教育馆季刊》1936 年 6 月号），吴世昌结合了中国古典诗词从价值论、读诗的心理分析、艺术的传达方面来综述瑞恰慈的学说。瑞恰慈是一位"以心理学作基础的文学批评理论家。……他的批评学说还没有好好地介绍过来，尤其是关于批评原理的这一部分"[③]。他指出瑞恰慈的理论很严格地限于心理学的基础。"他的问题只是提出，不曾解决。"[④] 这与叶公超看法一致，叶在 1934 年为曹葆华译的《科学与诗》所作的序中写道："瑞恰慈在当下批评里的重要多半在他能看到许多的细微问题，而不在于他对这些问题所提的解决方法。"

瑞恰慈重视读者阅读的心理反应。吴世昌主要认同瑞恰慈的心理分析文学艺术的传达观以及对语义的细微的分析。他认为艺术家在创造过程中虽然没有想到"传达"，但人们可以从作品内容的分析中知道作者的"经验的传达"。同时吴世昌也同意了瑞恰慈的"价值论"，"心理的开拓和良知的扩充，的确是非诗莫办"。吴在 20 世纪 30 年代中期以后就已

---

① 吴世昌：《诗与语音》，原载《文学季刊》第 1 卷第 1 期，1934 年 1 月。

② 同上。

③ 吴世昌：《吕恰慈的批评学述评》，原载《中山文化教育馆季刊》1936 年 6 月号。

④ 同上。

经把将新批评的"细读法"成功地运用到对中国古典诗词的解读上，但在
40 年代似乎没有注意到新批评后期对瑞恰慈心理学部分的理论的否定和
批判。

　　瑞恰慈的批评学说经常在学人文章中被提及讨论。如 1936 年周煦
良在《新诗》第 1 期发表艾略特的《诗与宣传》的译文。艾略特指出，他
同意瑞恰慈先生"并不肯定某件事是真理，而是把这件真理替我们充分
地实现出来"，"诗是创造一种体验（sensuous embodiment），是文字肉
体（word flesh）的制造"。[①] 周煦良在文中指出，"同时参阅的还有艾略
特的《但丁论后记》及《诗的用处与批评的用处》全书，瑞恰慈《文艺批
评原理》及《实用批评》中的意见"。又如钱锺书在《论不隔》一文中讲到
翻译上的所谓"传达"说（Theory of Communication）时，认为王国维
的艺术观是"接近瑞恰慈（Richards）派而跟科罗采（Croce）派绝然相
反的"。在《美的生理学》（西惠儿著）的序言中，他认为"瑞恰慈先生的
《文学批评原理》确是在英美批评界中一本破天荒的书。它至少教我们知
道，假使文学批评要有准确性的话，那末，决不是吟啸于书斋之中，一味
'泛览乎诗书之典籍'可以了事的"。瑞恰慈之被重视可见一斑。

1937—1939 年：否定与认同

　　一开始，"新批评"进入中国是很顺利的，然而它还没有形成一个理
论体系就遭到了挫折。1937 年"七七事变"之后，中国再次进入了一个
民族存亡的关口。在这种抵御外侮为要的残酷的时代背景中，文艺不得
不暂时地隐藏其刚刚获得的合法的主体性质，而成为对社会大众的宣传
工具和政治的附庸。作为舶来品的英美现代诗学在中国文学内部遭到了
质疑和清算。穆木天强调文学的功能性，否决文学的本体性质，明确提
出：我们的文艺，是用做推动革命的。然而并非所有学者都因为强调诗
歌的大众化而否定了"新批评"的科学性，如朱自清对两种截然相反的

---

① 艾略特：《诗与宣传》，周煦良译，原载《新诗》第 1 卷第 1 期，1936 年 10 月。

文学观采取了宽容的态度。他在承认了文艺大众化的必要的同时，也提出现代化是不可避免的。在40年代，他是用"新批评"的方法来研究中国古典诗词的身体力行者。1937—1939年，在被否定和认同的过程中，"新批评"在中国并没有中断，相反地，它潜移默化地得到了加强和承认，为40年代中后期袁可嘉的主要以新批评为主的现代诗论做了意味深长的理论铺垫。

1930年，师从瑞恰慈的燕卜逊（William Empson）撰写了著名的《含混七型》（又译《多义七式》，*Seven Types of Ambiguity*），把瑞恰慈的语义学运用于文学批评，成为新批评的第一个实践典型。

1937—1939年燕卜逊来华任燕京大学与西南联大教授，对于瑞恰慈的批评理论传播，起到不可估量的作用。受《含混七型》影响的明显例子之一是朱自清，当时他是西南联大中文系的系主任。"去年暑假，读英国Empson的《多义七式》（*Seven Types of Ambiguity*），觉着他的分析法很好，可以试用于中国旧诗。"[1] 他的许多40年代的"解诗"之作，如《古诗十九首释》《诗多义举例》等，都是用诗义分析法写成的。

朱自清在《语文学常谈》中介绍了"意义学"这一个词，指出瑞恰慈正是研究现代诗而悟到了多义的作用。他介绍了瑞恰慈的观点："除科学的说明真乃一是一，二是二以外，一般的语言大都是多义的。""语言文字的意义有四层：一是文义……二是情感……三是口气……四是用意……"现代诗难懂"就因为一般读者不能辨别这四层意义，不明白语言文字是多义的"。[2] 朱自清还认为多义是古而有之，而"意义学""单刀直入的从现代生活下手研究语言文字，确是值得我们注意的"。[3] 把语义分析与考据结合，是朱的研究方法之一。"其实诗是最错综的，最多义的，非得细密的分析工夫，不能捉住它的意旨。"朱所谓的分析，也就是"新批评"中细读的主张。只不过朱主要是用在对古典诗词的研究。而用来对现代诗进行分

[1] 朱自清：《诗多义举例》，《朱自清说诗》，上海古籍出版社1999年版。
[2] 朱自清：《语文学常谈》，《朱自清古典文学论文集》（上），上海古籍出版社1981年版。
[3]《新生报》1946年。

析的，是袁可嘉。

40 年代，现代诗人的主体由西南联大诗人群完成了一次突破和转机，其主要代表人物是：冯至、穆旦、杜运燮、郑敏、王佐良和后起的袁可嘉。在他们写的现代诗中，智性和感性融会，几种力量的交错、冲突，呈现出戏剧性、机智和反讽等因素。而这些特征都是"新批评"的研究的重要术语。诗歌的转型使得诗歌批评也得以突破。作为 40 年代最重要的现代主义诗歌批评家，袁可嘉比他的同代人更系统地运用了新批评的批评能力。自 1946 年起，袁可嘉在天津《大公报·星期文学》《文学杂志》《益世报·文学周刊》《诗创造》等报刊发表了一系列关于"新诗现代化"的十余万字的评论。在《新诗现代化》中，袁可嘉同意了瑞恰慈的"最大量意识状态"的理论，否定了"艺术为艺术"和"艺术为政争"工具的说法，提出"新诗现代化"方向是"现实、象征、玄学的新的综合传统"。袁将瑞恰慈的诗学简括为"表述作品的意义与作用全在它对人生经验的推广加深，及最大可能量意识的活动的获取"，并针对当时的现实主义诗学（"人民的文学"），主张文学从属于政治的观点，表明了他的批评立场是"艺术与宗教、道教、科学、政治都重新建立平行的密切联系，这是文学本体独立的原则"。①

袁可嘉的批评观念仍是以瑞恰慈、艾略特、肯尼思·勃克三人为基础形成的，因此可以说是新批评在中国的一种实践方式。他的针对性在于用以"新批评"为代表的英美现代主义诗学取代以法国象征主义为首的欧陆现代主义的诗学。这种转换反映了 20 世纪 40 年代中国诗歌运动的一次诗歌理论的变革，但很少受到学术界的重视。

瑞恰慈和中国的缘分不可谓不深。早在 1922 年，瑞恰慈便试图在《美学原理》中使用中国哲学，来解决西方思想的传统命题。瑞恰慈从朱熹对《中庸》的诠解，引出了"真正的美是'综感'（synaesthesis）"之说，成为 20 世纪 30 年代"新批评"派"包容诗论""张力论""不纯诗论"诸说的蓝本。中国高等学府中的学者如叶公超、钱锺书、朱自清对瑞恰慈的学

---

① 袁可嘉:《新诗现代化》，原载 1947 年 3 月 30 日天津《大公报·星期文艺》。

说也是很推崇。然而瑞恰慈数次来中国，其学说却终于未能落叶生根。这与中国多难的时局以及中国高等教育中的文科教学始终没有规范化等多种因素不无关系。

2001 年 4 月于清华园

科技时代的诗之惑
——回眸韦勒克与瑞恰慈之辨

◎ 徐葆耕

　　瑞恰慈（I.A.Richards）是一位过时的人物，以他和艾略特（T.S.Eliot）为启端的"新批评"派也已"人老珠黄"，从文学批评的主流位置上跌落下来。但是，当王中忱老师将这本发了黄的小册子垂示于我的时候，我仍有一种莫名的兴奋与期待。这原因大半是《科学与诗》这个书名使我联想到我国近二十年现代诗歌的令人沮丧的命运：它的迅速崛起和迅速衰落都是富有戏剧性的，而导致其目前窘境的一只"魔手"就是高科技。在高科技迅猛发展并日益入侵到人们心灵的时代，我们该如何猜想诗歌（乃至全部艺术）的未来？这不能不是一个令人焦虑的问题。

　　《科学与诗》是瑞恰慈在青年时代写的第四部著作，出版于1926年。此前面世的三部著作是《美学原理》（合著，1921年）、《意义底意义》（合著，1923年）和《文学批评原理》（1925年）。有人说，《科学与诗》是前几本书的一个通俗性概说。这种看法不确切。《科学与诗》中虽然包含了前述书中的某些重要观点，但在总体上，具有独立的架构。它所要回答的问题更具有宏观性，即"一般的科学与其所引起的新世界观怎样影响到诗歌？并且科学会使过去的诗歌废弃到何种地步？"

　　在第一章"一般的情势"的开头，作者写道：

一五九〇年以前，没有一人知道我们关于石头怎样坠落的固有的想法是如何不便利的，可是当迦利略（Galileo）发现出真象的时候，近代世界便开始了。在一八〇〇年以前，只有被人认为是癫狂的人们方知道那关于"清洁"的普通传流观统是错误得很危险。自从力斯忒（Lister）推翻了前人底观念，婴儿通常的"平均生存年数"，大致增加了三十年。在罗斯（Sir Ronald Ross）以前，没有人知道以感冒和瘴气而不以蚊虫来说明疟疾是有着怎样的结果。假如有人在西历一〇〇年以前发现了这一点，也许罗马帝国至今仍然兴盛着。①

把伽利略的科学成就当作划分古代史与近代史的界石；把李斯特的医学成就夸大到延长人类寿命30年；把罗马帝国的灭亡归因于对疟疾病因缺乏正确认识——这种陈述显然把科学的作用戏剧化了。它令我们想到波普为牛顿写的墓志铭："神说，有了牛顿，一切俱成光明。"这种句式源于《圣经·旧约》的"创世纪"（神说，要有光，就有了光）。瑞恰慈使用这种陈述方式是必要的，因为他推出的"科学"就是要向统治诗歌的"神灵"宣战的。他要用"科学的世界观"取代"玄秘的世界观"，就必须使"科学"能够具有"神"的力量并能同坐在"玄秘的世界"最高宝座上的上帝或"逻各斯中心主义"相匹敌。

自牛顿以降，西方人就在两种对立的冲动中踟蹰。每当科学有了重大发现，人们便增长了认识和掌握宇宙与人的雄心，以为科学可以帮助人最终摆脱神的统治；但当人们真正试图用"科学"来把握人的心灵世界时，又发现"科学"是一个比"神"更加低劣的囚笼，于是又起而反对科学对人的压迫。美学和文艺批评就是在这两种冲动中左右摇摆、趔趄前行。瑞恰慈写作《科学与诗》的年代，恰是文学批评界"反抗自然主义和实证主义"的年代②。由于相对论和量子力学的建立，引发了人们认识世界的危机，人们普遍相信马赫（Mach）的话，即科学只能帮助人们认识感官领

① 瑞恰慈：《科学与诗》，曹葆华译，商务印书馆1937年版，第3页。
② 韦勒克：《批评的概念》，张今言译，中国美术学院出版社1999年版，第246—269页。

会的表象，而不能引领人们把握实在的最后性质。其时爆发的第一次世界大战，更让人们认识到科学是个"两面神"，它给世界带来的进步和灾难都是巨大的。文学批评者认为，我们应该摆脱科学的羁绊，同经验性的科学脱离关系。这股潮流来势汹涌。瑞恰慈不识时务，从《文学批评原理》《意义底意义》到《科学与诗》都是提倡科学化批评的。韦勒克在《批评的概念》中断言说："他（指瑞恰慈——本文作者注）的学说蕴含的论点完全是自然主义和实证主义的。"那么，很自然，瑞恰慈撞到枪口上了。他的这几部著作不断遭到批评就成了不可避免的事。在论敌的笔下，瑞恰慈不仅思想幼稚，而且逻辑混乱、懵懂无知，像个可笑的冬烘。而饱受抨击的瑞恰慈却直到 20 世纪 50 年代还坚持自己在写作《科学与诗》时的观点："我被它对我后来观点的预示性深深打动，这比想到要收回什么看法印象更加深刻。我多少改变了一些我的词汇和隐喻……为的是要再次提出完全相同的观点。"①

应用自然科学的成果研究人的心灵现象始于牛顿时代。当时的学者尝试将牛顿定律应用于人，于是人就变成了机器。为了逃避这种机械论对人的统治，康德与黑格尔发展了唯心主义的审美理论，使人们的审美研究同科学几乎全部脱离关系。但是，自然科学仍然在发展，特别是物理学在微观方向的发展和进化论推动下的生物科学的建立，都不可避免地冲击着人对自己的认识。作为自然科学的一支的心理科学建立以后，科学再次对人的心灵世界的研究包括美学与文学批评发动了冲击。而瑞恰慈恰恰是这一轮冲击的一位先行者，他使用的武器就是当时的心理学研究成果。无论他，还是他的论敌都把他在这一方面的研究成果称为"心理学批评"。

据丹皮尔的《科学史》可知，心理学起源很早，但作为一门独立的学问，则初创于 19 世纪初叶的德国，当时称 Seelenlehre 即灵魂学，实际上是一门与神学结合在一起的形而上学的学问。后来，以对人的心灵加以客观的研究和实验方法引进心理学，使这门学科开始摆脱神学影响，而成为

---

① 转摘自韦勒克：《现代文学批评史（1750—1950）》第 5 卷，章安祺、杨恒达译，中国人民大学出版社 1992 年版。

经验性的实证的科学。

韦勒克、沃伦所著的《文学理论》中断言，"就心理活动及其机制的有意识的和系统化的理论而言，心理学对艺术不是必要的，心理学本身也没有艺术上的价值"①。这种说法与朱光潜先生的看法相左："自然科学对文艺不仅在创作工具与技巧方面有所贡献，而且对世界观和创作方法也产生了有益的影响。理所当然的是美学从此不仅附属于哲学和文艺批评，而且日渐成为一种自然科学的附庸了。首先是在英国经验主义盛行以后，心理学日渐成为美学的主要支柱。休谟和博克都主要是从心理学观点去研究美学问题的。德国哲学家、'美学始祖'鲍姆嘉通本人以及以研究形象思维著称的维柯，多少都是继承英国经验主义的衣钵；从心理学角度看问题的风靡一时的费肖尔和立普斯的'移情说'，于认识之外研究情感在欣赏艺术和自然中所发生的作用。到了上世纪末，佛洛伊得、融恩和爱德勒等人还运用变态心理学来分析文艺活动。本世纪初，英美各大学把心理学的实验和测验也应用到美学研究里去。"②朱光潜说的是美学研究，但文艺批评的情况大体是与美学研究的进展同步。就一般文学研究者的常识而言，至少作为心理学批评之一支的精神分析批评已在文学领域中产生了既深且巨的影响，其影响绝不低于韦勒克本人所坚持的语义学批评。韦勒克在《批评的概念》中也不得不承认精神分析批评是 20 世纪文学批评的六种主要趋势之一，但是他又说："弗洛伊德的文学兴趣并不太大，他一直认为心理分析没有解决艺术问题。"③作者用自己的评价来否定他自己的学说，这种做法不符合韦勒克自己所坚持的文本批评的神圣原则，也违背人们的批评常识，令人感到好笑。

瑞恰慈的心理学批评与弗洛伊德至少有以下三点相同：第一，贬斥理性在心灵活动中的作用，弗洛伊德认为理性压抑心灵中生命本能的意识，而瑞恰慈则把理性降低为"兴趣"的工具。第二，心灵世界不是二元对抗

---

① 韦勒克、沃伦：《文学原理》，刘象愚等译，生活·读书·新知三联书店 1984 年版。

② 朱光潜：《西方美学史》上卷，人民文学出版社 1982 年版，第 6 页。

③ 韦勒克：《批评的概念》，张今言译，第 330 页。

的，而是多重因素的复杂组合，其中充满各种冲突。弗洛伊德说人的潜意识层面是一个"黑暗的沸腾着的大锅"，瑞恰慈用多种"兴趣""冲动"的组合来建立心理模型。第三，目的都是寻找心灵的和平。弗洛伊德认为文学欣赏的过程是"宣泄"，瑞恰慈则认为是"心灵的完全平衡"。韦勒克指出："理查兹（即瑞恰慈——本文作者注，下同）的学说因而可以溯源到亚里士多德的净化说的那种关于感情艺术理论的重申"。朱光潜在《变态心理学派别》一书中则指出，弗洛伊德的"宣泄"说与亚里士多德的"净化"说"相近"。[①] 如果我们承认韦勒克和朱光潜的上述说法，则瑞恰慈与弗洛伊德可谓同源同宗。

但是，瑞恰慈与弗洛伊德又有不同，他们各自构建的心理模型有很大的区别。在《科学与诗》中，瑞恰慈对自己的心理批评模型有如下的概括：

> 假设我们带着一个磁针盘在强烈的磁石旁边徘徊，当我们移动的时候，针就摇摆，并且不论我们什么时候在一个新的位置中停站着，针就停止并指出一个新的方向。假若我们不用简单的磁针盘，我们带着一组许多大小的磁针，它们能够那样摇摆，以致彼此互相影响，有些只能平行地摇摆着，有些只能垂直地摇摆着，有些则自由地悬挂着。当我们移动的时候，系统中所有的扰乱是十分复杂的。但是一切磁针会有一种最终静止底位置以代替我们放置它时的每个位置（在这种位置中一切磁针结果都安静着），会有一种为着整个系统的一般的平衡。不过一些轻微的移置，会使全组的磁针匆忙地把自己重新排整。[②]

瑞恰慈继续解释说，"磁针"就是我们的"兴趣"，磁针由于外部的或相互的影响而发生的摆动便是人的"冲动"，系统的相对静止态就是"平衡"。

---

① 朱光潜：《变态心理学派别》，商务印书馆 1999 年版，第 3 页。
② 瑞恰慈：《科学与诗》，曹葆华译，第 16—17 页。

"生之欲"

　　格瑞伯斯坦认为，瑞恰慈的上述心理活动模型是参照了当时最新的心理学成果，即折中派心理学、行为心理学和完型心理学。[①] 这些心理学派的共同点是把心理活动视为错综复杂的系统，系统中诸多因素不仅接受外部影响，而且在系统内相互影响，系统的综合影响大于各因素影响之和。瑞恰慈说，"印在纸上的诗歌就是呈诉于这一群错综复杂得难于相信的兴趣的集合"。至于系统中诸多"兴趣"与"冲动"是如何发生与组合的？瑞恰慈说："这差不多还是一个不能解答的神秘。"

　　在上述模型中，至少有三点值得重视：第一，人的心理活动同外部刺激之间是有关联的，但不是"刺激—反应"的线性模式，而是外部因素同一个"系统"之间的非线性关系；第二，心理活动本身构成一个"精密系统"，诸多因素（"磁针"）各自都是充满活力（"兴趣""冲动"），而心理活动则是诸多因子相互冲突与和解的复杂过程；第三，文学（包括诗）的价值在于"心灵借之能得到完全的平衡的程度。"

---

① 格瑞伯斯坦：《现代文学批评面面观》，李宗慬译，正中书局 1979 年版。

　　最近，在清华大学美术学院举办的"科学与艺术"展览会上看到一个由吴冠中先生创意的雕塑，题名为"生之欲"。

　　这个模型从当代生命科学的成果中获取灵感，艺术地反映着当代科学对人的心灵世界的读解。它同瑞恰慈的构想之间的惊人相似是不言自明的。

　　丹皮尔在《科学史》中指出，经验心理学从其初创时就同对心理活动的外部符号——语言、文法与逻辑的研究结合在一起。因此，"心理学不但和语言、科学、语文学、语音学等联系起来，而且给予这些科学以新的力量，并且通过这些科学由外面的世界深入内心思想世界。"[1] 瑞恰慈正是沿着这条思路：由人们心理世界的多元性推出语言的多义性，他认为，"文字是组合这些（心理）冲动的钥匙"，语言是心理活动的外部符号。他提出的语言的多义性、语境理论和细读法成了"新批评"派的主要基础之一。我们必须把瑞恰慈的心理学批评同他的语言学批评联系起来看，前者为因，后者为果。韦勒克接受了瑞恰慈的语义学批评，却否定了他的心理学批评，等于肯定了结果，否定了前因。韦勒克为了把文本批评绝对化，几乎切断了文本与读者、作者的一切联系，其结果是把自己送上了羊肠小路。

　　韦勒克等人反对瑞恰慈的心理学批评理论的重要原因是，他们认为瑞恰慈完全抹杀了审美活动的独立性，使美学变成了科学的奴仆："理查兹首先反对认为存在着一种'审美方式或审美状态'或'审美感情'的观点（《文学批评原理》11，15），并争辩说：'当我们赏画，读诗或者听音乐的时候，我们的所作所为就有点像我们去画廊路上或我们早晨穿衣时的所作所为'，他还抽象地提出：'诗歌世界决没有任何不同于世界其余部分的现实，它没有专门的法则，也没有来世的奇异之处。'但是，这样就完全取消了艺术与生活的区别。"[2]

---

[1] W. C. 丹皮尔：《科学史》上卷，李珩译，张今校，商务印书馆1975年版，第408—409页。

[2] 韦勒克：《现代文学批评史（1750—1950）》第5卷，章安祺、杨恒达译，第318—319页。

这个罪名如果成立，瑞恰慈完全可以被文学批评界淘汰出局。但韦勒克在讲完上述一段话后，翻过几页，我们又看到他说："（瑞恰慈）这样从心理上来描述审美经验……"从后面这段话看来，瑞恰慈似乎又没有否认"审美经验"的存在，只是要从心理学的视角来加以描述，而韦勒克认为从心理学的角度描述审美经验就等于否认审美经验的独立存在。至于说赏诗与走路、穿衣没有区别，瑞恰慈指的是这些活动都遵循同一心理活动的基本规律，它们同是心理活动的外部反应。如果硬要说瑞恰慈认为赏诗同走路、穿衣一样没有审美方面的特殊性，那就是无视本书中瑞恰慈关于区别诗歌语言与科学语言、关于"伪陈述"与"真陈述"、关于诗歌语言的多义性等一系列有关诗的审美独特性的论述。韦勒克显然没有走到这一步。事实上，瑞恰慈在说赏诗与走路、穿衣具有同一性时，他是在反对那种把诗歌的审美过程视作与心理科学无关的论点，即他在《文学批评原理》中反对的布雷德利的如下主张："诗歌性质不应成为现实世界（根据我们对这个提法的通常理解）的一部分，也不是它的摹本，而应成为一个自成一体的世界，独立、完整、自给自足。"①

乔治·汤姆森在《科学的灵感》中说："人们总是能够造出一种理论，乃至许多种理论去解释已知的事实，间或地甚至能预言一些新的事实。而对理论的审视标准却是审美的。"②任何一种科学理论的诞生都必须建构模型，而模型中常渗透科学家自身的审美意识。特别像心理学这样远未形成严密体系的学科，其模型中蕴含的审美意识更强。如果认真考察瑞恰慈的心理学批评模型，就会发现其中的审美意识。他把复杂心理活动的理想态视为"心灵的完全平衡"，即"各种冲突之和解"。这一理想正是古希腊以来哲人们所阐述的审美极境——和谐。在心理科学远未诞生的公元前6世纪时，毕达哥拉斯学派即提出"美就是和谐"，而这种和谐正是由内心各种因素的统一实现的："毕达哥拉斯学派说（柏拉图往往采用这派的话），

---

① 安·塞·布雷德利：《牛津诗歌讲演》，转摘自瑞恰慈：《文学批评原理》，杨自伍译，百花洲文艺出版社1992年版，第11页。

② 转摘自詹姆斯·W.麦卡里斯特：《美与科学革命》，李为译，吉林人民出版社2000年版，第1页。

音乐是对立因素的和谐的统一，把杂多导致统一，把不协调导致协调。"①
如果把波里克勒特的这段话同瑞恰慈对他的心理模型的描述加以对比，不
难看出他们之间的相近点。我们在柏拉图的《理想国》之中还发现了关于
"磁针"的比喻。柏拉图说，灵感就是磁石："磁石不仅能吸引铁环本身，
而且把吸引力传给那些铁环，有时你看到许多铁环互相吸引，挂成一条长
锁链，这些铁环全从一块磁石得到悬在一起的力量。"柏拉图认为磁石是
"诗神"，而瑞恰慈将它还给了人自身。朱光潜用如下的话概括亚里士多
德的美学思想："在亚里士多德的美学思想中，和谐的概念是建立在有机
整体的概念上的：各部分的安排见出大小比例和秩序，形成融贯的整体，
才能见出和谐。"② 摘引至此，我不禁感到失落：瑞恰慈的所谓科学的心理
模型中尽管运用了极多的心理学成果，但整合这些科学成果的基本指导
思想并没有脱离开世纪前哲人们的审美学说。因此，瑞恰慈所致力的"科
学化批评"，其实尚未脱出传统的审美批评的窠臼。这一点是瑞恰慈未意
识到的，而韦勒克在激烈地批评瑞恰慈的科学化倾向时，他的矛头其实
却是指向审美的，这也是韦勒克没有意识到的。我们现在的"心理科学"，
在很大程度上还是缺少实证的、带有主观性的学科。所谓"心理学批评"
也在很大程度上带有审美性质。实现真正科学的"心理科学批评"，为时
尚远。

　　如果说，在对心理批评的问题上，韦勒克和瑞恰慈有点阴错阳差的
话，那么，在如何看待诗歌中的信仰与理性的问题上，韦勒克没有曲解
瑞恰慈。在《科学与诗》的"价值论""生命底统制""自然之中和""诗歌
与信仰"与"几个现代诗人"等篇章中，瑞恰慈鲜明地提出，"科学的世界
观"必将取代"玄秘的世界观"。他所说的"玄秘世界观"不同于中国传统
的"玄学"，而是专指"人们相信有'精灵'和'天神'底世界。它们掌管
着人事，并且使用人的行动可以把它唤起，而在某种限度之下，也可把
它们管束着。'灵感'和在'仪式'背后的各种信仰，都是这种世界观底代

---

① 转摘自朱光潜：《西方美学史》上卷，第 32—33 页。
② 同上书，第 79 页。

表"。他主张将"信仰"从诗歌中彻底清除出去，他说"我们不需要什么信仰；并且我们若是读《李尔王》（*King Lear*）我们还应该没有信仰。未附有信仰的'伪陈述'与科学所供给的那些陈述，是不会冲突的。只有人们把不正当的信仰导入诗中，那时候方有危险发生，据此看来，把不正当的信仰导入诗中，乃是亵渎诗歌"。瑞恰慈还据此批评叶芝等人的诗歌中有"信仰的残余"。

瑞恰慈对诗歌中的理性陈述也贬之甚低。他说："人总是愿意看重那些使他与猿猴不同的特点，其中最主要的就是他自己的智能。不论智能如何重要，人总给予他们一种它们不相称的等级。……在任何意义上，人主要总不是一种智能，他乃是一种兴趣的系统。智能只给人帮助，而不能推动人的。"具体到诗歌赏析的心理机能，他说，诗产生的阅读（或创作）激励"分成两股。一股是主要的，一股是次要的，虽然这两股有着无数相互的关系，并且又彼此密切地影响着……这次要的一股，我们可以叫做是智力的；其他的一股，可以叫做是主动的或情感的，它是由我们的兴趣发动而成"。

在这里似乎出现了一个悖论：一般来说，科学属于理性范畴。而瑞恰慈的"科学批评"却在尊重"科学"的旗帜下，为非理性张目。他说："各种（心理）冲动间的冲突，乃是使人类苦痛的最大的孽。……有两种方法以避免和克服这种痛苦：一是征服，一是调解。"而"征服"即压抑，"把冲动压抑乃是糟蹋生命，所以通常看起来和解是比征服更好一些。常常能克服自己的人，也可说是常常奴役自己的人。他们的生活变得过分地狭隘。许多圣贤的心灵好像水井，它们应当像大湖或大海"。他充满乐观地预言，清除了对神的信仰和理性陈述之后的诗歌将取代宗教而成为人们精神上的憩园。

瑞恰慈在信仰与理性上的观点，同新批评派的另一位开拓者艾略特针锋相对。艾略特的名言"诗不是放纵感情，而是逃避感情，不是表现个性，而是逃避个性"，被许多人奉为圭臬，而瑞恰慈的论点却遭受猛烈抨击。从根本上说，其原因在于西方具有长达数千年的、根深蒂固的神学传统与理性传统。尽管尼采宣告"上帝已死"，上帝依然存在，没有上帝的生活是不可想象的。瑞恰慈关于"科学世界观"必将取代"玄秘世界观"的断言暴露了他在理论上的"黑洞"。事实上，影响诗歌生存与发展的因素不仅是科学：

$$W（诗歌）= f（x，y，z……）$$

除科技外尚有经济、政治、文化、历史、地域等。瑞恰慈的"科技→诗歌"的二元思维，使其他因素全落入黑洞。伏尔泰说得好：当人们需要一个上帝的时候，上帝就会存在。科技摧毁了玄秘世界观存在的理论基础，但神依然存在，只要看看科学大师爱因斯坦对宗教的态度就足以证明瑞恰慈的幼稚。

但是，瑞恰慈的预言并没有完全落空。随着历史的延伸，诗歌中神的玄秘之光确实正在黯淡下去，理性日益稀化，"像嗅到玫瑰花香那样感知到思想"的诗人愈来愈少，形影相吊。艾略特所力倡的玄学派诗歌并没有中兴，大量的"兴趣和冲动"为主要内容的诗歌成了青年人须臾不能离开的精神药品——这就是流行歌曲。瑞恰慈关于以诗歌替代宗教的理想竟以这种方式呈现，大概也是瑞恰慈所未曾料到的。有位年轻人对我说："我们的任何一种情绪：苦闷、孤独、悲伤、狂喜、绝望……都可以在流行歌曲中找到慰藉。"韦勒克把瑞恰慈的心理批评讥之为"把诗当作精神治疗药物"。而今天，诗歌在很大程度上扮演的就是这个角色。如果对比一下弗洛伊德和瑞恰慈的心理批评模型，可以发现：弗洛伊德讲究"深度"，直面人心的"恶"，而瑞恰慈的心理模型是平面的，强调心灵的和谐。"把深刻变为肤浅"是后现代文化的特征之一。可以说弗洛伊德属于"现代型"，而瑞恰慈则接近"后现代"。历史总是把庄严变为滑稽。瑞恰慈关于诗歌将成为未来人的精神憩园的理想正在变成一幅可笑的讽刺画。但是，科学还在发展，社会还在发展。李泽厚先生曾预言，人类的极境是一个美的王国。到那时候，滑稽是否会重新变为庄严？我们不能预料。

格瑞伯斯坦（N.Grebstein）说："我们的时代毋庸争辩的是个心理学

的时代，而且心理学对于现代文学的创作与批评之影响是无可怀疑的。"①
我们虽然在批评心理学的幼稚，但并不否认它的影响。人类关于自身的科
学探究正在随着基因工程的进展而走出幼稚阶段，日趋成熟。当人们完全
掌握了基因的秘密并且可以在试验室中复制各种基因的排列组合时，人的
心理活动的秘密可能真正被揭开，其时的"心理学批评"也将真正成为一
门科学，关于"美"的秘密将获得真正科学的解释。到那个时候，人们回
忆起这段漫长的历史时，将会重新提起瑞恰慈这个名字。

　　本文已经应该结束，这里还有一个有趣的问题很想就教于读者：就在
瑞恰慈的"科学化批评"在他自己的国度里饱受抨击之时，他却在中国受
到没有阻碍的欢迎。在 20 世纪 30 年代的中国学术界，对西方文论的译介
远不如现在充分，但《科学与诗》一书却出版了两个完整的译本：一个为
伊人所译，华严书店出版；一个为曹葆华所译，商务印书馆出版。曹译
本前有清华大学外文系主任叶公超教授撰写的"序"。"序"对这本著作评
价甚高。他说："他（指瑞恰慈——本文作者注）书里无处不反映着现代
智识的演进。他所引用的心理学、语言学、逻辑，以及其它必要的工具
都只比克律利已（现通译为柯尔律治——本文作者注）的晚不过一百年而
已，但是，这一百年间人类智识的增进已然影响到我们生活的各个方面
了（Stendhal 说：学术的进步与普通的智识至少相差八十年）。本书第五
章所讨论的也就是人类在最近这一百年中理智的变迁，知觉迟钝的人也许
还没有感觉到这种变迁对于将来文学的重要，他们也许真要再等候八十年
才能觉悟，不过瑞恰慈已然是不耐烦了。"②叶公超在"序"中还明确认为，
"学术（意指科学——本文作者注）的进化与文学的理论往往有因果的关
系。我们试想近五十年来文学批评所受心理学与生物学的影响就可以明
白了。"③当时尚在清华大学学习的钱锺书在《新月》上撰文称："瑞恰慈的
《文学批评原理》确是在英美批评界中一本破天荒的书。它至少，教我们
知道……我们在钻故纸堆之余，对于日新又新的科学——尤其是心理学和

---

① 格瑞伯斯坦：《现代文学面面观》，李宗懂译，第 88 页。
② 瑞恰慈：《科学与诗》，曹葆华译，第 2—3 页。
③ 同上书，第 3 页。

生物学，应当有所借重。"朱自清先生对瑞恰慈的科学化批评也持基本肯定态度（参见本书收录朱自清的《语文学常谈》）。可以说，瑞恰慈把科学发展视为影响文学发展的重要因素，在中国 20 世纪 30 年代几乎没有学者反对。

中、西方对待瑞恰慈《科学与诗》的反差，大约可从瑞恰慈提出的"语境"理论中寻到解释：在 20 世纪 30 年代的中国，特别重视《科学与诗》一书的原因，我想是在"科学"二字上。五四新文化运动竖起了"科学"与"民主"两面大旗，又经过 20 世纪 20 年代的"科学与玄学"的大论战，"科学"的声名鹊起。在许多学界人士看来，"科学"的意义远远超出了认识与改造物质世界的范畴。科学意味着反传统、反封建、反愚昧，意味着进步、启蒙和革命，"科学"成了中国知识分子赖以拯救国家与民族的法宝。如何运用科学的世界观来考察与改革文学、艺术，已然就成了学界关心的重要课题。从"五四"时期的胡适、陈独秀伊始，便鼓吹以"科学精神""科学方法"改造人文学术与艺术，"五四"时代的新诗（甚至更早，如梁启超的诗界革命）以诗中嵌入科技名词为时尚。郭沫若的《女神》堪为例证。

但是，笔者以为，上述解释仍是表象。叶、钱、朱等人对瑞恰慈科学化理论的赞扬与肯定，并不意味着真正的接受。它从另一方面说明，中国没有像西方那样深远的文学理论传统，因此，它遇不到顽强的抵抗。中国文化传统中形而上的思维建构不发达，传统的文化界也是重实用而对抽象思维缺乏认真的态度。当他们赞美一种抽象的理论时不惜华美辞藻，但很快就把它搁置一边。事实上，朱自清也好，钱锺书也好，他们对瑞恰慈最感兴趣的还是操作层面上的东西，即语义学批评和细读法，从本书所选的《诗多义举例》和钱锺书对李贺、李商隐等人诗作的解读（见《谈艺录》）都可看出，中国学者在这方面的成果相当出色。朱自清还惊喜地发现瑞恰慈关于诗歌语言研究的论述和中国传统的"诗无达诂"有相似之处。中国学人对瑞恰慈的科学化批评的肯定，恰恰证明中国学界的科学思维的贫弱。近二十年来，在引进西方文化理论时，"西云亦云"，缺少批评分析的状态表明，我们在形而上思维方面并没有很大的进步。

后　记

　　近十年来，我对科技与人文（艺术）的关系颇多关注，与中文系同人一起进行了有关"文理结合"的系统的教学改革实验。三年前，中忱将瑞恰慈的《科学与诗》及朱自清先生的有关文章垂示于我，令我大为兴奋，于是有拙文《瑞恰慈：科学与诗》面世。齐家莹老师在浩如烟海的校史资料中发现了《〈意义底意义〉底意义》英文原本及其他珍贵资料，我系研究生吴虹飞正在进行新批评派对中国文学批评的影响研究，所收资料亦为本书增添了内容。在编辑的建议下，又增添了《诗的四种意义》《实用批评》等内容。

　　清华老校歌中有"东西文化荟萃一堂"之句，当为清华之写实。当时物理系邀请维纳、外文系邀请瑞恰慈都可称之为明智之举，影响至深且巨。21 世纪东西文化的交流会在更广大的范围内展开，大学应成为文化交流之桥。在这方面，理工科做得较好，文科方面似乎还没有充分展开。希望本书在这方面能起到一些推动作用。

编　者

于清华园

人格的感召

——徐葆耕先生学行琐忆

◉ 解志熙

徐葆耕先生去世后，我写了这篇纪念短文，收入《永伴清华前行的人——追思徐葆耕教授文集》一书（人民日报出版社，2011 年出版），现在移来附于书后，或有助于读者对徐葆耕先生学行的理解。

一

徐葆耕先生去世已半年多了，可每当我打开电脑，仿佛随时还会收到他的邮件，走在院子里和去学校的路上，似乎随时都可以看到他骑着单车迎面过来，给你一个亲切的招呼或一个微笑的注目，然后急匆匆地忙他的事情去了，待自己回过神来，明白这一切都是幻觉，然而还是难以从心里接受这个无可更改的事实……

一切都来得太突然了。新年前夕，我还在荷清苑的院子里碰到徐葆耕先生，一如往常的是他爽朗的招呼和亲切的笑容，没有任何生病的迹象，怎么也不会想到像他这样健康的人竟会一病不起。而我又是个很封闭的人，直到元月 20 日王中忱兄从日本来信问及，我才知道徐先生病了，而短短不到两月，他就遽尔离开了我们。

最让人敬佩的是他在知道病情之后的那份从容与淡定，竟然在去世前几天亲手写就了自己辞世的"告别书"。想起自己在年轻的时候一度爱好过存在主义哲学，也曾经鹦鹉学舌地说过什么"人是向死而在的存在"之类话头，而徐先生却如此自觉地用自己的生命践行了"向死而在"的真意，真让人感佩莫名。"告别书"第一句话就是"我即将离开人世"，然后坦诚地回顾了自己的一生的坎坷遭遇，没有什么抱怨，只有深切的反省，随后是对生平友好的——道谢和道别。这样的"告别书"在中国人文历史上是独此一份，而能如此镇定从容地走向死亡，需要多么坦荡的心胸和何等坚强的毅力才能做到啊。

就在那封"告别书"里，徐先生说道——

> 九十年代以降，我花了13年的时间建设中文系，争取了一批优秀学者来清华工作，做了一些教学改革的尝试，初步完成了学校交给我的复建中文系的任务。在这13年里，我把为中文系每一位教师解决他们的困难视为己任……

这是朴实的自我总结，不带一点儿夸张。我相信清华中文系的师生，都不会忘记这位老主任为中文系的发展所付出的心血，更不会轻易忘记他给予大家的关爱。

二

我算不上优秀的学者，充其量不过是个有点一己之长的教师罢了，本来与清华素无关系，从未想到自己会来此间工作，而在徐先生不拘一格降人才的宽容之下，来清华已逾十年了。

记得最初的相见是1994年"五一"节前后在西安召开的现代文学年会暨王瑶先生纪念会期间。当时徐先生与王中忱兄两人找我谈话，约我到清华工作，这完全出乎我的意料——说实话，在这之前我根本不知道清华有中文系，甚至连他们两人也是初次相识。然而，徐先生和中忱兄却说，他们是经过认真选择的，希望我能够认真考虑。感念他们的盛情，我答应了，但希望在1995年的暑假之后，因为在这之前，我还有一些未了之事——主要是河南大学的博士点尚未批下来，为公为私，我都不好一走了之。可是，到了1995年暑假，虽然河南大学申报了博士点，却因为省里的政策而未能进入最后的申报程序，这样一来，我就无法兑现对清华的诺言了。所以，到那年的岁末，清华中文系催促我赶快来办手续，我却只能打电报说："此间事情未了，不得已而爽约，实在抱歉之至，请另选贤能吧。"徐先生与清华中文系了解到此中情况，并未因我的爽约而放弃，而是在1997年以后再次约我到清华来，这让我非常感动。此后，为了促动原单位放我，徐先生和蓝棣之先生两人曾经两次南下开封，而此时清华的政策也有转变，不再承诺解决家属的工作了，这让我进退两难。为此，徐先生又利用他的人脉关系，说服清华附中给我爱人安排工作，于是才促成了我于2000年春来到清华。"大有大的难处"，当我进入清华中文系之后，才明白清华的事多么不好办，而徐先生等为我的到来费了多少心力。其间还有一段插曲：我曾在1996年发表过一篇严厉批评当时为周作人附逆行为辩护的文章，徐老师听说了，曾经让我把文章寄一份给他，我有点奇怪，不知他为什么对此感兴趣，后来才得知这文章涉及的一位先生曾经热情推荐我，可是就因为这篇文章，他转而对徐先生说"解志熙完了，很保守"云云，但徐先生看过文章后，却表示首肯。这是我来清华后才得知的，直至看到他的"告别书"回忆到"八岁前北平沦陷，对日本鬼子又恨又怕，上小学不敢举手要求小解，撒在了裤裆里"，我这才明白其中的缘故。

来清华之后，徐老师对我的工作给予了很大的信任，而在生活上又给予细致的关怀。记得2001年，大石桥的房子已经开工，有一次徐先生在校医院碰到我爱人，知道我因原单位的手续还未办完，所以没有集资大石桥的房子，立即对她说："房子还是要集资的，至于手续上的事，我让系里出个证明，千万不要耽误了。"正是在他的催促与帮助下，我才集资了现在的住房，解决了一家的住宿问题。而到2002年，他又跟系核心商定，让我来牵头申报博士点。说实话，我当时是很感为难的，因为一则系里还有比我合适的人选，二则我刚在河南大学牵头申报过博士点，如此"二进宫"，也怕评委有看法。但是，徐先生让王中忱兄告诉我，"此事不容再讨论，就请费心吧"。感念着徐老师的信任，中忱兄和我等全力以赴，终于使中文系的第一个博士点在那年获批。此后又再接再厉，获得了一级学科的博士授予权。

最让我感念的是，今年春节期间，中忱兄、明君兄与我去看望病中的徐先生，我顺手送上去年出版的一册论文集《考文叙事录》，这在我亦不过秀才人情书一本而已，原以为他已很虚弱了，未必看的。然而，没想到就在 2 月 20 日，却收到了他的信——

志熙：

趁着肚子不疼的时候，翻了翻大作《考文叙事录》，颇为感奋。记得你在几年前就提出"用古典文学的方法研究现代文学"，而且一直坚持，至此，成绩已经斐然可观。许多搞现代文学的都转了向，其中之一的认为，现代文学已经没什么可搞，山穷水尽了。其实不然，是没有把现代文学当做学术，而只是政治的附庸。事实上，现代文学不仅需要考证、辨析，而且应该建立自己的文献学。以为作品离得近，便不需要考辨，实为大谬特谬。过去有《新文学史料》，但实际上不做考证。现在的社会，哪怕当天问世的作品，也是需要考证的。

已经没有能力系统阅读，说出的话也许很不搭调。让你见笑。祝春天快乐！

徐即日！

不久，他就重入医院，而且再也没有能够出来。想象他忍痛疾书的情状，能不怆然！

三

人生进退取舍之际，最见为人的节操与风骨。与不少人临退之际的纠缠不休相比，徐先生的淡泊名利、决然恬退之德，格外令人感佩。

当复建的清华中文系终于走上正轨之时，徐先生也临到退休的年龄了。虽然抱着无限的留恋，徐先生还是坚决地于 2002 年夏递交了辞呈。那时，学科建设正当关键时刻，还有许多事仰仗这位老主任，所以王中忱兄和我都很震惊。中忱兄还特意给我发来邮件，征求意见说，哪怕让徐先生再延长半年也好，借助老主任的威望，可以给我们遮风挡雨，我们也好集中精力于博士点的申报啊。我觉得中忱兄的意见确是出于工作的考虑，所以与他共同上书，希望让徐老师留任半年。学校为此征求系里各教授的意见，大家也都同意，于是徐先生只好留任半年。这就是所谓"因为解志熙的一句话，徐老师留任，王中忱接班晚了半年"之事的真相。到了2003年夏，徐先生如期辞去系主任之职，中文系也顺利地实现了新老的交替。

也就在2003年夏，中文系的第一个博士点正式批下来了，即将进入招生程序。考虑到人文学科的特点——一些老教授虽然年龄大了点，但在学术上正处于成熟时期，加上感念徐先生对中文系的贡献，我和王中忱兄觉得应该让徐先生以及蓝棣之先生发挥余热，继续带博士生，所以特意上报学校，建议聘任徐先生和蓝棣之先生为首届博士生导师。但是，徐葆耕先生知道后，坚决地辞谢说："盛情可感，但是我年纪已过，并且在学术上也是半路出家，带博士生就免了吧，只让我把最后一届硕士生带完就可以了。"怎么也拗不过他，此事遂作罢论。次年夏，徐先生带罢了最后一届硕士生，遂正式退休。

说退就退，干干脆脆，绝不恋栈，绝不居功，这就是徐先生的为人。退休后的徐先生为了不给系里的工作增添麻烦，甚至有意与系里渐渐地疏远了，而全力倾注于学术和创作，陆续推出了学术著作《西方文学十五讲》《叩问生命的神性——俄罗斯文学启示录》《电影讲稿》，并在身后出版了长篇小说《半个月亮半个太阳》等。仿佛与时间赛跑似的，徐先生马不停蹄，迎来了学术上和创作上的又一个丰收期，而终于积劳成疾、撒手人寰。

四

清华中文系的复建，徐先生倾注了最大的心血。对此，每个清华中文系的师生都会感念在心。记得2005年，臧青、江棘等同学感念这位曾给他们诸多教诲和无私关爱的老主任，于是在学习之余编撰了一本《徐葆耕教授学行叙录》，以为徐先生荣退之纪念。我曾经应同学们之请，代为校订，并在校后记里说了如下的一段话——

　　记得一位伟人曾经说过，"历史的经验值得注意"。而有时个人的经历同时也是某个超个人的历史的一部分，所以同样值得珍视。在我的印象里，徐葆耕先生本身就是一个特别关注历史，尤其是清华人文学科史的人，正是通过他的研究，"清华学派"的辉煌历史成了一个引人注目的人文传统。而无疑的，徐先生本人近二十年的工作经历，也是清华中文学科复建史之不可分割的一部分。这当然不是说在这期间徐先生所做的一切都措置得当，也无意抹杀同时诸贤的功劳。但撇开私心说公道，则没有徐先生，就没有新的清华中文系的今日，那是可以断言的。所以，应该感谢负责编写的诸位同学，他们做了一件很有意义的事情，尽管这部简朴的叙录在文献与文字上还有这样那样的不完善处，但徐先生个人的和新清华中文系历史的一部分，确实真实地记录在此了。至于更完善的历史，那当然还有待于陆续叙录其他即将离任的先生们的学行，甚至还有待于后继者们的继续创造。就此而言，徐先生所做的一切以及这部关于徐先生的学行叙录，只是一个好的开头。我们有理由期待更多更精彩的续写和叙录次第出现，从而使我们能够在某一天欣慰地发现，我们这个新的清华中文系终于接续上了老清华中文学科的辉煌传统，并且有所发扬光大。此心此志，我相信是新清华中文系全体师生的共同愿望。

逝者已矣，来者当思，而所以继之之道，其在兹乎？其在兹乎！

2010 年 11 月 22 日于清华园之聊寄堂

编后记

　　清华中文系的复建，徐葆耕先生倾注了最大的心血。2005 年徐葆耕先生甫退休，几位清华同学感念徐先生给予他们的诸多教诲和无私关爱，于是编撰了《徐葆耕教授学行叙录》，以为徐先生荣退之纪念。我曾应同学们之请代为校订，乃在校后记里说了这样一段话——

　　　　记得一位伟人曾经说过，"历史的经验值得注意"。而有时个人的经历同时也是某个超个人的历史的一部分，所以同样值得珍视。在我的印象里，徐葆耕先生本身就是一个特别关注历史，尤其是清华人文学科史的人，正是通过他的研究，"清华学派"的辉煌历史成了一个引人注目的人文传统。而无疑的，徐先生本人近二十年的工作经历，也是清华中文学科复建史之不可分割的一部分。

　　现在回头看，徐葆耕先生之所以率先致力于清华学派的研究，其实是要按照清华学派的精神和学风来筹划清华中文学科以至整个人文学科的重建工作。也因此，在重建过程中徐葆耕先生请教最多的正是在北大的老清华人，尤其是季羡林先生和王瑶先生。众所周知，20 世纪 50 年代清华文科调整到北大，迨至八九十年代，硕果仅存的几位老清华人如季羡林和王瑶先生等不忘母校，对清华中文学科以至整个人文学科的重建给予了热情的指导和竭诚的帮助。

就此而言，将徐葆耕先生研究清华学派的两种旧著重编为《重识古典——释古与清华学派》，转由北京大学出版社来重版，这诚然是"得其所哉"的学术因缘，当然也非常感谢北大出版社惠允出版的厚谊。2010 年 3 月，刚刚七十出头的徐葆耕先生积劳成疾、遽然病逝，让人深感悲痛和惋惜；希望《重识古典——释古与清华学派》的重版，能让徐葆耕先生的学术精神得以保存和流传。

本书的编集，乃由博士生王昭鼎同学据原书录入、初校，然后由我复校一过，对原书的个别讹误略有订正，并接受责任编辑的建议，把我的纪念文章附录于书后，供读者参考。

解志熙 2022 年 7 月 18 日谨记于清华园